本书由中国社会科学院登峰计划——新媒体优势学科项目资助出版

人民日报学术文库

新媒体：微传播与融媒发展

黄楚新◎著

人民日报出版社

图书在版编目（CIP）数据

新媒体：微传播与融媒发展 / 黄楚新著 . —北京：人民日报出版社，2017. 12
ISBN 978 - 7 - 5115 - 5105 - 4

Ⅰ. ①新… Ⅱ. ①黄… Ⅲ. ①互联网络—传播媒介—研究 Ⅳ. ①G206. 2

中国版本图书馆 CIP 数据核字（2017）第 283249 号

书　　名：新媒体：微传播与融媒发展
作　　者：黄楚新

出 版 人：董　伟
责任编辑：程文静　吴立平
封面设计：中联学林

出版发行：人民日报出版社
社　　址：北京金台西路 2 号
邮政编码：100733
发行热线：（010）65369509　65369846　65363528　65369512
邮购热线：（010）65369530　65363527
编辑热线：（010）65363530
网　　址：www. peopledailypress. com
经　　销：新华书店
印　　刷：三河市华东印刷有限公司

开　　本：710mm × 1000mm　1/16
字　　数：253 千字
印　　张：16
印　　次：2018 年 3 月第 1 版　　2018 年 3 月第 1 次印刷

书　　号：ISBN 978 - 7 - 5115 - 5105 - 4
定　　价：68. 00 元

目 录
CONTENTS

第一章

新媒体——新趋势与新特征

2017年是中国“十三五”规划的关键一年，中国新媒体发展呈现出新面貌。根据有着“互联网女皇”之称的玛丽·米克尔发布的2017年互联网趋势报告数据显示，全球互联网用户数已超34亿，互联网全球渗透率达到46%，中国仍然是全球第一大互联网市场。① 新媒体对于全球媒体格局的影响进一步深化，影响国际传播与信息新秩序的重组与建立。在新一轮传播技术推动与国家政策引导下，我国新媒体发展生机蓬勃。新媒体领域体制与机制不断创新，新媒体发展加速中国现代化建设，推进国家发展进程，提升国家国际竞争力与全球影响力。

第一节　新媒体发展的新趋势

2016年以来，在“互联网+”行动计划的推动下，信息化进一步造福社会、造福人民，新媒体加速影响中国发展进程。我国不断加快互联网治理步伐，积极从网络大国迈向网络强国。短视频、网络直播等新信息产品生产样态革新媒体传播生态，网红经济与共享经济推动新媒体产业发展，人工智能技术引领传播技术创新，媒体“智能化”发展，媒体融合步入提速升级阶段，内容创业步入快车道，网络扶贫助力精准脱贫攻坚，新媒体在中国对外传播与国家形象塑造中

---

① 搜狐网：《2017互联网女皇报告中文版》，http://www.sohu.com/a/145082954_114778，2017年6月1日

的重要性进一步凸显。

一、总体概况与发展态势

（一）我国互联网广泛而深刻地造福国家与人民

互联网发展的本质属性是为民造福，通过网络实现国家跨越式发展，民众拥有美好生活是我国互联网发展的价值追求与目标。在“互联网+”行动计划的指引下，互联网与人们的学习、生活、工作等各个层面需求相连接，民生服务迎来了新局面：互联网和移动互联网政务服务不断推进，“网上办事”更加便利；“众筹”“众包”“众创”等新模式促进生产方式变革，创业投资更加高效；“互联网+医疗”“互联网+养老”“互联网+教育”“互联网+社区”等行业的互联网实践促进了信息公开，加速了传统行业的经济发展转型。人们在信息共享中享受网络发展成果，在绿色化与信息化发展中进行着生活“重构”。

（二）我国向网络强国大步迈进

网络强国战略是我国重要的国家发展目标，一直以来在国家发展规划中处于重要位置。当前，我国网络信息技术不断创新，信息网络设施建设不断完善，网络信息技术应用与服务不断升级，网络强国建设不断深化。

根据中国互联网络信息中心（CNNIC）发布的第40次《中国互联网络发展状况统计报告》数据显示，截至2017年6月，中国国际出口带宽为7974779Mbps，年增长率为20.1%。[①] 网络国际出口带宽数不断增长，有利于我国网络建设的现代化，与国际互联互通，提升信息通信技术的国际竞争力。[②] 在高端服务器领域，2016年12月，浪潮发布了新一代关键应用主机天梭M13，这是我国自主研制的在线交易处理性能最强的单机服务器系统，我国由此成为继美国和日本之后，全球第三个掌握最高端主机核心技术的国家。[③]

（三）互联网治理：依法治理为重，政策指引与平台管理并举

依法治网是中国互联网治理的主线。在“约谈”创新了互联网治理模式后，

---

① 中国互联网络信息中心：《第40次〈中国互联网络发展状况统计报告〉发布》，http://www.cnnic.net.cn/gywm/xwzx/rdxw/201708/t20170804_69449.htm，2017年8月4日

② 新华社：《习近平：让互联网更好造福国家和人民》，http://news.xinhuanet.com/politics/2016-04/19/c_1118672059.htm，2016年4月19日

③ 新华社：《国务院印发〈“十三五”国家信息化规划〉》，http://news.xinhuanet.com/2016-12/27/c_1120199064.htm，2016年12月27日

2016 年互联网治理发展到以依法治理为重点,政策指引与平台管理并举的阶段。中国互联网治理顶层设计呈现出立法进程不断加快、立法效力不断提高的特点,互联网立法呈现体系化发展趋势。以《网络安全法》的通过为标志,中国的互联网治理法治化进入新阶段。

互联网治理不断强调网络平台的主体责任,主张多元主体参与,网络治理是一项长期的工作,具备“常态化”与“长期化”特征。从 2016 年 7 月到 10 月,公安部在全国范围内对网络直播平台进行专项整治。2016 年,国家网信办开展了“护苗 2016”“剑网 2016”“清朗”等系列专项行动,互联网治理工作逐步“常态化”。

(四)短视频与网络直播塑造微传播新生态

新传播技术打造新信息产品样态,重塑新媒体传播生态。2016 年,短视频与网络直播迎来黄金发展期,成为现阶段主流的信息产品形式。短视频的快速发展一方面得益于网络基础设施和移动通信技术发展,另一方面也是因为其产品产量大、分发快等属性符合互联网,特别是移动互联网的传播特征。网络时代是读图时代,更是看视频时代。由于短视频可以弥补文字和图片中的环境缺失、场景欠缺、情感不足等缺陷,用户在社交媒体使用中也对短视频更加青睐。用户依托网络平台功能进行短视频拍摄与分享,更加直观地参与社交。

与短视频相伴而生的是网络直播。如今,网络直播已经成为我国媒体“国家队”标配。2017 年 2 月 19 日,由人民日报社打造的全国移动直播平台“人民直播”正式上线。就在同一天,包含移动直播功能的新华社“现场云”、央视新闻移动网也相继亮相。中央主流媒体通过自建平台组成“媒体直播国家队”,进行直观化新闻生产的探索。

(五)网红经济和共享经济:互联网产业新模式兴起

2016 年,互联网产业发展多方面推进,其中新商业模式不断涌现。以网红经济、共享经济为代表的新互联网经济发展方式促进了经济增长,改变了生活习惯与生活方式,深入影响社会发展。

网红经济同时伴生了粉丝经济与参与经济。2016 年,短视频、网络直播在“网红”内容输出中的应用大大推动了这一行业的发展。同时,由于资本的介入,“网红”发展呈现出产业化趋势,由个人操作演变为团队、集体运营。自 2016 年分享经济被写入政府工作报告以来,分享经济、共享经济在政策红利下进入发展成长期。根据国家信息中心发布的《中国分享经济发展报告 2017》显示,2016 年我国分享经济市场交易额约为 34520 亿元,比上年增长 103%。[①]

(六)网络舆情倒逼互联网企业肩负平台责任

2016 年,有关公民个人安全和公共利益的涉企事件成为年度舆情热点。2016 年初,百度血友病吧被卖事件引发网民关注,网友通过在线举报、讨论与沟通牵引出百度多家疾病吧被出售的信息,公众通过网络舆论对信息搜索平台问责致使百度发表正式声明。无独有偶,“魏则西事件”引起了网民对于百度关键词竞价排名机制的集中舆论问责。此外,快播案、徐玉玉事件、罗一笑事件等一系列网络舆情热点事件均与互联网平台责任相关。

二、热门盘点和焦点透视

(一)数字经济成为经济增长新动能

数字经济是全球科技资源投入最为集中,创新活力最为凸显,经济增长速度最快的领域,成为促进世界经济发展新动力,是全球经济发展的竞争高地。中国准确把握全球经济发展的趋势,高度重视数字经济发展,把握历史发展机遇,通过顶层设计把数字经济发展列为优先发展地位,着重提升中国的数字经济实力。在 G20 杭州峰会上,中国作为 2016 年二十国集团(G20)主席国,首次将“数字经济”列为 G20 创新增长蓝图中的一项重要议题。G20 会议通过了全球首个由多国领导人共同签署的数字经济政策文件《G20 数字经济发展与合作倡议》。[②] 2017 年 3 月,“数字经济”首次被写入 2017 年政府工作报告。

(二)人工智能技术引领传播技术创新,媒体“智能化”发展

以人工智能为代表的新传播技术主要通过改变新闻生产与呈现的方式构建新兴媒介生态。新科技与新技术通过重塑媒体生产业务链的形式对传媒业进行改造。在 2016 年奥运会期间,写稿机器人产出内容达 3600 余篇。目前在

① 央视网:《商务部发布一季度网络零售数据:交易额破万亿同比增 32.1%》,http://m.news.cctv.com/2017/04/25/ARTI5A38zQo0vt06PlsFBR3T170425.shtml,2017 年 4 月 25 日

② 新华网:《工信部:预计 2017 年全国行政村光纤通达比例超 90%》,http://news.xinhuanet.com/info/2017 - 01/23/c_136005775.htm from = singlemessage&isapp installed = 0,2017 年 1 月 23 日

财经和科技领域,其产出内容达到每天 2000 篇。① 写作机器人凭借信息搜集的全面性与及时性,以及巨大的成稿速度优势等特点,在科技、财经与体育报道领域的表现尤其突出。随着自然语言处理、视觉图像处理与机器学习等技术的不断更新,机器人写作将向全品类资讯生产发展,新闻生产的人工智能化水平将不断提升。

新传播技术革新了新闻分发形式,创新了新闻产品样态。以虚拟现实技术(VR)、增强现实技术(AR)、无人机等为代表的新传播技术提升了用户体验。在国内,以今日头条、一点资讯、天天快报为代表的新闻聚合平台通过算法进行内容重组与推送获得了用户的青睐。智能技术实现了用户原生数据的汇集与生产。智能算法通过分析用户偏好,进行内容的自动分发,革新了内容分发规则,实现了产品形态的智能化。

(三)媒体融合步入提速升级阶段

现阶段,媒体融合步入提速升级期,具体表现为:从中央到地方,各级媒体的融合发展举措同步展开,各具特色的融合策略促使媒体融合进度加快;传统媒体通过合作与共享,逐步与新媒体融为一体,"你中有我,我中有你"。

"中央厨房"成为中央级媒体融合发展的"龙头工程",为媒体加速融合发展提供了机制引导与保障。地方媒体则通过探索以垂直化发展的道路加速融合转型。综观国家新闻出版广电总局公布的"2016 年全国报刊媒体融合创新案例 30 佳"名单可以发现,各地方媒体"因地制宜",依托媒体优势资源进行"信息 + 服务"垂直转型成了融合发展获胜的主要秘诀。

(四)网络扶贫助力精准脱贫攻坚

网络扶贫行动是实现精准扶贫,打赢扶贫攻坚战的重要举措。2016 年是全面建成小康社会决胜阶段的开局之年。网络扶贫工作作为决胜全面小康的新杠杆,意义重大。网络扶贫为新时期扶贫工作的开展提供了新的途径和方向,同时也丰富了扶贫工作的技术手段,提供了强有力的信息支撑。

(五)政务新媒体助推社会治理精准化

2016 年,政务新媒体逐渐被纳入各地各部门的常规性工作范畴,发展日趋

① 王伟凯:《中国 5G 布局处全球领先地位》,南方日报,http://epaper.southcn.com/nfdaily/html/2016-06/30/node_15.htm,2016 年 6 月 30 日 A14 版

规范。政务新媒体的定位更加明确与完善。继政务公开成为政务新媒体的重要功能项后,政务服务功能的实现成为现阶段政务新媒体建设与发展的重点。政务新媒体通过细化平台功能,优化互动机制,简化服务流程等举措,在社会治理和国家管理中的作用凸显。

(六)内容创业步入快车道

2016年,内容创业井喷式发展。随着移动互联网用户与平台生态的变化,传播链中的内容价值凸显,并迅速成为发展与创投的焦点。内容创业主要发力点在于原创内容的生产,指的是依靠优质的原创内容吸引用户从而进行商业变现。因此,优质内容生产源成为内容创业的关键。

2016年,内容创业的主要形式更加多元,短视频与内容付费成为新热点。短视频被视为当前内容创业的风口,项目发展火爆。根据艾瑞咨询《2016年中国短视频行业发展研究报告》,截至2016年7月1日,短视频行业共获得43笔投资。[①] "梨视频""今日排行榜""暴娱"等短视频项目迅速发展,影响力剧增。

三、传播分析与影响解读

(一)互联网企业成为提升我国战略传播与对外传播能力的突破口

中国互联网企业是全国互联网行业发展的亮点,也是国际传播的主力军。据CNNIC统计,截至2016年12月底,中国境内外互联网上市企业数量达到91家,总体市值为5.4万亿人民币。腾讯公司和阿里巴巴公司的市值总和超过3万亿人民币。[②] 在"一带一路"倡议的引导下,中国互联网企业通过加速海外布局,进行全球化发展,在全球舆论空间与网络空间中传达"中国声音",增强"中国力量"。

(二)共享与共治:全球互联网治理"中国方案"彰显战略高度与实践意义

中国在坚持网络空间主权的前提下,倡导互联网的共建共享、共管共治、互联互通。2016年11月,第三届世界互联网大会(乌镇峰会)如期召开,这是中国搭建的中国与世界、国际间互通互享的交流平台。"建设更加可信的互联网"

① 艾媒咨询:《2016-2017中国短视频市场研究报告》,http://www.iimedia.cn/51028.html,2017年4月21日

② 易观国际:《易观国际中国网红产业专题研究报告2016》,http://finance.qq.com/a/20160906/021768.htm,2016年9月6日

是此次互联网大会新媒体发展论坛的主题，透露出中国举办会议的目的是致力于通过国家间合作互补、资源共享，构建国际传播新秩序。

2016 年 10 月，由中国社会科学院新闻与传播研究所和北京师范大学新闻传播学院主办，加拿大多伦多大学麦克卢汉中心和美国宾夕法尼亚大学互联网政策观察室协办，以“全球视野，中国实践”为主题的“首届中外合作互联网治理论坛”在北京举办。来自中国、法国、美国、加拿大、日本、丹麦、喀麦隆等国家的专家学者共聚一堂，从学术研究的角度探讨了全球互联网治理的相关问题。

（三）网络文化成为文化产业的重要发展力量，促进我国国际影响力提升

在国家数字版权保护力度进一步加大的环境下，我国网络文化发展势头迅猛。根据 CNNIC 统计，截至 2017 年 6 月，网络文学用户规模达到 3.53 亿，较去年底增加 1936 万；网络音乐用户规模达 5.24 亿，较去年底增加 2100 万；网络游戏用户规模达到 4.22 亿，较去年底增加 460 万人。[①] 随着网络对人们生活方式的影响不断加深，网络游戏、网络剧、网络文学、网络音乐等网络文化产品用户数量日趋庞大，在文化消费品中占主流。

第二节 新传播环境下的舆情特点及挑战

随着互联网的应用和普及，传播方式发生了彻底性的改变。网络开放度高、信息量大、及时性互动性强的特点为受众获取信息和发布信息带来了前所未有的便利。移动设备的更新和普及使移动上网成为用户首选的网络访问方式，移动互联网上广泛使用的网络社交平台让用户可以随时随地关注最新消息，表达个人意见，当然这也很容易在瞬间引发社会热点话题，导致近年来社会舆情热点呈现快速爆发的趋势。网络成为集中反映民意和社会动向的场所，同时，公民对国家和社会公共事务的知情权、参与权、表达权和监督权的诉求更多地通过网络渠道加以表达和实现，网络舆情就像“晴雨表”，时刻反映着社会的情绪和民众思想的变化。在新的传播环境下舆情在发出主体、传播及表达等方

① 中国互联网络信息中心：《第 40 次中国互联网络发展状况统计报告（全文）》，http://www.cac.gov.cn/2017-08/04/c_1121427728.htm，2017 年 8 月 4 日

面都具有了新的特点。

一、新传播环境下舆情的新特点

(一)盲目性与群体极化

在开放的网络环境中网络事件多由网民自发进行爆料,通过网络平台网民以在线留言的形式发表个人真实的意见,以“指尖发声”维护自身利益。但在自发为自身争取权益的同时,由于网络信息的庞杂加之网民受教育水平、年龄、思维方式、个人价值观等因素影响,会出现意见表达的盲目性特点。许多网民在对事件还未进行全面了解的情况下就急于下结论表达立场,越来越多的“评论党、键盘侠”涌现,他们在了解某一事件时习惯看过新闻标题和评论就下定结论或先去看评论再反过来看新闻内容本身,颠倒了个体了解信息的顺序,盲目轻信他人观点或未经证实的信息,容易被各种观点左右。

受众盲目跟风和急于下结论的做法易引起群体的网络暴力行为。借助全体网民的力量,负面事件更易得到重视和及时解决,但也常常伤及无辜,引起不良的社会影响。网络传播的匿名性让网民对言论的后果无所顾忌,近年来人肉搜索、网络霸凌等事件频发不仅侵犯了个人隐私,更严重威胁到了事件当事人的人身安全。2016 年 10 月一则《惊了! 宁波游客在日本拿走酒店马桶盖,查证后酒店要求导游寄回……》的消息一经发布便迅速在网络中引发热议,网民一股脑地对事件当事人进行辱骂和人肉搜索,舆论一边倒地认为事件当事人不可原谅应予严惩,然而实际上当事人早已在事件发生第一时间就将马桶盖归还并进行了诚恳道歉,也得到了相关方面的原谅,群极化的行为却将该事件无限放大,使得事件当事人个人隐私信息泄露,丢掉了工作,人身安全也受到极大的威胁。

(二)突发性、持续周期缩短

舆情爆发的突发性表现在网络事件和舆情爆发不可预测。网络传播跨时间跨地域性的特点使得某一事件一经发布,就能在第一时间内通过网络广泛传播,依托庞大的网民基数和网络信息流动的特征,往往事件发生后几分钟的时间就形成了鲜明的舆论走向。

网络信息传播的即时性使信息更迭迅速。一个网络事件所产生的网络舆情可分为潜伏期、成长期、成熟期、衰退期四个阶段①。网络舆论场中，这四个阶段持续时间同时呈缩短趋势。信息的更迭使新事件不断代替旧事件对人的吸引力，热点话题来去匆匆，受众对某一时间段内发生事件的关注度持续周期越来越短，对突发性事件形成了一种固定的认知参与模式即一窝蜂地关注、充满感性的评价，而后新的事件产生使得旧的舆论迅速消散，甚至被忘得一干二净，在这样的模式下受众没有充足的时间形成对事件的理性共识，易导致极化舆情的形成。2015年6月1日东方之星沉船事件发生仅两个月后，在事件真相未明的情况下，发生了天津爆炸案当即转移了受众的关注点，舆论骤然转向对天津爆炸案起因和内幕的激烈讨论，起初对东方之星沉船事件的极大关注被抛却脑后。

(三)指向鲜明与传播形式的泛娱乐化

网络的匿名性使网民对事件主体的指向更加明确。近年来在网民舆情事件中明确指向政府官员的高达七成，对名人明星八卦引发的道德伦理批判也呈显著上升趋势。网民诉求更为直接，绝大多数是基于维护自身利益展开，包括经济、安全等。调查显示公众对涉及民众利益，但有关部门独断决策，未能及时通报消息的行为最为不满，如天津爆炸案后续信息公开不畅成了网民集体讨伐的焦点。借助网络舆情的发酵，这些问题容易被有关部门重视，一旦这些问题得到相应的解决，舆论在短时间内就会很快平息。

在充满竞争压力的快节奏社会生活中，网民倾向于在各种新闻事件中提取娱乐性的内容进行讨论，以娱乐为首要目的的上网行为增加。如里约奥运会中，王宝强离婚事件喧宾夺主成了讨论量最大的话题；对傅园慧“洪荒之力”的讨论量是女排重回冠军宝座话题讨论量的1.8倍。另外，由于网络传播的自由性以及非正式性，受众在发表意见时多偏爱采用讽刺性或具娱乐性的网络流行语来表达想法。由网络热点事件所产生的流行语也不胜枚举。

二、新媒体环境下舆情面临新的挑战

(一)信息噪音干扰使真伪难辨

信息噪音的实质是信息选择问题。在复杂的网络传播环境中，不同层次的

① 燕道成、杨瑾胡、江春：《网络舆情新特点及应对策略》，《中国社会科学报》2016年2月4日。

信息数量庞大,受众沉迷于简单易懂且态度相同的信息,对复杂或与自身理解相反信息视而不见,如何引导受众避免各种信息噪音成为舆论引导工作中的难点。

谣言是对受众干扰最大一种信息噪音。为了获得受众的关注谣言通常具备刺激性煽动性的特征,以夸大事件的严重性吸引注意,由此易引发激烈的舆论争执。近年来越来越多对互联网陌生的群体开始通过移动设备接触互联网,CNNIC 的调查数据显示,截至 2017 年 6 月,我国网民仍以 10 – 39 岁人群为主,占整体的 72.1%;但 40 岁及以上人群占比、农村互联网普及率、小学及以下学历人群占比有了提升。这些新的网民群体不具备网络媒介使用基本素养,缺乏理性思考问题的能力,容易受到网络谣言的误导。另外随着多媒体技术的提高网络谣言越来越难以判断真伪,微博、微信、贴吧等众多媒介平台为网络谣言的自由传播提供了便利,几乎零成本的复制与粘贴方式使得网民无意中成为谣言的传播者,辟谣的速度赶不上谣言的传播速度,使得谣言泛滥,辟谣工作难度加大,不利于营造健康的网络舆论空间。

网络受众数量庞大鱼龙混杂,一些利益团体通过有偿雇佣的形式试图引导舆论走向,网络水军、僵尸粉等各种形式的不法行为未得到有效的管控。网络水军数量庞大,他们披着普通网民的外衣混迹在网络人群中,其行为与网络舆情变化状况具有一定的联系。网络水军既可以利用受众的趋同心理通过发布某一观点的水帖、评论制造舆情偏向的假象,以此引导受众观点为雇主实现话题炒作、事件营销、消除负面等作用,同时可使用诽谤、抹黑等手段混淆公众视听进行舆论导向。研究表明,网络水军在网络舆情"涨落"中的负作用要远远大于正能量,成为网络舆情管理中需要解决的难题。

(二)信息不对称加剧舆情危机

信息不对称存在于人类社会发展的各个时期,个体的地域差异、经济水平、生活背景、知识结构、社会地位等差异都会导致信息不对称。基于这些差异形成了不同的网络舆论圈层。微博平台上各垂直领域阅读的划分,表明网民基于兴趣爱好自行架构了话题参与范围。微信依托强社交关系的约束,也形成了基于不同兴趣点的信息传播闭环。

信息的不对称还表现在舆论中心主体信息发布和受众获取信息的差异上,目前的大数据数据公开制度不完善,极易导致民众获取消息上的滞后。在舆情事件中,经常作为舆情主体的政府、各组织机构处于获取接受信息的上端,而普通民众则处于下端,导致舆情信息的不对称、立场和认识的不共通,这加深了双方的矛盾和误解,加剧了舆情危机。长期的信息不对称一方面影响大众对于社会的准确认知,另一方面易使受众易养成随大流的习惯,缺乏理性思考,从而加大对舆情引导的难度。

(三)信息碎片化带来舆论偏颇

信息碎片化是网络信息的一大特征,网络传播的碎片化意味着"信息文本的零散性和信息要素的不完整性"以及意见观点的分化,文本切割、语境缺失、逻辑混杂,这些负面的因素易引导受众形成错误观点,继而引发舆论偏颇。网络信息为了更快速地进行传播通常会降低认知成本,最常见的方式是简化事物的过程而直接送给受众结论,或掐头去尾只保留信息核心内容的某一部分,这种做法看似便利了快节奏社会生活中受众的信息需求,却造成了受众信息了解不全面的后果,造成了在后续管理时对舆论规范和管理的不畅。

(四)经济利益造成秩序混乱

著名学者拉扎斯菲尔德在《人民的选择》中提出"意见领袖"这一概念:"大众传媒传递信息并不是直接'流向'一般受众,而是经过意见领袖这一种中间环节,即大众传媒——意见领袖——一般受众。"

与微博、微信等社交媒体的普遍应用所同时出现的是新意见领袖群体,新意见领袖是一个观点更加多元和开放的群体。不同于传统媒体上的意见领袖,新意见领袖背后数以万计的忠实粉丝群为其带来了即使是发行量最高的报纸也难以企及的社会覆盖力和影响力。他们在舆论场发挥着日益重要的作用,能够影响互联网议程设置、引领潮流、倡导某种观念,在一定程度上已经成为民意的代言人并左右着热点的传播和方向。

随着市场经济和消费主义的渗透,网络受众成了网络意见领袖拥有的可供交换的商品。在经济利益的诱使下,网络意见领袖需要尽可能地吸引受众并通过各种方式影响受众,作为"自媒体"的网络意见领袖拥有可观的注意力资源。许多商业机构都意图借助意见领袖的"名人效应"来进行商业推广或舆论导向,将信息植入日常表达中以引导受众的观点成为网络意见领袖的普遍做法。网络意见领袖其在信息内容的生产中更倾向于采取迎合性的话语规则,或采取极富煽动性的言说方式进行"劝服",通过个人魅力传播某种特定的思想观点引导舆论走向。互联网空间是不同观点不同思潮的聚集地,而作为网络中最能影响受众观点的一股力量,由意见领袖所引起的群体的不同观点极有可能引发各意见“派系”之间的冲突和对抗。

(五)实时监测难度提升

网络环境中信息更新速度快,监测速度赶不上更新速度。在网络开放、共享的传播环境中,人们从过去单纯的信息接收者变为了集传播接收为一体的网民。微博、微信、贴吧等多表达渠道使公民得以拥有充分发挥表达个人观点的权利,同时可以将个人生活、日常等各种细节随时随地同他人分享,并可通过各种社交媒体平台、网页、直播等多种形式为舆论设置议题。在“用户创造内容”的时代,新媒体的去中心化消解了传统媒体对话语权的垄断,使传统的“把关人”作用弱化以致丧失,导致舆论的源头不可控,传播速度不可控,内容分散不可控,观点走向不可控等诸多不可控因素出现①,更有一些信息发布者以修改和隐藏信息关键词的方式逃避相关内容监测。网络信息数量的几何形增长、把关环节的弱化和诸多不可控因素的产生加大了信息监测工作的负担,对舆情监测设备信息采集分析处理能力的完善与升级成为舆情监测工作的首要目标。

当今社会网络舆情已经成为影响社会变革的重要软力量。面对复杂的网络传播环境和种种舆情监测、管理的挑战,传统的舆论引导模式已经不能适应新媒体的传播环境,而新的舆论引导模式尚未完全建立,舆论失控现象时有发生。作为舆论监管的主体政府部门应当及时掌握互联网的发展新动态,建立符合新媒体环境的舆论引导模式,加强基础建设以降低信息不对称等现实问题,投入更多精力加大对网络环境的实时监管力度,系统掌握舆情发展不同阶段的特征以做好应对策略为健康的网络舆论环境提供保障。作为一个新型信息传播媒介,移动互联网正在以飞快的速度成长,在为信息传播提供更加快捷方便的途径之外,也给我国网络舆情引导带来一定难度。网络媒体应当提高自身信息报道的专业化能力,避免信息发布环节上的偏颇和误传,自觉地遵守相关法律法规,主动引导正确的舆论走向,为净化网络舆论环境贡献应尽的社会责任。对于网民自身来说,在互联网发展的今天提高自身新媒体使用的媒介素养是当务之急。广大网民应不断增强个人辨别信息的能力,学会理性分析问题,避免

---

① 刘伯高:《新媒体时代政府面临的舆论挑战及应对策略》,《苏州大学学报》2011 年第 6 期。

盲从为他人利用。

第三节　习近平的新媒体观

2016年2月19日,中共中央总书记、国家主席、中央军委主席习近平到人民日报社、新华社、中央电视台考察调研后,在北京主持召开党的新闻舆论工作座谈会并发表重要讲话。习近平在会议上强调,党的新闻舆论工作是党的一项重要工作,是治国理政、定国安邦的大事。自担任党的总书记以来,习近平同志高度重视党的新闻舆论工作,特别是新媒体的发展。2014年8月18日,习近平主持召开中央全面深化改革领导小组第四次会议,会议审议通过了《关于推动传统媒体和新兴媒体融合发展的指导意见》;2015年12月16日,习近平出席第二届世界互联网大会开幕式并发表主旨演讲;2015年12月25日,习近平视察解放军报社,亲自敲击键盘发布微博,通过微博端祝贺新年……习近平总书记身体力行高度重视新媒体地位,积极倡导新媒体发展。他提出的关于新媒体的系列重要观点高瞻远瞩、内涵丰富、影响深远。

一、理念认知发展:从强调重要性到认知专业化

(一)细分责权范围,明确舆论导向

在舆论导向层面,从新闻宣传到新闻舆论,从提高重视程度到建设价值观体系,随着传播技术的发展和舆论场活跃程度的变化,党的领导人对于宣传和舆论的重视程度也越来越强,对于新闻业界发展态势的观察也更加深入和专业。江泽民同志在担任总书记时,在其第一次关于新闻工作的讲话中就明确指出,"我们国家的报纸、广播、电视等是党、政府和人民的喉舌。这既说明了新闻工作的性质,又说明了它在党和国家工作中的极其重要的地位和作用。"①除了明确媒体作为党的喉舌的特殊性质,多次强调了导向原则的重要性。"新闻宣传一旦出了大问题,舆论工具不掌握在真正的马克思主义者手中,不按照党和

---

① 江泽民:《关于党的新闻工作的几个问题——在新闻工作研讨班上的讲话提纲(一九八九年十一月二十八日)》,《新闻战线》,1990年第2期。

人民的意志、利益进行舆论导向,会带来多么严重的危害和巨大的损失。”①

在2016年2月19日举行的党的新闻舆论工作座谈会上,习近平总书记再次强调了我国新闻媒体的党性原则,强化了坚持正确舆论导向的重要性,他指出:“新闻舆论工作各个方面、各个环节都要坚持正确舆论导向。”即便是媒体性质、内容形式、新闻类别各有差异,遵循的导向性原则也应当高度统一:“各级党报党刊、电台电视台要讲导向,都市类报刊、新媒体也要讲导向;新闻报道要讲导向,副刊、专题节目、广告宣传也要讲导向;时政新闻要讲导向,娱乐类、社会类新闻也要讲导向;国内新闻报道要讲导向,国际新闻报道也要讲导向。”②从党的领导人的讲话中可以看出,新闻媒体作为党的喉舌,其特点和性质均在不同的会议和场合中得到强调,习近平通过强调导向性原则、并给出更加具体细分的范围。习近平总书记通过强调各家媒体、各类内容的导向性原则,在生产流程和分工过程中逐一细化了“党的喉舌”这一概念。更重要的是,强调新媒体也要遵循导向性原则,为新媒体本身进一步发展也提供了导向指导。

(二)利用新技术新应用,占领信息制高点

在新兴媒介及技术层面,党的领导人对传播科技给予了高度重视,习近平总书记对媒体技术的强调不仅是对前任领导人的继承,还通过更加深入和专业的理解和阐释,从思想源头上体现出对互联网思维的发散和应用。2008年时任总书记胡锦涛同志在视察人民网“强国论坛”时曾指出:“必须加强主流媒体建设和新兴媒体建设,形成舆论引导新格局。”③强调以互联网平台为代表的新兴媒介正处于起步加速阶段,其影响力正在逐渐壮大。当下的新媒体态势逐渐从加速发展到渐趋平稳,以BAT(百度、阿里巴巴、腾讯)三大巨头为首的新兴媒介环境逐渐形成。对于这些,习近平总书记在2013年8月19日的全国宣传思想工作会上引用了一句古训:“明者因时而变,知者随事而制。”并指出,“宣传思想工作创新,重点要抓好理念创新、手段创新、基层工作创新”,在阐释手段创新时,习近平谈到了传统媒体和新兴媒体二者的关系,不仅要加强两类媒体的建

① 徐光春,《江泽民新闻思想的核心内容》,《新闻战线》,2004年第2期。

② 习近平:《习近平在党的新闻舆论工作座谈会上强调,坚持正确方向创新方法手段提高新闻舆论传播力引导力,刘云山出席》,《人民日报》,2016年2月19日01版。

③ 吴绮敏、孙成斌:《唱响奋进凯歌,弘扬民族精神——记胡锦涛总书记在人民日报社考察工作》,《人民日报》,2008年6月20日01版。

设,更要与时俱进,推动二者的融合:“加快传统媒体和新兴媒体融合发展,充分运用新技术新应用创新媒体传播方式,占领信息制高点。”①应对当下社会信息化持续推进的状况,新媒体作为新技术和新应用的代表性结合,其技术更应当为宣传思想工作所用,帮助引导和建立具有新时期特色的内容传播平台。

(三)新媒体的发展治理,从政策到法律的引导升级

面对移动互联网的快速发展,以习近平同志为总书记的党中央集体高度重视新媒体建设,并随着新媒体发展工作的不断推进,对互联网建设与新媒体发展的要求进一步提高与细化。

从2014年2月27日,中央网络安全和信息化领导小组第一次会议,强调对网络舆论引导的重要性。到2014年8月18日,中央全面深化改革领导小组第四次会议,提出加强媒体融合,体现了我国党中央对当前传媒发展趋势的本质认识,紧抓新兴媒体带来的新型发展机遇,为我国传媒发展带来新生机。2015年5月18日,习近平总书记在中央统战工作会议上首次提出“要加强和改善对新媒体中的代表性人士的工作”,通过明确做好新媒体中的代表人物的统战工作,进一步强化了新媒体建设的重要性。2016年2月19日,习近平总书记召开党的新闻舆论座谈会,明确在新媒体的舆论工作开展过程中,要始终坚持正确的舆论导向,体现了党中央对落实媒体融合政策的更高要求,也体现了新媒体在开展舆论工作中的重要性。

与此同时,我国政府出台多项政策加强对新媒体的有力引导,积极发掘新媒体的发展潜力,推进传统媒体与新兴媒体融合发展,对相关机构与部门积极进行组织协调,以推动新媒体在理念革新、技术发展、人才培养等多个方面的建设。同时,政府积极引导新媒体在内容、舆论上的正确导向性,加强新媒体优质内容的提供与质量的提升,以满足人民群众日益增长的信息需求,服务多元化的用户主体。

移动互联网的快速发展,在改变人们传受方式,提供便捷服务的同时,也为当前网络信息安全带来巨大的挑战,如网络谣言、泄露信息等现象都严重损害了用户的合法权益,甚至对国家安全与公共利益带来威胁。“依法治网”,切实

---

① 《习近平在全国宣传思想工作会议上强调,胸怀大局把握大势着眼大事,努力把宣传思想工作做得更好,刘云山出席会议并讲话》,《人民日报》,2013年8月21日01版。

保护互联网安全,已势在必行。

伴随着政策的引导与推动,我国出台了《全国人民代表大会常务委员会关于维护互联网安全的决定》、《国务院关于授权国家互联网信息办公室负责互联网信息内容管理工作的通知》等法律法规。在此基础上,国家正在建立健全互联网监管体系,明确用户以及运营单位在网络中的法律责任,依法加强网络信息保护,为媒体融合发展营造健康有序的绿色网络环境。

二、导向探索:从理念到思维的强化和延伸

(一)体系建构:由内到外,由表及里

1. 网络强国战略与国际话语权

据中国互联网络信息中心发布的第 40 次《中国互联网络发展状况统计报告》显示,截至 2017 年 6 月,我国网民规模已经达到 7.51 亿,互联网普及率高达 54.3% 。[①] 庞大的用户基数加上网络传播的速度和效果,不仅对国内的舆论环境和政治生态产生了影响,公共外交空间的边界也在延伸。[②] 网络强国作为一国综合实力的体现,其核心标志除基础设施保障能力和互联网全球竞争能力外,还包括网络空间的威慑能力和网络空间的治理能力。[③] 网络强国相当于中国的第三次建国,习近平总书记亲自担任中央网络安全和信息化领导小组组长,是对建设网络强国的最高规格的重视。[④] 习近平总书记对于对网络强国战略的坚定程度由此也可见一斑。在 2014 年 2 月 27 日的中央网络安全和信息化领导小组第一次会议上,习近平总书记强调,“网络安全和信息化是事关国家安全和国家发展、事关广大人民群众工作生活的重大战略问题”。[⑤]

网络安全和新媒体发展息息相关,一方面是技术层面上的安全维护,包括

---

① 中国互联网络信息中心:《第 40 次中国互联网络发展状况统计报告》,http://www.cac.gov.cn/2017-08/04/c_1121427728.htm,2017 年 8 月 4 日。

② 李忠斌:《新媒体与奥巴马政府的公共外交》,《美国研究》,2011 年第 1 期。

③ 方兴东、胡智锋:《媒介融合与网络强国:互联网改变中国——2015〈现代传播〉年度对话》,《现代传播》2015 年第 1 期。

④ 方兴东、卢卫等:《网络强国能力指标体系与战略实现路径研究》,《现代传播》,2014 年第 4 期。

⑤ 新华网:《习近平主持召开中央网络安全和信息化领导小组第一次会议,李克强刘云山出席》,2014 年 2 月,http://cpc.people.com.cn/n/2014/0227/c64094-24486402.html,2014 年 2 月 27 日。

保护国家信息基础设施、建立完善的网络空间防护体系，另一方面更偏向意识形态层面上的维护，涉及国内外网络舆论环境的整体稳定，新媒体在此发挥的重要性也被习总书记所强调："要加强国际传播能力建设，精心构建对外话语体系，发挥好新兴媒体作用，增强对外话语的创造力、感召力、公信力，讲好中国故事，传播好中国声音，阐释好中国特色。"[①]这说明新媒体在塑造国家形象方面的重要性，不仅要把国家对内宣传和对外宣传的差异辨别清楚，更要懂得用相对应的、带有新媒体特点的技术和方式运用到对外传播中去，从微观的外交沟通手段、沟通技术开始，到"讲好中国故事"，再到形成一个较为宏观的、完整的对外话语体系。新媒体与政治力量的结合，不仅是对旧有外宣方式的改变，也是国际传播基本理念的一次革新。

2. 强化互联网思维，加速传统媒体和新媒体融合

以社交网络为代表的新媒体在聚拢众多用户的同时，也得到了媒体人的重视，对于年轻的、擅长用数字化方式进行报道的记者来说，他们把社交媒体看作是获取信息的重要途径，而社交媒体的经营技巧和社交账号的粉丝数都成为衡量其专业程度的一部分[②]，即时共享作为新媒体的主要特点之一，不仅是对现有的新闻生产流程，甚至对整个新闻业界的惯有模式产生了影响。[③] 研究机构 Forrester 通过对中美网民在线行为比较发现，创造内容的中国网民比例(44%)明显高于美国(24%)。[④] 2013 年 8 月 19 日，习近平在全国宣传思想工作会议上指出："要把网上舆论工作作为宣传思想工作的重中之重来抓。"点出了引导网络舆论的重要性，并指出我国当下网民数量众多、获取信息主要依靠网络的现状："我国网民有近六亿人，手机网民有四亿六千多万人，其中微博用户达到三亿多人。很多人特别是年轻人基本不看主流媒体，大部分信息都从网上获取。必须正视这个事实，加大力量投入，尽快掌握这个舆论战场上的主动权，不

---

① 新华网:《关于媒体融合,总书记这样说》,2016 年 2 月,http://cpc.people.com.cn/n/2014/0227/c64094-24486402.html,2016 年 2 月 20 日。

② Lasorsa D L, Lewis S C, Holton A E. Normalizing Twitter: Journalism practice in an emerging communication space[J]. Journalism studies, 2012, 13(1): 19-36.

③ Garrison B. Journalists' perceptions of online information-gathering problems[J]. Journalism & Mass Communication Quarterly, 2000, 77(3): 500-514.

④ Forrester Research's Consumer Technographics data, 2009.

能被边缘化了。”①

而对于如何建设融合发展的现代传播体系、尽快提高国家在网络空间上的公信力,习近平在 2014 年 8 月其主持召开的中央全面深化改革领导小组第四次会议上,给出了纲领性的指导意见:“推动传统媒体和新兴媒体融合发展,要遵循新闻传播规律和新兴媒体发展规律,强化互联网思维,坚持传统媒体和新兴媒体优势互补、一体发展,坚持先进技术为支撑、内容建设为根本,推动传统媒体和新兴媒体在内容、渠道、平台、经营、管理等方面的深度融合。”②推进传统媒体与新兴媒体的融合,既需要传统媒体打破观念、体制、技术等多个方面的枷锁,也需要新媒体重视内容生产,坚持正确的舆论导向。以期达到“双向融合”的效果。③

(二)文化建构:理论支撑与媒介生态

对于新兴媒体的发展和利用以及与传统媒体的融合,习近平总书记指出要顺应新兴媒体发展规律,这与其“因事而谋、应势而动、顺势而为”的宣传思想是相符的,即善于审时度势、重视民意所指、辨别舆论环境的变化。这些都可以从新闻传播学的理论中进行溯源。

1. 党性原则与人民利益

习近平总书记对于马克思主义新闻观的发展和延伸结合了新时期媒介环境生态的特色,除了十分重视技术外,还十分强调导向性原则和顺应新闻传播发展规律,除此之外,党性原则也是马克思主义新闻观的要义之一,而从新闻工作的党性和人民性的关系,是关乎舆论导向的重要问题,也是习近平总书记进行着重解释的问题。关于这个问题,习近平总书记曾在全国宣传思想工作会议上进行了着重论述,他强调,二者是高度统一的,关于党性,他指出:“坚持党性,核心就是坚持正确政治方向,站稳政治立场,坚定宣传党的理论和路线方针政策,坚定宣传中央重大工作部署,坚定宣传中央关于形势的重大分析判断,坚决

---

① 《习近平在全国宣传思想工作会议上强调,胸怀大局,把握大势,着眼大事,努力把宣传思想工作做得更好,刘云山出席会议并讲话》,《人民日报》,2013 年 8 月 21 日 01 版。

② 《习近平主持召开中央全面深化改革领导小组第四次会议强调,共同为改革想招,一起为改革发力,群策群力把各项改革工作抓到位,李克强刘云山张高丽出席》,《人民日报》,2014 年 8 月 19 日 01 版。

③ 黄楚新、彭韵佳:《从“相加”到“相融”,媒体发展新契机》,《光明日报》,2016 年 2 月 27 日 11 版。

同党中央保持高度一致，坚决维护中央权威。”[①]其中连续四次提及宣传与“中央”保持一致，说明了他提出的坚持党性的要点。为做到这一点，就要坚持政治家办报、办刊、办台、办新闻网站。[②] 而归根结底，中国共产党来自人民，其唯一宗旨是为人民服务，对于“你是替党讲话，还是替老百姓讲话”类似伪问题的争论以及其带来的社会骚动，要从源头上解决问题，需要反复明确，党性和人民性是高度统一的。习近平对于人民性是这样论述的：“坚持人民性，就是要把实现好、维护好、发展好最广大人民根本利益作为出发点和落脚点，坚持以民为本、以人为本。要树立以人民为中心的工作导向，把服务群众同教育引导群众结合起来，把满足需求同提高素养结合起来，多宣传报道人民群众的伟大奋斗和火热生活，多宣传报道人民群众中涌现出来的先进典型和感人事迹，丰富人民精神世界，增强人民精神力量，满足人民精神需求。”[③]树立“以人民为中心的工作导向”，再次强调了“党性和人民性从来都是一致的、统一的”。

2. 网络文化建构与核心价值观体系

早在20世纪80年代中期，佛朗索瓦·萨巴（Frangcoise Sabbah）指出，新媒体的出现决定了观众的区隔与分化，虽然在数目而言算是大众，但从信息接收的同时性和一致性来说，他们已经不再是所谓的受众。日本学者伊藤优一针对日本媒体使用的演进也得出了大众社会逐渐演变为“区隔社会”（segmented society）的结论。[④] 习近平指出当下我国媒体使用的现状，即很多人尤其是年轻人，“基本上不看主流媒体，大部分信息都从网上获取”。新媒体对于用户习惯的养成和分众内容传播的趋势也愈发明显，除了通过媒体对公众进行合法性的说服，如多宣传报道“人民群众的伟大奋斗和火热生活”、“先进典型和感人事迹”之外，对于网络平台也需要进行引导，一方面是新兴媒介平台的可信度在增加，网络媒体吸引了各路传统媒体精英，渐渐形成其公信力和权威，作为信息发布平台逐渐获得更多的认同；另一方面，考虑到用户的内容选择会更偏向个人，甚至会将其作为一种娱乐手段，当获取的内容被当成类似于“麻醉品”的“消

---

① 《习近平在全国宣传思想工作会议上强调，胸怀大局，把握大势，着眼大事，努力把宣传思想工作做得更好，刘云山出席会议并讲话》，《人民日报》，2013年8月21日01版。

② 陈力丹：《习近平的宣传观和新闻观》，《新闻记者》，2014年第10期。

③ 陈力丹：《习近平的宣传观和新闻观》，《新闻记者》，2014年第10期。

④ ｛美｝曼纽尔·卡斯特：《网络社会的崛起》，夏铸九、王志弘等译，北京：社会科学文献出版社，2001年，第420、421页。

遗”时[①]网民的思辨能力就会受到影响,缺少把关人和引导会导致谣言的加速传播,需要国家和媒体从中介入。当新媒体舆论场导致传统媒体为国家提供的说服服务受到公众质疑,甚至损害到其专业主义的尊严。[②] 媒体和平台最终会指向用户个人。应对这些变化这需要运用更高的传播策略和传播技巧,即从点到面,从单一路径到体系建构,发展积极向上的网络文化。2015 年 11 月,《中共中央关于制定国民经济和社会发展第十三个五年规划的建议》中指出,加强网上思想文化阵地建设,实施网络内容建设工程,发展积极向上的网络文化。净化网络环境。推动传统媒体和新兴媒体融合发展,加快媒体数字化建设,打造一批新型主流媒体。优化媒体结构,规范传播秩序。[③]

三、方法沿革:扶持和治理的三个切入点

(一)以先进技术为支撑,推动媒体融合发展

先进的新传播技术是引发媒体转型与变革的直接推动力,也是媒体实现传播方式革新与跨越的保证。微视频、人工智能技术、无人机等技术的发展加快了信息传播速度,丰富了信息呈现途径,同时也扩宽了信息视野。技术的发展使传统新闻生产方式受到了挑战,媒体需要不断迭代发展以同步技术发展的步伐。习近平总书记对于新信息技术一直保持着较高的关注度,并对技术的重要性有深刻的认识。

2014 年 2 月 27 日,习近平在中央网络安全和信息化领导小组第一次会议上讲话中指出:网络信息是跨国界流动的,信息流引领技术流、资金流、人才流,信息资源日益成为重要生产要素和社会财富,信息掌握的多寡成为国家软实力和竞争力的重要标志。信息技术和产业发展程度决定着信息化发展水平,要加强核心技术自主创新和基础设施建设,提升信息采集、处理、传播、利用、安全能

① [法]阿芒·马特拉:《全球传播的起源》,朱振明译,清华大学出版社,2015 年,第 319 页。

② 罗世宏、童静蓉主编:《社交媒体与新闻业》,台湾:优质新闻发展协会出版,2014 年,第 139–154 页。

③ 《中共中央关于制定国民经济和社会发展第十三个五年规划的建议(二〇一五年十月二十九日中国共产党第十八届中央委员会第五次全体会议通过)》,《人民日报》,2015 年 11 月 4 日 01 版。

力,更好惠及民生。[1] 同年6月9日,习近平在中国科学院第十七次院士大会、中国工程院第十二次院士大会上的讲话中提出:只有把核心技术掌握在自己手中,才能真正掌握竞争和发展的主动权,才能从根本上保障国家经济安全、国防安全和其他安全。[2] 媒体人需要掌握新传播技术,把核心技术掌握在自己手中是媒体不被技术裹挟,实现利用技术完成信息传播的必要途径。

2015年6月,习近平在贵阳市大数据应用展示中心调研中表示:面对信息化潮流,只有积极抢占制高点,才能赢得发展先机。要推动信息化和工业化深入融合,必须在信息化方面多动脑筋、多用实招。我国大数据采集和应用刚刚起步,要加强研究、加大投入,力争走在世界前列。[3] 2015年11月15日,习近平在二十国集团领导人第十次峰会第一阶段会议上关于世界经济形势的发言中指出:新一轮科技和产业革命正在创造历史性机遇,催生互联网+、分享经济、3D打印、智能制造等新理念、新业态,其中蕴含着巨大商机,正在创造巨大需求,用新技术改造传统产业的潜力也是巨大的。[4] 习近平明确指出了新技术的重要地位,对于媒体业来说,新技术会形成冲击也会带来发展机遇。"互联网+媒体",是互联网给媒体业带来产业升级的机遇。媒体应利用互联网和移动互联网的特性,实现媒介平台的更新和变化,更新盈利模式,完成产业转型。2015年11月23日,习近平在致信祝贺2015世界机器人大会开幕中指出:随着信息化、工业化不断融合,以机器人科技为代表的智能产业蓬勃兴起,成为现时代科技创新的一个重要标志。[5] 机器人写作、无人机拍摄和人工智能等在媒体业的应用成为新的趋势。得益于新技术,媒体可以通过用户内容个性化推送、信息生产自动化虚拟化、调整产业结构提供服务等实现媒体发展。

---

① 新华网:《牢牢把握产业革命大趋势》,2016年3月,http://news.xinhuanet.com/politics/2016-03/02/c_128765346.htm,2016年3月2日。

② 新华网:《习近平:把关键技术掌握在自己手里》,2014年6月,http://news.xinhuanet.com/politics/2014-06/09/c_1111056694_2.htm,2014年6月9日。

③ 新华网:《习近平:看清形势,适应趋势,发挥优势,善于运用辩证思维谋划发展》,2015年6月,http://news.xinhuanet.com/politics/2015-06/18/c_1115663598.htm,2015年6月18日。

④ 习近平:《创新增长路径,共享发展成果——在二十国集团领导人第十次峰会第一阶段会议上关于世界经济形势的发言》,《人民日报》,2015年11月16日02版。

⑤ 新华网:《2015世界机器人大会开幕,智能产业蓬勃兴起》,2015年11月,http://news.xinhuanet.com/fortune/2015-11/24/c_128461685.htm,2015年11月24日。

(二)新媒体人才是竞争优势与核心

2016 年 2 月 19 日,在党的新闻舆论工作座谈会上,习近平总书记强调,媒体竞争关键是人才竞争,媒体优势核心是人才优势。人才一直在习近平总书记的新媒体观中占有重要位置。在参加十二届全国人大三次会议上海代表团审议时的讲话中,习近平明确指出:"人才是创新的根基,创新驱动实质上是人才驱动。"新媒体中的人才是推动新媒体工作开展的切实保障。

对于媒体组织中的人才,习近平总书记总体上分别就政治立场和业务两方面做出了论述。习近平在党的新闻舆论工作座谈会上提出,要加快培养造就一支政治坚定、业务精湛、作风优良、党和人民放心的新闻舆论工作队伍。他指出新闻工作者要严格要求自己,加强道德修养,保持一身正气。这便是对媒体人的政治立场和职业道德素养提出了明确要求。习近平总书记在讲话中指出,新闻舆论工作者要增强政治家办报意识,在围绕中心、服务大局中找准坐标定位,牢记社会责任,不断解决好"为了谁、依靠谁、我是谁"这个根本问题。这便再一次强调了媒体人的社会责任和坚持党性原则和正确政治立场不动摇的重要性。新媒体信息发布时效快,"眼球经济"、追求信息首发和点击率,这些均对媒体人的职业道德素养提出了更高的考验。媒体人的报道需要以人民群众的利益为出发点和落脚点,正确引导舆论,不能片面追求市场效应和商业利益。

在新闻业务要求方面,习近平总书记对新闻工作者总体提出了两个方面的要求:努力成为全媒型、专家型人才。成为全媒型人才,这是习近平总书记对于传统媒体人应熟练掌握新媒体技术,运用新媒体平台进行信息传播的判断。习近平总书记高度重视网络和新媒体技术,2014 年 8 月 18 日,习近平总书记主持召开中央全面深化改革领导小组第四次会议,会议审议通过了《关于推动传统媒体和新兴媒体融合发展的指导意见》。习近平在会上的讲话中明确提出推动传统媒体和新兴媒体融合发展,要强化互联网思维,坚持传统媒体和新兴媒体优势互补、一体发展,坚持先进技术为支撑、内容建设为根本。早在 2013 年 8 月 19 日,习近平在全国宣传思想工作会议上的讲话中提出:"要解决好'本领恐慌'问题,真正成为运用现代传媒新手段新方法的行家里手。"媒体人要转变思维方式,具备新媒体理念和思维,正视新媒体的地位和作用,充分发挥新媒体的特点和作用,通过有效、高效地运用新媒体打通网络舆论场,正确引导网络舆论。

成为专家型人才,是习近平总书记对新媒体时代新闻工作者专业业务水平的要求。在2016年2月19日,调研三家中央级媒体时,习近平对新闻工作者反复强调要"提供真实、全面、客观的报道"。习近平对新闻工作者提出要求:要转作风改文风,俯下身、沉下心,察实情、说实话、动真情,努力推出有思想、有温度、有品质的作品。新传播技术的发展丰富了记者采访方式,采访途径多样化方便了记者工作,而同时技术的便利在一定程度上使一些记者省去了前往新闻现场的工作,这便使新闻作品失去了生命力。新闻工作者在掌握新媒体技术的同时,还应在具备了深厚的新闻专业技能和素养的基础上,在某一领域进行深入学习和挖掘,例如通过书写深度报道稿件等深入剖析某一具体领域的事件,区别于信息类消息,提供更加有深度和价值观的报道。这种原创报道更加具有区别度和导向性,有利于新媒体时代媒体塑造品牌。

除了媒体组织中的专业新闻人才,对以自媒体为代表的占有新媒体渠道和传播优势网络人才,习近平总书记也明确了他们的功能和作用。在2015年中央统战工作会议上,习近平强调,要加强和改善对新媒体中的代表性人士的工作,建立经常性联系渠道,加强线上互动、线下沟通,让他们在净化网络空间、弘扬主旋律等方面展现正能量。① 在新媒体上,一些非媒体组织内的用户通过个人影响力和知名度拥有大量粉丝和关注者。这些在信息渠道上掌握优势资源的人士一般掌握新媒体信息发布和传播规律,熟悉新媒体生态,其发布的信息和言论通过庞大的关注者在新媒体上转发和评论,具有较强的影响力和引导力。来自网民中的声音对普通网民来说更具亲和力和可信度,因此,新媒体中的代表人士在网络舆论场中发挥正面作用极为重要。另一方面,新媒体中的代表人士也是媒体人发布信息的渠道之一,一些未能在媒体官方机构账号上发布的信息等可以通过这些账号进行发布。

习近平总书记同时关心网络对普通民众的影响。2013年8月19日,习近平发表讲话中指出:根据形势发展需要,我看要把网上舆论工作作为宣传思想工作的重中之重来抓。宣传思想工作是做人的工作的,人在哪儿重点就应该在哪儿。2014年11月19日,习近平在首届世界互联网大会的贺词中指出:中国

---

① 新华网:《习近平:要加强和改善对新媒体中的代表性人士的工作》,2015年5月,http://news.xinhuanet.com/politics/2015-05/20/c_1115351239.htm,2015年5月20日。

正在积极推进网络建设,让互联网发展成果惠及13亿中国人民。2015年9月23日,习近平会见参加第八届中美互联网论坛的双方代表时强调:中美都是网络大国,双方理应在相互尊重、相互信任的基础上,就网络问题开展建设性对话,打造中美合作的亮点,让网络空间更好造福两国人民和世界人民。习近平重视互联网的地位和正向作用,同时重视网民的地位和言论,力争互联网成果惠及每一位中国人民。

(三)以创新为动力:理念、手段、内容、体制创新一齐走

面对已经发生深刻变化的媒体格局,创新是新媒体发展的驱动力,同样也是推动传统媒体与新兴媒体融合的重要保证。2015年,习近平总书记在视察解放军报社时曾说:“要顺应互联网发展大势,勇于创新、勇于变革,利用互联网特点和优势,推进理念、内容、手段、体制机制等全方位创新,努力实现军事媒体创新发展。”此外,他还强调:“对新闻媒体来说,内容创新、形式创新、手段创新都重要,但内容创新是根本。”

首先,推动媒体创新的关键在于理念创新,其核心是培养互联网思维。在移动互联网时代,互联网思维主要体现为用户思维,即以用户为核心,实现技术、内容等多方面创新,以满足用户的信息需求,为用户提供个性化服务,增强用户对媒体平台的使用黏性。此外,互联网思维还体现在数据思维。新技术带来了海量信息,用户的注意力被不断分散,媒体平台应当充分利用后台数据,进行系统化分析,实现对不同用户群体的精准推送,同时深挖数据价值,开发数据产业链,增强媒体市值。

其次,推动媒体创新的根本在于内容创新。一方面,实现内容创新既需要新闻工作者加强自身的理论学习,积极学习马克思主义、毛泽东思想、邓小平理论与中国特色社会主义理论知识,以及党十八大以来的一系列新思想和新理论,以保证在内容创新的过程中能够坚持正确导向,与此同时,新闻工作者也要积极提高自身专业素养,以专业知识推动内容创新。另一方面,内容创新也需要新闻工作者贴近实际、贴近生活、贴近人民群众。新闻工作者在深入人民群众与基层一线时,要发现发掘社会热点问题与人民群众关心的问题,创造更多人民群众喜读乐读的文字内容,实现内容上的真正创新。

再次,推动媒体创新的核心在于体制创新。媒体融合带来的业务形态改变,对传统媒体的运行体制也带来了挑战。面对竞争日益激烈的媒体市场,媒

体应当加快体制改革,积极建立健全现代企业制度,加快人才资源、经营资源、版权资源等多种资源流动与整合,推动产业融合,实现跨界发展,使媒体成为真正的市场主体。同时,媒体可以建立股权等长期激励约束机制,既能为新闻工作者提供激励保障,又能为其留住优秀人才。此外,政府部门有必要完善法规制度,推动国家新媒体管理政策出台,为新媒体发展创造公平竞争的市场环境,

最后,推动媒体创新的要义在于手段创新。2013 年 8 月 19 日,习近平在全国宣传思想工作会议上指出,"手段创新,就是要积极探索有利于破解工作难题的新举措新办法,特别是要适应社会信息化持续推进的新情况,加快传统媒体和新兴媒体融合发展,充分运用新技术新应用创新媒体传播方式,占领信息传播制高点。"手段创新,既包括物质工具也包括传播方法。一方面,我国移动互联网要在芯片、基础材料等硬件方面紧抓机遇,不断实现革新;同时,也要在操作系统等软件开放上下功夫。通过对物质工具的技术创新,实现传播质量的提高。另一方面,无论是传统媒体还是新兴媒体,都要实现传播手段的多样性,融合视频、音频、文字、图像等多种呈现方式,满足用户多感官需求。

总之,习近平总书记的新媒体观是与马克思主义新闻观一脉相承的,是马克思主义新闻观的进一步延伸和发展。深入学习研究习近平的新媒体观有助于我们在蓬勃发展的新媒体时代,把握好正确的舆论导向,不断探索新媒体的发展规律,不断促进社会更好更快地进步。

第四节 从美国大选看西方新闻观

四年一度的美国大选如约而至,像一场政治界的奥运会,竞选双方绞尽脑汁利用新媒体明争暗斗拼得不亦乐乎。此次美国大选的媒体报道也凸显了西方新闻观的现实困境,在美国大选最终结果与西方主流媒体的预测大相径庭的背后,体现的是美国社会不同群体的利益矛盾。西方新闻理论与实践中的积弊造成西方主流媒体公信力受损。我国学界和业界需要辩证分析西方新闻观,通过深刻把握马克思主义新闻观要义,不断提升新闻理论研究和业务实践水平。

一、西方新闻观的现实困境

(一)政治新闻的报道倾向:娱乐化

在实践中形成的西方新闻专业准则强调客观、公正,同时强调政治新闻报道的严肃性。纵观此次西方主流媒体对于美国大选的报道,无论是在新闻选题上还是在用词上均体现出明显的娱乐化特征。特别是在此次大选的电视辩论环节,人身攻击充斥辩论环节的整个过程,并没给辩论的正题留出多少空间。比如,特朗普表示,如果当选将特别对希拉里的"邮件门"展开调查,而希拉里则声称,特朗普曾侮辱过数位女性,并用从 1 到 10 的分数为她们的外貌打分。[①] 同时,西方媒体的报道也呈现出低俗与娱乐化的倾向,媒体聚焦的议题多为双方的绯闻、丑事和互相抨击谩骂等内容,并通过娱乐化的方式进行呈现。本该重点报道的严肃政策议题成为配角。

尼尔·波兹曼在《娱乐至死》一书中以美国社会为例,论述了媒体表达方式娱乐化的影响。当一切严肃的新闻议题都被穿上了娱乐的外衣,媒体业的发展也似乎到了尽头。电视时代如此,新媒体时代亦然且情况更为复杂。在新传播技术快速发展的今天,以社交媒体为代表的微传播正成为信息传播的主流。社交媒体逐步成为用户获取新闻信息的主要入口,并且这一趋势具有全球性的特点。在外部发展的压力下,西方主流媒体显然没有彰显出信息筛选和审核的把关作用,反而日益走向娱乐化和商业化,逐步丧失自身的传播优势。

西方媒体娱乐化的发展趋势,主要以获得商业利益为出发点和落脚点。网络的发展加剧了媒体的这一发展趋势。在突发事件、重大事件中,媒体选取猎奇的视角以制造耸人听闻的内容和观点吸引用户关注,从而获得商业利益。娱乐化发展趋势会给西方媒体带来致命的影响,毕竟新媒体时代媒体的公信力是其安身立命的根本。同时,媒体娱乐化发展也会对美国民众及社会造成错误的引导。

(二)西方传统主流媒体倾向性报道频出,阶级性显现

西方媒体报道受到的影响因素较为多元,有来自国家、主流意识形态方面的影响,也有来自媒体行业、媒体组织机构文化和记者自身的影响。尽管西方

---

① 《美国大选辩论沦为对骂闹剧》,《参考消息》2016 年 10 月 11 日第 1 版

新闻观强调新闻自由和报道中立,突出媒体"社会公器"的作用,但是从此次美国大选报道中不难看出垄断资本在媒体中的影响力。美国主流媒体主要代表垄断资本的利益。在美国,大型主流媒体集团为私有,媒体观点和言论方向会受到媒体背后的资本控制方影响。在实际操作中,商业因素在新闻报道内容上的影响也显而易见。随着新闻集团、维亚康姆、时代华纳等大型新闻集团对美国新闻行业的垄断,多元的新闻发展环境则更加难以出现。

比如,在特朗普与希拉里的辩论过程中,尽管被特朗普爆出的话题和言论吸引,但美国媒体的立场更倾向于希拉里。在希拉里陷入"电邮门"危机时,一些美国媒体便对此事件降低报道度,美国有线电视新闻网(CNN)则公然给出"电邮可能是伪造的"的观点。针对特朗普在社交媒体上的高关注度,美国《赫芬顿邮报》和《纽约时报》等媒体向脸书等社交平台发出质疑,批判社交媒体平台对网络谣言等管理不力。在选举日之前,"美国总统计划"数据库显示,发行量在美国排在第三和第四的《纽约时报》《洛杉矶时报》都明确为希拉里背书。同时,美国销量第一的《今日美国报》公开呼吁美国选民不要投票给特朗普。[①] 媒体的不当报道在特朗普当选后表现得更加明显。《华盛顿邮报》称,特朗普战胜希拉里"令人震惊也令人沮丧"。路透社以"特朗普获胜让全球休克"作为新闻标题内容。[②] 欧洲媒体如德国的《世界报》《法兰克福汇报》等均对特朗普当选表示出不解,并给予负面评价。由于此次美国大选特朗普与希拉里特殊的背景差异,让一向具有政治倾向的西方主流媒体的倾向性凸显。

(三)社交媒体迫使西方传统媒体面对新的挑战

在全媒体时代,社交媒体成为美国底层民众表达其政治话语的舆论场。为希拉里站台的是美国主流媒体背后的华尔街等金融家群体,代表的是垄断资本的"精英阶层"利益,体现的是精英阶层对资本和知识传媒的控制。而特朗普的支持者则以低学历的小企业主、中老年人、工薪阶层为主,体现的是底层民众的呼声。传统主流媒体和社交媒体在本次大选中的话语对立折射出了美国社会精英阶层与大众阶层的分裂。

---

① 张朋辉、殷淼、吴志伟、丁雨晴:《美国媒体站队成"大选常态"各自代表不同政治思潮》,环球网,2016年10月11日,http://world.huanqiu.com/exclusive/2016-10/9532697.html

② 《西方媒体对特朗普获胜质疑声不断美媒:结果令人沮丧》,环球时报,http://world.huanqiu.com/exclusive/2016-11/9657610.html,2016年11月10日

通过此次美国大选,可以感知到社交媒体的重要性愈发突出。有观点认为,此次大选是社交媒体把特朗普送进白宫。虽然这种观点未免极端,但却从另一个角度说明了社交媒体在西方政治经济生活中正发挥着越来越重要的作用。对特朗普来说,他此次大选获胜和善于发挥社交媒体的作用不无关系。

首先,特朗普重视社交媒体平台。有数据表明,他在媒体宣传和在线广告方面的投入分别占总开支的比例为27.4%和23.6%,而希拉里的数据分别为53.3%和3.5%。[①] 无论是在推特还是脸书上,特朗普的粉丝数量均超过了对手。他频繁更新内容,通过社交媒体平台赢得了极高的媒体曝光率。

其次,他善于利用社交媒体情绪化和言论放大的特性,在个人新媒体账号上以极端、挑衅性言论获得用户关注。他"接地气"的言论表达方式符合社交媒体碎片化、群体极化的传播特点,同时通过新媒体"所有人对所有人"的传播方式进行"病毒式传播"宣传,扩大个人影响力,通过社交媒体掌握了传播话题的主动权,间接掌握一定的舆论把控权。

2016年5月,皮尤研究中心(Pew Research Center)发布的一份报告显示,在美国成年人当中,有62%的人从Facebook、Twitter等社交媒体获取新闻,其中18%的人从中获取新闻的频度为"特别经常"。[②] 根据英国牛津大学发布的报告显示,过半数受访者表示他们每周会利用社交媒体来获取新闻,12%的受访者甚至说这是他们获取新闻的主要渠道。[③] 社交媒体的快速发展使不同阶层群体在一定程度上拥有话语权,对掌握传统传播渠道的主流媒体形成一定冲击。

二、报道乱象背后的美国媒体与社会

(一)西方新闻理论与实践积弊

本次美国大选中的媒体报道,显示出西方新闻理论与媒体报道实践中的积

① 王骐骥:《网红总统特朗普与社交媒体时代的传播逻辑》, GPLP, https://baijiahao.baidu.com/po/feed/share? wfr = spider&for = pc&context = %7B%22sourceFrom%22%3A%22bjh%22%2C%22nid%22%3A%22news_2915089134524913576%22%7D,2016年11月23日

② 《皮尤:62%美国成人从社交网站获取新闻》,凤凰科技, http://tech.ifeng.com/a/20160527/41614485_0.shtml,2016年5月27日

③ 张家伟:《英调查:过半数人通过社交媒体获取新闻》,新华网, http://news.xinhuanet.com/world/2016-06/17/c_1119064176.htm,2016年6月17日

弊。客观新闻学是西方新闻观的核心,强调客观、准确、公正的新闻报道。在这次美国大选报道实践中,可以看到的却是一些西方媒体在“眼球经济”趋势引导下的“偏见性”新闻报道。一方面,西方主流媒体纷纷将特朗普关于女性、宗教、移民等话题的出格言论作为报道的核心内容。通过歪曲新闻价值,用一味迎合受众和用户的报道获取“注意力”和市场。另一方面,西方主流媒体又在大选过程中通过公开“建议选择希拉里”及“质疑和批判特朗普”的形式在新闻报道中明确表现出倾向性,丧失了新闻报道的客观与中立。

事实上,西方新闻理论本身的局限性也使这次大选报道存在偏颇具有一定的必然性。西方主流媒体倡导客观新闻报道,然而,受国家、媒体行业、新闻从业者自身等各种因素的影响,实践中的媒体报道很难做到绝对客观中立。而对于新闻客观的评价体系,也是西方新闻从业者在实践中总结出的一套指标,在时间和空间范围使用上都具有局限性。

此外,长期以来,西方主流媒体在实践中形成了一套歪曲而带有惯性的报道理念与稿件审核机制。比如在对“异己”社会制度国家的报道中,媒体往往表现出批判态度。媒体经常将资本的利益扩大为社会的利益,将资产阶级的主流价值观内化到新闻理念中,细化为一条条行业指标,成为新闻从业者“理所应当”遵守的标准与准则。这种新闻理念,掩盖了西方主流媒体与资本、政治等各方的利益关系。因此,西方新闻观标榜的新闻绝对自由、客观、公正等,无论在理论层面还是在实践层面都具有虚伪性。

(二)媒体立场对立表征下的阶层矛盾

近年来,美国等西方国家国内各阶层之间的收入差距进一步扩大,加剧了西方阶层的分化,各阶层之间的矛盾日渐凸显。在全球化时代,利益分配不均衡不公平,已经成为以美国为代表的西方社会日益突出的严重问题。主流媒体和社交媒体在话题上的针锋相对折射出精英群体和底层民众为各自的利益表达政治诉求,为自身利益抗争,是美国社会矛盾激化的现实反映。

随着资本主义自由市场的全球化,社会两极分化的内涵发生了重大变化,这种变化实际上已经重新塑造了西方国家,特别是美国的社会结构。一方面,全球化使得美国资本、技术和知识在全世界加速流动,精英阶层对资本和知识的控制无限加强,在资本跨境流动过程中,手握资本的大财团等垄断资本家攫取了巨大利益。从西方媒体的报道来看,尽管希拉里强调把富人阶层的税款以及资本利得税提升,但从希拉里的获胜将为全球化带来延续性的机遇,其重返亚太的全球战略会在未来给资本家带来更高的收益,更符合资本世界趋利避害的逻辑法则,因此在本次大选中,希拉里得到诸多垄断资本的支持。

与之相反,底层民众不仅无法获得资本逐利全球带来的好处,反而成为西方国家资本全球逐利的受害者,在全球化时代,最吸纳就业的制造业等纷纷转移至发展中国家,由此造成美国等西方发达国家产业空心化,导致本国工作岗位流失、不断侵吞西方国家民众应得的利益。垄断资本与精英阶层等上层与底层的矛盾日趋激烈。正因如此,特朗普提出的实行贸易保护主义的激进政策,阻止非法移民,美国再工业化等主张反映了底层民众迫切需要改变现状的呼声。

传统主流媒体与社交媒体针锋相对的背后折射出西方垄断资本等精英阶层与底层草根阶层的深度对抗与博弈,代表了美国精英阶层与草根阶层的分裂,甚至有观点认为,希拉里与特朗普对决的背后折射出阶级冲突将会重回美国政治。有媒体报道称,皮尤研究中心 2015 年底的一份研究报告显示,美国中产阶级家庭所占比例已不到一半,从 1971 年的61%减少到49.4%,中产阶级已不再是这个国家的大多数。①

(三)西方主流媒体公信力受到打击

此次美国大选最终结果与西方主流媒体的预测大相径庭,原因是多方面的。首先,在新媒体时代,较为传统的媒体民意调查方式本身就存在一定的局限性。媒体在进行民调时,没有全方位深入了解不同背景、阶层和种族民众的意愿。其次,主流媒体以大都市为报道大本营,视野受到限制,没能对选举整体形势有清楚的认识。对有选民"不愿表态"的现象,媒体没有重视。而媒体本身的"偏见"和其所代表的主流意识形态也驱使报道出现倾向性。第三,新媒体带来的竞争压力使传统媒体对报道内容的低俗化和庸俗化采取容忍的态度。出于发行量、阅读量、点击率需求,主流媒体的报道焦点沉溺于对特朗普和希拉里双方人身攻击等娱乐性内容的报道。

在美国大选之初,西方主流媒体一边倒地预测希拉里将以压倒性优势胜

① 《皮尤研究中心:美国中产阶级比例已跌破 50%》,观察者网,http://www.guancha.cn/america/2015_12_10_344252.shtml,2015 年 12 月 10 日

出,但事实是,特朗普最终反败为胜,成功"逆袭"当选为美国总统。对于已经落幕的美国总统选举结果,大多数美国主流媒体和民调机构都出现了重大预测错误。

这种失误,将会对西方媒体的公信力有一定的负面影响。媒体公信力的形成并非一蹴而就,它是依托高质量的新闻报道不断积累而成。在新媒体时代,影响力和公信力对传统媒体来说尤为重要,是其安身立命的根本。而偏颇的新闻报道无疑会动摇民众对媒体的信任根基,甚至会对媒体生存和发展带来困难。一旦民众失去对媒体的信赖,对媒体的报道产生怀疑,那么,媒体报道的传播效果将会大打折扣。

同时,西方媒体在美国大选中的表现,也为全世界的新闻从业者和研究者留下了一笔负面遗产。一些西方媒体的表现甚至会影响其所在的媒体机构、媒体集团和媒体行业,乃至国家形象。

三、启示:深刻把握马克思主义新闻观要义

目前国内一些学者对西方新闻自由、客观新闻学等新闻传播理念盲目崇拜,缺失批判的视角与观点,盲目以西方新闻理论为蓝本进行新闻理论建构。而新闻从业人员也因受到媒体产业和经营发展的压力,对西方新闻观的局限性缺乏认识。

在互联网与移动互联网时代,媒体抢占舆论制高点,需要深刻理解和把握马克思主义新闻观的指导性意义,在新闻报道中践行马克思主义新闻观,建设有中国特色的新闻传播理论。习近平总书记在党的新闻舆论工作座谈会上指出,党的新闻舆论工作要适应国内外形势发展,从党的工作全局出发把握定位,坚持党的领导,坚持正确政治方向,坚持以人民为中心的工作导向,尊重新闻传播规律,创新方法手段,切实提高党的新闻舆论传播力、引导力、影响力、公信力。这就为新闻传播研究者和从业者在新媒体时代开展研究和工作提供了理念、内容、方式方法上的具体指导。

对于媒体来说,要打赢新闻舆论争夺战,需要坚持党性与人民性的统一,把握正确的舆论导向,按照新闻传播规律与新媒体规律办事,同时牢牢遵守媒体的职业操守,发挥好信息核实的把关作用,不断生产高质量的新闻信息内容,弘扬主旋律。媒体进行网上内容建设,需要把握新闻舆论方向,进行社会主义核

心价值观宣传,发挥主流价值观的导向作用,凝聚正能量。同时,实事求是,坚持新闻报道对事实负责,对社会负责,体现出媒体的社会功能和社会责任。新媒体的发展使媒体的纽带功能增强,丰富的交流形式与渠道便于党和政府与人民群众沟通。在“微传播”渐成信息传播主流方式的时代,“读者在哪里,受众在哪里,宣传报道的触角就要伸向哪里,宣传思想工作的着力点和落脚点就要放在哪里。”移动互联网的发展促使媒体转型,媒体通过融合新兴媒体发展,转变发展模式与理念思维,进行移动平台和网络入口建设,不断创新新闻报道生产方式,革新新闻生产流程,增强报道的传播力和影响力。

第五节　公共传播视域下的注意义务

作为社会交往的载体,大众传播媒介承担了传播在公共领域的使命,公开信息得以在公众、社会群体与组织的参与中实现公开传播。但公开传播并不等同于公共传播。在传统传播格局中,传播权力被集中于大众传播媒介,真正基于公众利益并实现公众参与公共事务的公共传播难以实现。

随着新兴媒体的兴起,社会公众进入了“人人手握麦克风”的言论自由时代,新型传播工具在多元主体的参与下开始突破政治、经济等多方面的压力,实现海量信息多向传播与交流。传统大众传播媒介的权力被消解,公共传播机制被重新建构,真正意义上的公共传播开始成为可能。但与此同时,来自权力、资本等方面的压力也不断使得工具理性日占上风,人与人的交往活动逐渐被物化,公众、政府、市场之间难以实现平衡关系,如虚假信息泛滥、侵犯隐私权等问题不断暴露。因此,对公共传播的注意义务规范亟待完善。

一、公共传播时代注意义务的必要性

作为法律领域的专业术语,注意义务是行为人在社会活动中为了避免对他人的人身或财产造成损害而负有的使自己的行为达到一种合理、谨慎的注意程度的义务。[①] 其核心内容包括行为致害后果预见义务和行为致害后果避免义

① 王俊:《注意义务在侵权责任法中的实践探究》,《泰山学院学报》,2012 年第 2 期

务。相较于传统的公共传播，互联网赋予了公共传播多元主体、海量内容、互动渠道等新表征，这就使得传播参与者在不同的传播环节中需要明确新形态的公共传播机制以及传播效果，自觉履行对信息接收者的注意义务，依法行使传播权利，规范传播活动。

（一）兼具新特点：亟须注意义务预防潜在风险

伴随着高新技术不断演化发展，新兴传播工具赋予了公众使用媒介传播信息的权利与可能性。“新媒体会导致新的权利中心的出现，从而在现存的主导性的权威内部引发日渐激化的紧张状态。”①在新兴媒体的参与下，传统传播媒介的权力被解构，公共传播开始呈现出多元化、去中心化、社交化等新特点。在开放的话语空间中，公共传播开始向自由民主、协商沟通的方向发展。

多元化传播参与者已经成为当前公共传播所呈现的首要特点。通过移动互联网与新媒体平台，公众可以随时随地发表或转载信息，并相互反馈，形成病毒式传播。用户参与内容生产的模式不断革新传统内容生产机制，传播实现了真正意义上的公众参与和讨论。传播主体扩大化所造成的直接结果即信息增量呈现出几何式增长，为公众议题的发酵与传播提供了肥沃土壤。无论是关乎公众利益的信息还是关乎用户个人利益的信息，经过多种传播渠道的叠加式传播，其自身的公共性随着传播范围的不断扩大而增强。公共传播所具有的新特点使得传播在真正意义上被赋予公共性，或者可以说，传播公共性得以更大范围地实现。传统的大众传播、人际传播、群体传播等都带有公共传播的色彩。

在此过程中，新兴媒体的力量与公共传播相结合，信息经过公共传播后具有的传播影响与效果可控性降低。在明确网络传播主体传播权利范围的前提下，对其应当遵循的注意义务进行合理限制，保护传播参与者的相关利益，确保公众能够公平参与并实现民主协商，推动公共议题的开展，是实现公共传播预设意义的重要条件。因此公共传播的有序发展需要注意义务进行预防。

（二）显现新问题：完善注意义务规范传播行为

新兴媒体的发展为公众搭建了交流不同观点与意见的网络平台，代表公众利益的观点不断涌现，形成虚拟的公共领域。但网络传播把关人的缺位使得互联网时代的公共传播在实现公众权益的同时，也增添了相应的风险。

---

① ［英］詹姆斯·卡伦：《媒体与权力》，史安斌等译，清华大学出版社，2006 年版。

虚假信息传播已经成为当前互联网时代公共传播的一大弊病。2015 年,《中华人民共和国刑法修正案》明确规定:编造虚假险情、疫情、灾情、警情,在信息网络或其他媒体上传播,或明知是上述虚假信息,故意在信息网络或其他媒体上传播,严重扰乱社会秩序的,处三年以下有期徒刑、拘役或者管制;造成严重后果的,处三年以上七年以下有期徒刑。针对虚假信息传播,国家已经出台相关法律进行规定与惩罚,但"蘑菇和茄子同食致中毒"、"小孩发热服用布洛芬混悬液会致死"、名人"被去世"等谣言仍旧在微信朋友圈疯狂转发。缺乏信息核实意识的公众成了虚假信息的传播中介,原有的公共传播失去了实现维护公众利益的意义,反而变成了制造恐慌的发源地。

以牺牲单独个体的利益满足公众的侵权事件在公共传播中也是高频"痛点"。如 2011 年网友将韩寒代表作《像少年啦飞驰》上传至百度文库供其他网友免费下载,侵犯了韩寒著作权,百度公司被起诉后被法院判定未尽"合理注意义务",赔偿所造成的经济损失。与此同时,信息消费主义不断兴起,娱乐八卦等信息充斥着互联网平台,公众注意力被不断转移并消费,公共议题、民主进程等议题则被弃之不顾,损害公众利益的实现。

公共传播所衍生出来的新问题不断淹没公共传播原有的意义与预设。在公众充分享受信息传播权利时,出于承担公共责任所必需的履行注意义务也应当被运用于公众自身与多元传播主体,规范传播行为。

二、公共传播中注意义务的适用原则

互联网时代,新兴媒体的低门槛与易接近性使得公众得以拥有其使用权,实现自由发声。但与此同时,公共传播对公众权益的维护是建立在理性公共领域的建立,"公共领域所期待的是具有一定知识和判断能力的选民能够在公共讨论中承担一种积极的角色,从而能够有助于发现具有合理形式并引起普遍关注的正当而公正的政治行为的约束规范。"①能够行使规范行为的理性公众既需要其自觉提高理性意识,同时也需要法律提供合理注意义务进行规制。

(一)多源传播依层限定义务主体

不同于传统传播时代,现阶段的公共传播在互联网联结下实现了主体范围

① [德]哈贝马斯:《公共领域的结构转型》,曹卫东等译,学林出版社,1999 年版。

扩大化、影响层级化、背景多元化,传统媒体、自媒体、公众个体都能够随时发布信息,成为信息源头。但信源所覆盖的传播范围、发布信息所达到的传播效果均对其自身传播力产生明显影响。这就决定了在对公共传播中注意义务进行规范时,需要充分考虑传播主体的传播力与影响力,并对其进行多等级的主体划分,分别制定需履行的注意义务,并根据不同层级的注意义务分配相应的法律责任。《最高人民法院关于审理利用信息网络侵害人身权益民事纠纷案件适用法律若干问题的规定》中规定,人民法院认定网络用户或者网络服务提供者转载网络信息行为的过错及其程度,应综合转载主体所承担的与其性质、影响范围相适应的注意义务等因素。[①] 如同一条网络谣言,在被个人微博用户与拥有上百万粉丝的微博大 V 转发后,前者的影响范围可能远不及后者,后者也理应承担更为严格的注意义务。2010 年,奇虎 360 董事长周鸿祎在新浪微博上发表《揭开金山公司面皮》等多篇博文后,被金山公司以虚构事实、恶意诽谤等理由告上法庭,法院认定身为新浪微博大"V"的周鸿祎拥有更多的受众与更大的话语权,应当承担比普通民众更大的注意义务,并被判赔偿金山公司相应损失。但目前我国多是依据具体案件进行审判,仍旧缺少具体层级的划分标准与相关注意义务的规定实现提前预防。

作为第三方平台提供者,互联网信息提供商包括内容提供商与平台提供商在把关信息审查、平台管理、保护用户信息安全等方面承担着重要责任与义务。我国《信息网络传播权保护条例》对网络服务提供商的各项权利与义务进行了规定,如规定网络服务提供者在接到受侵害的权利人通知书后,应当立即删除涉嫌侵权的作品、表演、录音录像制品,或者断开与涉嫌侵权的作品、表演、录音录像制品的链接。[②] 虽然我国已经对网络信息服务商的注意义务进行了规定,但更多是聚焦于网络信息服务商对个人信息保护的方面,拥有平台资源的服务商仍旧在技术、管理等方面拥有公众难以比拟的优势,网络信息服务商在更多领域的规范义务仍待加强。

---

① 中华人民共和国最高人民法院:《最高人民法院关于审理利用信息网络侵害人身权益民事纠纷案件适用法律若干问题的规定》,http://www.court.gov.cn/zixun-xiangqing-6777.html,2014 年 10 月 21 日

② 国务院办公厅:《国务院关于修改〈信息网络传播权保护条例〉的决定》,http://www.gov.cn/zwgk/2013-02/08/content_2330133.htm,2013 年 2 月 8 日

(二)多维平衡传播权利与义务规制

作为公共产品,信息在公共传播领域中更是表达公众诉求、协商公共议题的载体,满足公共消费,具有较强的外部性。随着网络空间中各种传播主体之间的竞争日渐激烈,网络传播主体之间尤其是网络媒体采取片面追求“眼球效应”而传播有损于文化健康的三俗信息或虚假信息。过重倾向于商业运营的信息所产生的负面社会影响增加了信息生产所需的成本,并被社会及公众承担并消化。这种负外部性出现时将极大地损害公众利益,降低公共传播的实际效用。在商业化媒体与公众利益产生冲突时,仅拥有媒介使用权的公众处于弱势地位,其通过传播所渴求达到的民主协商难以实现,公共传播便开始需要政府权力的介入进行平衡。当前,揭露明星绯闻隐私等过多娱乐信息充斥在微信、微博等社交媒体中,转移公众对社会主流信息的关注,弱化公众对利益诉求的理性思考。2017 年 6 月,北京网信办相继关停“严肃八卦”、“毒舌电影”等一批微信公众号。

因此,在制定注意义务过程中,应当充分考虑政府、市场与公众的传播与参与权利,促进公众、市场与政府实现充分的、平等的对话,通过参与接洽的方式实现三者之间的利益制衡,才能在真正意义上实现公共传播。

公共传播贯穿于不同的传播媒介,涉及不同的传播领域。无论是人际传播、大众传播还是群体传播、组织传播都呈现出公共传播的特点。更为细化的注意义务也应当依据不同传播的具体特点进行专业领域的制定与规范,在充分尊重信息传播规律的基础上,平衡与法律规制之间的关系。而在规定注意义务的立法方式上,受到大陆法系的影响,我国立法多是采用一般条款的规定,英美法系多是采用类型化立法来总结不同类型的注意义务,并根据具体案例进行判决。但网络匿名性、即时性、开放性等特有因素都为不同类型案例中注意义务的认定标准造成了一定难度。因此,可以借鉴英美法系中的类型化立法与我国一般法律条款相结合,在国家统一法律规定的基础上补充类型化注意义务的相关规定。

此外,时间维度也是平衡传播权利与义务时需要考虑的重要因素之一。随着新技术的快速发展并不断融入公共传播中,单一的认定标准与法规将难以适用网络空间中公共传播所呈现的新问题与风险。关于公共传播的注意义务应当随着时间维度不断更新,及时补充不同传播主体与参与者在公共传播中的义务条款,实现法律规定上的完善目的。

(三)多层规范逐级履行注意义务

移动互联网时代,信息传播中的失责、失范行为已经是当前各个国家所面临的共同问题。传播主体与参与者应当在法律的规范下履行对公众与社会的责任与义务,同时也应当自觉加强在道德伦理层面的义务约束。2016 年底,《罗一笑,你给我站住》的公益募捐文在刷爆朋友圈后,当事人收到百万捐款,但后来被证实是营销公司利用女孩病情策划的营销事件。虽然文章内容属实,但是商业营销手段却触发了社会道德底线,引发舆论热议。如何自觉履行法律规定外的道德义务也成了当前公共传播注意义务中的重要一环。

当前的互联网络个体用户在接收信息的同时,也是传播、转载信息的主动传播者。随着互联网信息传播环境日渐成熟,具有一定媒介素养的用户主体能够在接收信息的同时主动辨别信息真伪,并理性发声,但不同于媒体从业人员所接受的新闻专业教育,网络用户在媒介素养方面仍旧缺乏系统性、深入性的认知与理解。

"网络在赋予个人强大权利的同时,也要求个人为他们自己的行动以及他们所创造的世界担负起更大的责任。"①开放的网络平台赋予了公众匿名交流信息的渠道,多元观点与价值理念在虚拟空间中相互激荡撞击,仅依靠符号交流的群体更容易受到非理性的网络情绪感染,形成较为偏激的网络群体运动,如"人肉搜索"、网友跟帖骂战等。虽然这些非理性网络运动并没有涉及违反法律规定的层面,但却突破了道德界限,形成了对受害者在伦理层面的侵害。因此,在进行公共传播时,个体用户更应主动提升自身媒介素养,遵循法律政策的规定,并时刻履行道德义务,实现道德规范网络化。

作为公共传播的一大主体,专业媒体从业人员更加熟悉传播规律与职业操守,但也难以避免地存在一些受到商业利益驱使而在信息采集、传播过程中忽略道德底线的问题。如在 2016 年 4 月,网易财经使用了《上海冠生园董事长被猴子弄死》的新闻标题对意外事故进行报道,消费了遇难者,引发舆论热议。目前,我国已经出台了针对内容提供者与网络服务商的行业自律如《中国互联网

① [美]埃瑟·戴森:《2.0 版数字化时代的生活设计》,胡泳、范海燕译,海南出版社,1998 版。

行业自律公约》以及中国互联网协会的行业自律组织,不断完善我国互联网行业的自律机制。建立针对网络媒体的行业标准与伦理道德准则进行义务规范将是增强媒体从业者提高责任意识的有效措施。

与此同时,在公共传播环境中,道德自律难以形成法治力量,法律层面的义务规范也将为道德层面的注意义务提供有力保障。

基于新兴媒体的公共传播在满足用户知情权的基础上,对公众参与民主协商与讨论、推进个体发展与社会进程也起着重要作用。但网络谣言、语言暴力、隐私侵犯等义务失范问题层出不穷,损害着公众利益,造成公共传播的“失真”。应当依据传播源的影响范围与程度对注意义务进行限定,并在维系政府、市场、公众利益平衡的前提下合理规范传播权利与义务,同时,采用自律与他律相结合的方式,加强传播主体在法律义务外的道德义务。

第六节 新媒体时代的网红现象

随着网络的不断发展,通过赶上网络这趟快车,使自己迅速成名的例子也开始呈现逐年增长的趋势。从 2004 年的芙蓉姐姐到后来的凤姐,再到近两年短视频贴片广告竞拍的 papi 酱,其实,网红已存在十余年之久,当今网红现象呈愈演愈烈之势。如何看待网红现象?网红有哪些特征?有哪些问题值得我们探讨关注?

一、何为“网红”?

“网红”一词最早出现于 2010 年后,到现在,它已经渗透到我们的日常生活,每天司空见惯,再加上它的含义可以通过字面上的意思来理解为“网络上的红人”。其实,“网红”一词应该远不止于它的字面意思那么简单,它有更深层的含义,其含义也因为时代的不同而有着不同的特点。

最早期的“网红”指的是文字时代的网络红人,以痞子蔡、安妮宝贝、南派三叔为代表的一批网络作家,他们把写作作为职业,文字作为武器,通过自己原创的故事吸引一大批读者,读者对他们的故事着迷,对作者本人产生兴趣转变为粉丝。有了粉丝的关注,创作的作品有了热度,走红也就理所当然。

第二代的“网红”指的是图文时代的网络红人，就如时尚杂志的绚烂多彩一般，这时的网络红人以女性为主，多以图载文载人。值得一提的是，此时走红的对象主要是以有别于大众审美的女性为主，主要代表是芙蓉姐姐、凤姐等，她们搔首弄姿，时不时有“雷人”的语言出现，她们不美但是有有悖于公众审美的个人特色，很快成了网友热议的对象。

当今人们讨论的“网红”指的是宽频时代的网络红人，互联网越来越宽，上面承载的受众越来越多，此时网络歌曲的走红则是宽频时代网红走红的标志。本文认为，宽频时代的“网红”的演变也分为两个阶段，第一阶段主要以网络歌曲和恶搞视频的走红为主。网络歌曲主要指在网络上发行传播、而又朗朗上口容易流传的歌曲，典型代表是《老鼠爱大米》、《香水有毒》等。而恶搞视频主要是网友自己拍摄、创作的视频，代表是后舍男孩上传的搞笑模仿视频，他们模仿别的明星在镜头下以夸张的表情和神态达到搞笑的目的；还有把电影《无极》进行剪辑恶搞后创作的视频《一个馒头引发的血案》的胡戈，这个视频在当时也得到了上万次的转发，引发了热议。

宽频时代的第二阶段主要指的是时下这个阶段，以 papi 酱、天才小熊猫、回忆专用小马甲等发布原创内容的微博用户为一部分，以奶茶妹妹、雪莉 Cherie 等为代表拥有出色外貌或身材的微博用户为另一部分，他们借网络时代将自己的特色放大，满足网民的审美、娱乐、刺激等需求，从而得到了大批量粉丝的追捧，收获了大量的热度和关注度，接着通过发布广告销售他人或自己的产品、宣传自己的品牌达到盈利的目的。

二、“网红时代”的到来是正常的社会现象吗？

有观点认为，“网红时代”的到来也正是自媒体时代的到来，代表了创新型网络经济模式的出现与发展，是正常的社会现象。还有观点认为，“网红时代”的到来催生了很多不良的社会现象出现，助长了不良社会风气，甚至会产生误导青少年发展的不良影响。

其实，任何一种新事物和新现象的产生都是一个从“无”到“有”逐步扩散的过程，在这个过程中会产生关于它的各种声音和争论，这是正常的。其次，当今这个时代，我国互联网技术正处于上升的发展时期，是一片蓝海市场，有无穷的发展机遇和潜力，无论是企业还是个人必然会在利润动机的驱使下不断寻求扩大市场和增加收入的机会。在这个过程中,“网红经济”的出现和发展也就无可厚非。

新媒体时代下,网络经济的发展日益蓬勃,网红经济的传播越来越朝着泛娱乐化、全网化、全民化方向发展,成为一种拥有更高商业价值的品牌传播模式。概括起来,网红具有如下一些特征:

(一)内容娱乐化,风格同质化

梳理网红的发展脉络,可以看到不同阶段网红的不同类型:有靠才华,创作出自己优秀作品的作家和导演,如安妮宝贝和胡戈等;有靠出丑、以“雷人”获得关注的芙蓉姐姐、凤姐等;有靠出众的容颜和身材博得关注的雪莉 Cherie、张大奕 eve 等;也有靠自己的原创内容或短视频吸引粉丝的 papi 酱、天才小熊猫等。

在网红的发展进程中,每一种类型的网红从开始有代表性地诞生到同类型的越来越多的过程,也是从原创化到低俗化、从个性化到同质化的过程。网红产生和所针对的人群也从 70 后、80 后开始向 90 后,甚至 00 后的年轻化群体发展,各种人无论职业与性别,无论收入与性格都开始尝试通过微博、微信公众号等平台发表自己的言论,公开自己的照片,或是上传自己制作的视频,试图在满足自己“表达”的精神需求同时,获得关注从而走红。

“网红”平台信息“输入”和“输出”的流动性越高,这个社交媒体平台的“分享频率”和“分享欲望”就会越高,久而久之形成了“人人皆是网红”“上头条”等“娱乐狂欢”现象①。但是即便是再有个性的内容,使用的人一旦变多,“个性”也会变成“普通”。同质化趋向一开始呈现,就有人为了更标新立异,更博人眼球以获得更多利益,不惜搏出位,发布涉及黄暴的内容甚至是挑战社会道德底线的内容,这些内容不仅浅层、快节奏而且低俗、缺乏深度,这无疑会给 90 后,甚至 00 后的年轻化群体产生很不好的示范作用,影响整个社会的风气。

(二)传播壁垒被打破,传播渠道多元化

新媒体时代,所有平台之间的隔阂基本被打破,信息传播的壁垒也都被基本打破。每个人都可以借助电脑、手机等终端上网,浏览和获取自己感兴趣的信息。平台的联通无碍性开启了开放性、大众化的信息传播路径,信息的开放

---

① 速途网:《速途研究院:2016 上半年网红现象专题报告》[EB/OL]. http://mp.weixin.qq.com/s?__biz=MjM5MjA3MDk0MA%3D%3D&idx=2&mid=2653208000&sn=36dd1b66a9c5d233343b6ee5febfe1ce,2016 年 7 月 13 日

性传播路径正助力了网红的传播路径。这个过程是在某一领域很受欢迎从而走红的人或者事物,得益于大众化信息传播路径的开放性得以层层传播,层层扩张,最终进入大众的视野,为大众喜爱后成为"网红",也就是大众传播的内容,走红不再只局限于自己最初的小圈子。例如,papi 酱最开始是在微博与微信平台上发布自己的原创视频,虽然内容制作精良,但是观看和浏览视频的用户也只限于关注她账号的有限的用户群体。正是网民用户在微博和微信朋友圈的层层转发助力了她的走红,几万次的转发次数使视频的观看次数渐渐增多到几十万,papi 酱也由此正式进入大众传播视野,为大众喜爱,成为新时代"网红"的代名词。

(三)内容生产全民参与,影响传播范围广

新媒体时代很大程度上等于自媒体时代,它的最大特色就是人们开始拥有生产、加工、操纵与传播信息的能力和自主权。其实,"网红"一词除了可以用来指代人,有许多热门用语、热门话题也都可称为"网红",因为它们也是受到了网民的欢迎而流传而受欢迎的,而且它们的诞生都受益于网民的集体智慧。它们通常是一个四字的词语或者是字数不多的一句话,可以迎合上新的时代潮流,而且可以引发看到的网友的共鸣,就会经过这些网友的二次传播,再由被传播的网友进行三次传播,渐渐地就会有越来越多人知道并且使用这个词或者句子,它就会成为当时的热门话题或者热词、热句。例如,"高富帅"与"白富美"两词是诞生于网络,用来形容高大、富有、帅气的优质男子和肤白、富有、貌美的优质女子,两词已经由网络用语演变为每个人生活中都会理解和使用的词语。可见,网民对事件、人物的形象化解读和创造,甚至于"屌丝"这样的恶搞词语都可能成为网红传播内容,有时甚至可以直接超越网络本身,演变为我们每个人都会用的日常用语。

从以上分析可以看出,网红的每一条发展特征都是与新媒体时代的技术特点相辅相成的,正是自媒体时代信息的发布平台和新媒体时代信息的传播渠道的新特点造就了这一阶段"网红"这一新兴产物新的发展特点。

三、面对"网红时代",我们应该做什么?

(一)监管者:建立完善的监督机制发挥引导作用

以微信、微博为代表的自媒体平台,连同网站的议题推送,在打造网红,强化网红传播效果方面功不可没。但是,自媒体平台本身缺少"把关人"的属性也就注定了诞生在其"网红"的所作所为所发布的信息都缺少了监管。如上文提到的,会有人为了标新立异,博得头条,获得关注和经济收益,不惜搏出位,发布涉及黄暴的内容或者是挑战社会道德底线的内容。

因此,对自媒体平台上所上传信息的把关就十分有必要。首先,政府要出台相应的文件或奖惩政策来监督以微博、微信为代表自媒体平台,让平台监管者出台相关制度,对每条公开发布的信息进行"把关",及时删除谣言以及涉及黄暴的内容,对于行为严重者给予封号等严肃惩罚,让任何有意污染网络环境的想法不能、不敢得以实施。其次,自媒体平台监管者应该发挥好自己的引导作用,将健康、积极的内容及时推送或者是放在榜单的显眼的位置,以这样的方式暗示受众什么样的内容才是真正为大众所接受、喜爱的,引导受众树立正确的价值观,保证好整个网络大环境的良好风气。最后,监管者应该打造一条更加规范、模式化、规范化和专业化的"网红"之路。借助现在正在崛起的直播平台以及互联网公关等资源,形成一套专业的运行体系,引导年轻一代更有效率地利用好网络平台,改变以往自发传播所导致的效率低下、浪费资源的后果,打造新的组织化、规范化的传播模式。

(二)传者:坚持内容为王,打造专属品牌效果

新媒体时代的到来,渐渐使受众养成了快速浏览、浅阅读的习惯,但这并不意味着受众只会"蜻蜓点水"般浏览所有信息。事实上,面对浩如山海的信息,受众会选择大致浏览,但是如果注意自己真正感兴趣或者有需求了解的信息,还是会选择驻足,仔细浏览与摄取其中的内容。

新奇和新鲜感只能短时间停留,如果想要长期抓住受众的眼球,并且使这份关注不流失,仅仅靠浮夸自黑和有意炒作是远远不够的。无论在什么时期,传者想要使自己的内容传播得更广泛,真正应该注重的只有自身的内容优势。有优势的内容包括有营养、有意义、有深度,还有很重要的一点就是"投其所好"。

在自媒体时代,受众已经习惯了接收浅层化、快餐化的信息,若要在这种情势下做到让人眼前一亮,首先就要逆大流、反趋势所行,做到不"浅层"不"快餐",坚持内容为王,以原创内容取胜,打造自身的内容优势,坚持"深度"内容的引导作用。

其次,公号应注意自己不同的功能特色,注重不同的用户群定位,发送特定的不同内容,使受众获得信息“定制”的使用感受。如微博、微信账号“Alex 是大叔”每周一都会定时发送自己对这周的星座运势的分析,对各个星座即将迎来的新的一周可能发生的事情分别进行预测,主打星座特色,吸引了许多星座迷的关注。

(三)受众:提升媒介素养,增强批判能力

自媒体时代的到来,一定程度上也是信息爆炸时代的到来。作为受众,我们似乎已经被浩瀚的信息所包围,各种媒体或传者一方更是以各种方式将信息推送到我们面前。“乱花渐欲迷人眼”,信息的入侵和包围使我们养成了浅阅读的习惯,我们似乎读了很多,却又似乎什么也没有读。

我们要提高自己对信息的分辨与批判能力。传播内容的泛滥,要打造良好的网络环境仅仅靠监管者的监管和把关力量是远远不够的,现在有害信息仍屡禁不止,网络上充斥着一些虚假信息、色情信息、垃圾信息等。还包括一些隐性的有害信息,如反社会信息、颓废信息、攻击性信息等①。作为受众的我们需要提升自己的媒介素养,提高判断力,在浩如烟海的信息中挑选出真实可信、深度有意义、可以为我们所用的信息,自觉规避并及时举报虚假、色情、垃圾信息和隐形有害信息,避免被不良信息所污染。

除此之外,要增强自己的批判能力。面对推送来的、质量良莠掺杂的信息,只做到规避不良信息是不够的,还要批判性地看待这些信息。结合自己的经验,对提供来的信息加以独立思考,分辨它的质量好坏,甚至揣摩它暗含的想要传达的价值观。不再只是依赖于外部世界,“全盘接收”外部信息,而是多思考,批判性地看待它们,继承和利用有价值的信息的同时不被有害信息“侵蚀”。

第七节　透过资本看新媒体的权力化

随着智能设备的广泛应用与网络基础设施的不断完善,互联网新媒体在全社会范围内进一步被普及与应用。截至 2017 年 6 月,中国网民规模达到 7.51

① 钟瑛:《网络传播伦理》,清华大学出版社,2005 年版:第 7 - 20 页。

亿,其中手机用户占比96.3%。[①] 新媒体市场体量也随着中国网民规模的扩大日渐增长。同时,经济全球化所形成的跨国资本在世界范围内寻求投资蓝海。中国庞大的新媒体市场成为境外资本强势聚集的产业之一。截至2016年12月,我国境内外上市互联网企业数量达到91家,总体市值为5.4万亿人民币。[②] 在中国传媒市场对资本准入条件进一步放开的利好环境下,中国互联网企业所打造的新媒体平台正不断吸引着更多境外资本进入。

基于移动互联网的新型媒体平台以信息的海量化、移动化、交互化、个性化等特点吸引着用户的注意力,并对社会发展、政治生活、人际关系等产生巨大而深刻的影响,成为影响国家未来发展与国际关系的重要因素。互联网企业搭建的新媒体平台在改变中国传播生态的同时,其强大的传播力与影响力出现了垄断话语权的倾向,不断挑战着国内主流舆论的权威性与公信力,对公共领域的发展与完善带来潜在威胁,甚至对意识形态的建设存在风险。本文以国内网络新媒体平台与境外资本为研究对象,试图揭示境外资本的注入对国内网络新媒体平台所产生的影响,并进一步阐述国内网络新媒体在多方利益博弈中如何规避风险,实现媒体、资本与权力之间的平衡。

一、媒体、资本与权力:从逐利到控制权博弈

法国哲学家、社会思想家米歇尔·福柯认为,“话语即权力,它是人们进行斗争的手段,人们通过话语将权力赋予自己,话语和权力不能被一分为二”。[③] 在以往的传播环境中,传统媒体并非是真正意义上的公共资源,传媒产品的文化属性使得其在价值观念、意识形态等思想领域拥有着强大的话语权力,而这种权力通常集中于具有专业素养的少数人手中。数字技术的快速发展不断推进着媒体权力去中心化,实现公共权力由上至下的转移,而“进行传播的媒介会播撒权力,传播渠道会渗漏,这些都意味着权力中心不再那么安全。”[④]媒体权力

---

① 中国互联网络信息中心:第40次《中国互联网络发展状况统计报告》,http://www.cac.gov.cn/2017-08/04/c_1121427728.htm,2017年8月4日

② 中国互联网络信息中心:第39次《中国互联网络发展状况统计报告》,http://www.cnnic.net.cn/hlwfzyj/hlwxzbg/hlwtjbg/201701/P020170123364672657408.pdf,2017年1月22日

③ 王治河:《福柯》,湖南教育出版社,1999年,第159-162页。

④ B. McNair, *Cultural Chaos*, New York: Routledge, 2006, p. 200.

的作用并不是体现在压抑或管控，实际上，权力在于生产：它生产现实，它生产对象领域和真理仪式，①媒体在生产过程中潜移默化的影响赋予其更大张力。在此过程中，资本的过度介入使其借助媒体日益呈现出权力化的影像。

在商品生产主导的社会，传媒产品的交换价值是第一重要的，资本家投资传媒首先是为了赢利。② 追求商业利益成为境外资本介入国内新媒体的主要目标。媒体大亨默克尔指出，大众传媒、大众文化的所有权和控制权集中在若干经济和金融集团的手中，集中和垄断的后果是：大众传媒、大众文化成为若干经济和金融集团的意识形态的传播工具和发泄渠道，并自动确保了从属群体对统治阶级支配的默许，从而得以维护社会不平等的再生产。③ 资本集团通过颠覆新闻和网络作为公共平台的作用，将其转型成压制不同观点的手段，让个人成为无独立思想和独立判断的享乐追求者。④ 更严重者，甚至会影响到国家政治。俄罗斯在叶利钦时代出现了传媒秩序的混乱和金融工业寡头对传媒的垄断，寡头们利用传媒干预政治，媒体、资本、权力三者之间关系错综复杂，媒体的独立性遭到破坏。⑤

目前，中国相关立法对境外资本的概念并没有明确界定。《国家安全法》对“境外”的定义是：中华人民共和国领域以外或者领域以内中华人民共和国政府尚未实施行政管辖的地域。因此，本文对境外资本的界定为：来自中华人民共和国领域以外或者领域以内中华人民共和国政府尚未实施行政管辖地域的生产资本、商品资本、货币资本等，其投资主体包括境外企业、政府部门以及其他投资者。根据我国《外资企业法实施细则》，外国投资者可以用于投资的财产包括货币、设备、机器、知识产权、技术等，同时也包括在中国境内取得经营利润。

鉴于我国法律对外资进入电信增值服务业的限制与禁止，以及我国金融市场风险资本的缺位，国内互联网企业以及创业者倾向于寻求境外风险资本的支

---

① Foucault, M., *Discipline and Punish: The Birth of the Prison*, Harmondsworth, Penguin, 1997, p. 174.

② 潘知常、林玮：《传媒批判理论》，新华出版社，2002 年，第 14 页。

③ 马驰：《格雷厄姆·默多克和他的传媒政治经济学》，《上海大学学报（社会科学版）》2007 年第 1 期。

④ 李希光：《“看不见的手”对言论的封杀》，《红旗文稿》2013 年第 16 期。

⑤ 赵永华：《乌克兰传媒格局与总统大选中的媒体现象分析——媒体、资本、权力的交织》，《国际新闻界》2010 年第 3 期。

持。境外资本主要采取投资中国互联网企业股权、并购中国互联网企业、战略合资、品牌合作、购买境外上市中国互联网企业股票等方式进入中国网络媒体市场。① 从股权控制、技术控制和经营决策权及对经营成果的控制上来看,通过合约,外资通过在我国设立的子公司实际上获取了经营国内互联网业务的中国公司(VIEs)实质性的全部控制权,我国互联网公司失去了几乎所有的公司管理、经营、发展的控制权,其实质只是代理外资所有者在国内经营互联网业务。②凭借良好的激励机制和灵活的市场体制,外资控股的新媒体公司资本动作频频,全面开花、纵向整合,并试图垄断上下游产业链。③ 然而,鉴于我国政府对传媒核心领域严格规制,目前外资投资传媒只能获得一定的经营权与收益权,不能获得相应的实际控制权和传媒产权。④ 但缺少实质掌控权并没有减弱利润之上的理念对媒体独立性的影响。资本逻辑的运作空间明显高于媒体逻辑,在博弈中,资本逻辑渐渐凌驾于媒体逻辑之上。⑤

目前,不乏学者探讨境外资本可能对中国传媒业所产生的影响,也从经济产业等角度探讨外资控股互联网企业对中国经济的影响。但是在新媒体传播环境中,新媒体平台对信息起着聚合与扩张的作用,探讨境外资本借助中国互联网企业所打造的传播平台及其带来的影响较少,而这正是本文研究的出发点与目的。

二、现状与态势:境外资本独占鳌头

资本是中国互联网公司发展的核心要素,也是传统媒体向新媒体快速转型的有效捷径。不同于西方资本主义制度下私有制化的传媒集团,中国对于非公有资本进入传媒业有严格的限制,中国传媒业单位始终是置于国家机关直接领导之下的事业单位。随着经济全球化和我国传媒转制的深化,传媒市场对资本

① 闻学、肖海林、史楷绩:《境外资本进入中国网络媒体市场:方式、机制、规模和分布》,《中央财经大学学报》2013 年第 9 期。

② 荆林波、王雪峰:《外资对我国互联网业市场影响的研究》,《财贸经济》2009 年第 5 期。

③ 梁志勇:《中国新媒体上市公司股权结构分析及其资本运作新动向》,《新闻大学》2013 年第 3 期。

④ 张建明:《外资传媒进入中国传媒业的影响及对策研究》,硕士学位论文,湖南大学,2011 年。

⑤ 李希光:《资本逻辑主导下的新闻媒体发展困局》,《青年记者》2015 年 7 月下。

的需求前所未有,国务院颁发了《文化体制改革试点支持文化产业发展的规定》和《文化体制改革试点中经营性文化事业单位转制为企业的规定》,作为市场要素的资本就能按市场经济的要求实现生产要素的流动,由法律规范的传媒投融资体制将解决传媒的资本之渴。①

以互联网为主的新媒体产业所蕴含的巨大商业价值与较少受传媒政策限制的低门槛使得境外资本竞相进入,为我国互联网媒体市场快速发展提供了动力。根据《中国传媒产业发展报告(2016)》显示,在中国经济发展速度整体放缓的情况下,传媒产业在 2015 年增长 12.4%,整体市场规模达到 12754.1 亿元,其中互联网媒体市场上升至 51.8%,达到 6606.6 亿元。与此同时,外资投资范围也不再局限于原有的互联网大企业,而是转向具有市场影响力与发展潜力的新媒体,包括搜索引擎、门户网站、微博、微信等社交媒体以及移动客户端、自媒体等,遍及多种新媒体平台。可以说,境外资本已经全面进军中国新媒体产业。

境外资本进入中国网络新媒体主要可以分为四种形式:一是借助以可变利益实体(VIE)模式直接提供境外私募股权基金(PE)与风险资本(VC)投资。通常来说,国内互联网企业基本上都会选择 VIE 商业模式以实现大规模的资本融资与海外上市,包括阿里巴巴、腾讯、百度、优酷网、人人网等;二是通过收购或合并中国网络新媒体企业;三是借助中国网络新媒体企业实现兼并或收购;四是境外资本直接提供风险资金,一般适用于尚未上市的新媒体企业或自媒体平台。

表 1-1:中国部分大型互联网公司股权结构

上市公司	上市时间	上市注册地	上市方式	第一大股东	主要股权
阿里巴巴集团	2014	开曼群岛	VIE(纽约证券交易所)	日本软银(截至 2016.6.1)	日本软银 28%; 雅虎 15.4%; 阿里巴巴董事局主席马云 7.8%②

① 周劲:《转型期中国传媒制度变迁的经济学分析——以报业改革为案例》,《现代传播》2005 年第 1 期。

② 数据来源:阿里巴巴 2016 中期财务报告,https://www.sec.gov/Archives/edgar/data/1577552/000104746916013400/a2228766z20-f.htm#aa8。

续表

上市公司	上市时间	上市注册地	上市方式	第一大股东	主要股权
腾讯控股有限公司	2004	开曼群岛	VIE(港交所)	MIH TC(截至2015.12.3)	MIH TC(米拉德国际控股集团公司)33.49%; 马化腾通过全资拥有的英属维尔京群岛公司持有8.2%的股份;
百度	2005	开曼群岛	VIE(美国纳斯达克)	李彦宏(截至2016.2.29)	李彦宏持有百度公司A类普通股16.1%,通过全资拥有的Handsome Reward Limited公司拥有B类普通股15.9%; Baillie Gifford & Co(Scottish partnership)拥有百度公司A类普通股7.2%; 所有董事与高级管理人员共持有16.7%;①
优酷土豆	2010(已摘牌)		纽交所	阿里巴巴	Ali YK Investment Holding Limited(该公司隶属于阿里集团)占股20.7%; 优酷土豆董事长古永锵占股18.1%;
网易	2000	开曼群岛	纳斯达克	丁磊(截至2015.12.3)	网易董事长丁磊占股44.8%; Orbis Investment Management Limited占股12.8%; Capital Research Global Investors占股6.5%; Lazard Asset Management占股5.5%;
新浪	2000	开曼群岛	VIE(美国纳斯达克)	曹国伟(截至2016.3.31)	曹国伟17.8%股份; Greenwoods Asset Management Limited and its affiliates 7.5%; Fosun International Limited 6.8%; Platinum Investment Management Limited 6.4%; Morgan Stanley 5.5%。

① 数据来源:百度2016中期财务报告,https://www.sec.gov/Archives/edgar/data/1329099/000119312516534644/d45315d20f.htm#rom45315_11。

作为新浪、腾讯等大型互联网公司发家起点,即时通信、搜索引擎、网络新闻同样也是中国用户使用率在 80% 以上的基础互联网应用①。遵循马克思对商品的思考进路,威斯敏斯特大学(University of Westminster)荣誉教授加汉姆认为,传媒产业的投资者倾向于增加受众数量来降低成本。② 随着传播格局的不断革新,对用户注意力资源的争夺日益白热化,通过稳固渠道便成为获取稳定用户的方式之一。这样稳固的渠道一旦被建立,便会被不断扩大,随之到来的便是渠道垄断。根据中国移动资讯平台活跃用户调查显示:腾讯新闻以 38.5% 的用户活跃量稳居第一,隶属于阿里巴巴集团的 UC 头条紧随其后。

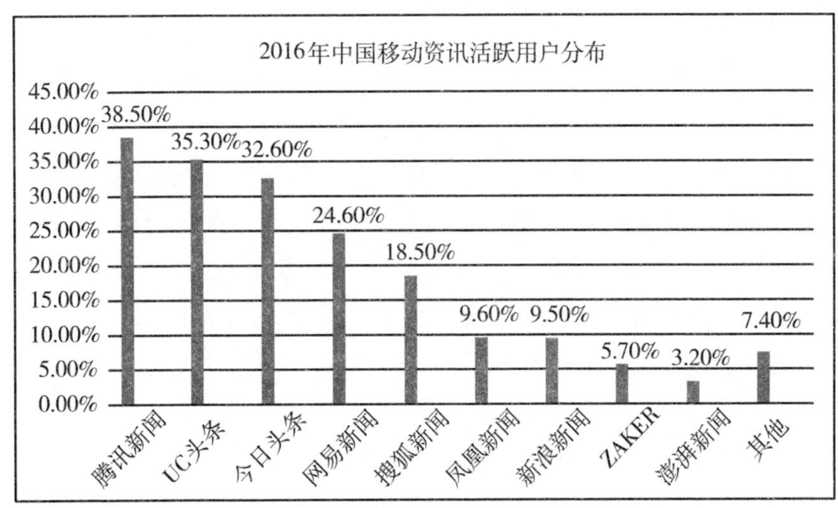

图 1 - 1:2016 年中国移动资讯活跃用户分布

数据来源:艾媒咨询

资本的马太效应以及中国政府对传媒业的管控催化着一些大型互联网公司不断强化新媒体渠道的投资布局,从搭建自有入口到兼并收购既有平台,抢占渠道与平台并形成垄断成为常态,不断吞噬着中国新媒体产业格局。如 BAT 公司(百度、阿里巴巴、腾讯)在中国形成网络传媒"三国争霸"态势,以集成经济扩张为主导打造三家传媒航母,深刻改变我国传媒格局和经济格局,还可能

① 中国互联网络信息中心:第 40 次《中国互联网络发展状况统计报告》,http://www.cac.gov.cn/2017-08/04/c_1121427728.htm,2017 年 8 月 4 日。

② 姚君喜:《媒介批评:理论与方法》,北京师范大学出版社,2014 年,第 190 页。

产生搅动全局的能量。①

三、挑战与风险:从资本控制到话语垄断

一般而言,境外资本投资新媒体产业其主要目的是追求资本增值,而作为公共资源的新媒体则追求公众利益。伴随着互联网新媒体产业的快速发展,资本的逐利性使得其易在媒体内容中渗透资方意志,束缚或制约所介入的媒体,媒体独立性遭到破坏的同时,也在一定程度上对公共舆论的导向产生潜在威胁②,与公众利益背道而驰,产生一系列潜在问题及风险。

(一)议程设置:垄断话语权

福柯在微观权力的基础上首次提出话语权概念。他认为,话语构造了话题,它界定并生产了我们知识的各种对象,它控制着一个话题能被有意义地讨论和追问的方法。③ 作为话语权生产的第一个环节,议程设置往往能够影响用户的看法与态度,继而引导社会舆论进程。移动互联网赋予了用户自由表达的权利,议程设置主体呈现出多元化趋势,传统媒体的话语权开始被分化。

随着用户呈几何倍数地增长,新媒体对渠道与平台的把控使其迅速扩张成为信息聚合平台。截至2016年6月,互联网新闻市场用户规模达到5.79亿,其中通过手机端网络新闻用户规模达到78.9%。④ 传播权的分流致使专业把关人的缺位,新媒体平台的把关人转化为政府与平台自身。但鉴于网络平台的纷繁复杂,政府对网络新闻信息传播的把关相对滞后,真正在发布源头进行把关控制的只有平台自身。作为议程设置的首步,平台把关能在源头决定继续或终止传播信息。平台垄断为境外资本提供了在中国网络新媒体的话语权,长远来看,其不可避免地携带着西方的价值观念和意识形态,对中国社会和民族文化的健康发展产生一定冲击⑤。

---

① 樊拥军:《BAT“三国争霸”的传媒经济战略共性》,《传媒观察》2015年第4期。

② 高振峰:《外资控股互联网企业业度网络舆情的影响》,《电子商务》2011年第12期。

③ Foucault,m. The archaeology of knowledge (trans. A. M. Sheridan Smith). New York:Pantheon Books,1972:p116.

④ 中国互联网络信息中心:《2016年中国互联网新闻市场研究报告》,http://www.cnnic.net.cn/hlwfzyj/hlwxzbg/mtbg/201701/t20170111_66401.htm,2017年1月11日。

⑤ 姚德权、赵文英:《传媒业外资准入收缩与发展:规制视角》,《财经理论与实践》2006年第144期。

马克思认为,在股份公司的发展中,不拥有股份的管理阶层将取代资本家走上管理岗位,资本家会从生产过程中消失。但这并不表示资本家同时失去了有效控制权。通过董事会等机构,资本家紧紧地控制着企业,虽然他们不再从事企业的日常管理。[①] 2016 年 7 月,赵薇启用支持"台独"的演员戴立忍而引发公愤的事件在新浪微博平台上持续发酵,但在 7 月 6 日,共青团中央官方微博梳理事件过程,阅读量超过 2739 万时却被删帖,此后多名微博用户声称因批评戴立忍台独言行而被删帖封号。在此期间,"赵薇"二字却从未上过微博热搜榜。随着公众意识到删帖行为出自网络媒体之手,赵薇事件开始持续发酵并引发多方议论,资本对新浪微博平台的操控日渐浮出水面。网络空间成为无形的战场,而对战双方是网民与资本势力,而真正的媒体在平台把控中失声禁言,失去其原有的公权力与独立性。

(二)游走边缘:挑战新闻专业主义

资本主义社会的大众媒介主要是通过生产反映资本家利益的讯息,通过不断支持整个资本或特定阶级集团的利益来扩展商品生产的过程,整个过程充满了迂回、矛盾或抗争。[②] 受中国传媒环境的影响,接受境外资本的新媒体难以像国外传媒集团一样运作,但平台的垄断使得其在不触犯中国传媒制度的情况下屡触底线,挑战新闻专业主义。

近年来最受诟病的当是网络标题党。新媒体平台的主要收益来源于高流量所吸引的高广告投放额,如何能在高速信息流动中脱颖而出便成了各大新媒体平台推送新闻资讯首要考虑的问题。受到采编限制,商业新媒体平台制作"吸睛"标题变成为了成本低而相对安全的手段。断章取义、偷换概念、虚假夸大甚至带有暴力、血腥、色情等"擦边球"色彩的标题便屡屡出现在各大平台中。如人民日报发文《狼牙山五壮士——一个抗日英雄群体》,网易转载并修改标题为《党报驳"狼牙山 5 壮士拔百姓萝卜":萝卜系野生的》后被网络疯狂转载,赚足了眼球。标题党在吸引用户的同时,吸睛标题与简短摘要的结合也不断催化着新闻快消主义的盛行。为吸引用户,一味满足用户碎片化阅读习惯只会制造

---

① 李彬:《传播学引论》,新华出版社,2003 年,第 324 页。

② [加]文森特·莫斯可:《传播政治经济学》,胡正荣、张磊、段鹏、付春怡、洪丽、宋菁译,华夏出版社,2000 年,第 143 页。

出轻松娱乐的狂欢节,以"快感"麻痹人们思考的神经①,长此以往,用户将在"轻阅读"中失去深入思考的能力。

网络新媒体平台通过大数据、云计算等高新技术带来的个性化阅读不断培养当前用户群体获取信息新习惯,这种模式所产生的后果就是持续满足用户对于娱乐花边新闻、社会新奇新闻的需求,而陷入全民娱乐。截至 2016 年 3 月,微信、手机浏览器、微博已经成为网民手机浏览新闻的主要入口,分别占到 74.6%、54.3%以及 35.6%。② 基于早期门户网站发展以及后期微信、QQ 等社交媒体的发展,腾讯在移动端新闻市场优势明显。在巨大流量的基础上,腾讯的新闻推送已经是其微信、QQ 等社交媒体的基本功能,成为用户获取新闻第一垄断入口不足为奇。在享有垄断的基础上,腾讯多是通过推送关于明星或社会中的奇闻异趣以左右用户关注的事实,一味满足用户的猎奇心理,吸引流量,继而转换成更为可观的广告利益。随机截取腾讯在 2016 年 12 月 6 日 -11 日的新闻推送,并没有出现传播正能量的新闻信息,其头条推送信息如下。

表 1-2:腾讯 QQ 在 2016 年 12 月 6 日至 11 日期间在不同时段推送的头条新闻

日期	头条推送
2016.12.06	"她被赞万年一遇美人网友不服"
	"她疯狂追艺人成追星界泥石流"
2016.12.07	"唐嫣公布恋情!男方原来是他"
	"小兵张嘎变身肌肉猛男吓到了吗"
	"女模海边游泳看照片后吓呆了"
2016.12.08	"囚犯欲从送餐口越狱被卡门上"
	"母猪上'猴崽'猪身猴面吓人"
2016.12.09	"19 岁女学生整容成'刘亦菲'"
2016.12.10	"男生摆豪车求婚被警察驱离"
	"发糖!唐嫣罗晋合体现身捞金"

① 石义彬:《单向度超真实内爆——批判视野中的当代西方传播思想研究》,武汉大学出版社,2013 年,第 33 页。

② 中国互联网络信息中心:《2016 年中国互联网新闻市场研究报告》,http://www.cnnic.net.cn/hlwfzyj/hlwxzbg/mtbg/201701/P020170112309068736023.pdf,第 13 页。

续表

日期	头条推送
2016. 12. 11	“赵丽颖仍单身跟他甜蜜互动”
	“你没看错这位‘天仙’性别男”
	“星光大赏 10 瞬间！两代白娘子相拥”

随着新媒体平台对此类信息的长期读取与转载，拥有采编权的媒体不断被用户边缘化，甚至也会自行转变报道方向与范围，改变报道风格，以获取在网站或新媒体平台较高的转载量与投放范围。用户的选择、新媒体平台的深化可能致使一些报道领域变成“盲区”，弱化观点的多样性，形成新闻荒漠化。

（三）市场失灵：侵蚀公共领域

“我们的社会生活的一个领域，在这个领域中，像公共意见这样的事物能够形成”①。信息资源的共享性与消费无损耗性、非排他性使其具有明显的公共性，移动互联网的快速发展赋予了用户双向沟通的渠道与自由表达的权利，为进一步实现信息自由流动提供了空间与可能性，也为构建全新的公共领域提供了基础。

在境外资本的持续支持下，新媒体平台垄断日渐形成独大的闭环媒体生态环境，网络新媒体平台的垄断使得真正参与渠道竞争的有效主体持续减少，缺少良性竞争所带来的市场失灵导致信息资源难以实现有效配置，高度垄断所造成的信息市场失灵使得用户本应该在公共领域自由表达或获取的信息被拦截，对用户造成不同程度的信息受损，同时也对原有公共领域进行侵蚀。看似依托互联网形成的自由民主讨论氛围与空间，以貌似的自由代替不自由，信息产品面临着失去自由流通的机会，使得垄断在引发市场失灵后形成更为隐蔽的霸权。

作为可能形成网络公共领域的空间，微博往往活跃在热门事件第一线，但过度娱乐化、商业化的信息在浪费微博公共领域资源的同时，也使得本应孕育公共意见的沃土变成文化消费的狂欢地。而凭借庞大粉丝量，微博大 V 成为微博中最为活跃的群体，他们利用公众的对抗式解读，形成与主流媒体相悖的言论，经过转发、评论等裂变式传播，在微博话语空间中引起较大反响并集聚被非

① ［德］哈贝马斯著：《公共领域的结构转型》，曹卫东译，学林出版社，1999 年，第 33 页。

理性情绪控制的用户群体,导致看似是集百家之言,实则转变为由意见领袖发出的舆论一律。这样,原本相对自由而民主的微博平台在资本权力的驱使下,只剩下政府与商业利益的博弈,公共领域难以为继。

四、应对与防范:从软性到硬规

在2015年世界互联网大会上,习近平总书记指出:“网络安全是全球性挑战,没有哪个国家能够置身事外、独善其身,维护网络安全是国际社会的共同责任。”在新媒体时代,网络空间已经成为继领土、领海和领空之后的第四空间。作为国家安全的无形疆域,网络安全是国家安全的重要组成部分,如何控制并掌握互联网发展主动权并保持党和人民群众的网络话语主导权成为当务之急。

(一)意识形态:从国家安全战略高度审视外资进入

作为国家软实力的竞争主要手段,新媒体平台已经成为中国传媒产业的重要组成部分,其在提升国家软实力中的作用不言而喻。在外资对中国网络新媒体的疯狂布局下,政府应从国家安全战略的高度重新审视外资可能带来的意识形态安全问题,积极应对潜在的文化渗透,维护国家安全。

面对境外资本的介入,政府要从意识形态的视角开展对有关部门负责人以及广大人民群众的教育认识,帮助其认识到过度外资进入后所可能在思想意识领域造成的煽动情绪与非理性判断。同时,要加强具备较高网络素养的意识形态管理人员,能够辨识意识形态发挥作用的过程与要素,及时解决新媒体平台中的潜在问题。目前,中国已经成立中央网络安全和信息化领导小组办公室(简称网信办),统筹政治、经济、军事、文化等各个领域的网络安全与信息化发展进程。对于境外资本进入网络新媒体平台以及其所形成的平台与信息垄断,网信办应当给予足够重视,积极参与对新媒体平台发展的治理与管控。此外,国家应当打造自有品牌的新媒体平台,强化与基层群众的交流与互动,切实从百姓利益出发,实现人民群众在新媒体领域的话语权,并有针对性地满足广大用户的精神文化需求,铸成抵御西方意识形态的新长城。

(二)法规建设:制定严格的市场准入与监督机制

新媒体的发展离不开雄厚的资本支持。无论是形成垄断还是处于发展初期的网络新媒体平台,其对境外资本的初衷始终应当是学习先进的技术、管理模式以及市场经验来发展自身。但随着对资本进入传媒市场的政策逐步放宽以及大规模吸引外资,国家也应建立一套完善的风险规避机制与法规体系,以防境外资本过量所产生的产业风险。

政府应当秉持公正透明的原则,加强对外资进入新媒体领域的法律建设。目前,新媒体领域尚未建立起较为完善的产业准入与监管法律体系,多是依靠《互联网视听节目服务管理规定》、《互联网新闻信息服务管理规定》等规章制度进行调控,与此同时而多头管理的格局与部门利益、地方利益相结合,造成了传媒业部门、行业垄断和地区封锁现象严重。① 多门监管容易新媒体产业领域带来越位或缺位的现象,影响监管效率。政府部门可以对不同的新媒体类型采用不同的准入制度,实现监管资源的合理配置,在灵活吸引外资的同时,也能对重点领域实行更为严密准入审核与监管。同时,完善多种监管手段并行,如在完善法律建设的基础上,可增设相关协会增强新媒体行业自律。

(三)股权改革:确保国有资本对新媒体发展的控制

新媒体平台已经成为舆论形成与传播的新场域,其与国家利益、公众利益的联系日益紧密。对于可能产生自然垄断的产业或者重要的公用事业,国家的控制手段也是多种多样的,除行政控制外,黄金股是较为有效的手段。②

黄金股制度也称为特殊管理股制度,借助特殊股权设置,实现创始股东在股份制改造和融资过程中始终拥有最大决策权与控制权。2014 年,国务院办公厅印发《文化体制改革中经营性文化事业单位转制为企业和进一步支持文化企业发展两个规定的通知》,明确提出:“对按规定转制的重要国有传媒企业探索实行特殊管理股制度,经批准可开展试点。”③因此,国家对新媒体产业领域可以借鉴特殊管理股制度,在互联网公司实行国有资本参股或控股以拥有一定的管理与监督话语权,从国家、公众的利益参与新媒体的发展进程,从根源上避免外资比重过大所带来的风险。与此同时,也可大力推动国家投资基金,以战略投资人的形式加强对新媒体产业的投资建设,推动我国新媒体发展。此外,不断完善国内投资制度,引导更多本国民营进入新媒体产业领域,同样可以降低境

① 范帆:《对当前传媒产业改革发展的思考》,《新闻记者》2006 年第 11 期。

② 魏杰:《构建新的国有资产管理体制》,《瞭望新闻周刊》2003 年第 3 期。

③ 中国政府网:《国务院办公厅关于印发文化体制改革中经营性文化事业单位转制为企业和进一步支持文化企业发展两个规定的通知》,http://www.gov.cn/zhengce/content/2014-04/16/content_8764.htm。

外资本的进入规模，实现多元资本之间的平衡。

中国新媒体产业格局在资本、媒体与权力交织中不断变迁发展。在境外资本注入获取更多市场机会的同时，我们也应时刻关注在资本支持下所形成的新媒体平台与信息垄断，以及其如何借助轻松娱乐的新闻信息麻痹人的神经，更为潜移默化地输送西方意识形态。我国政府要时刻保持高度警觉，并在完善的法律体系下积极打造更加完善的市场监管制度，维护第四空间的国家安全。

第二章

微传播——正在兴起的主流传播

新传播技术正在深刻改变人们的交流方式、生活模式,进而影响社会发展。基于高速、智能、开放的宽带网络,大数据、云计算、物联网、移动互联网等新应用相继出现。伴随这些新应用的出现与发展,以微博、微信、社交网站为代表的一种新媒体作用下的新的传播方式——微传播正不断兴起。

第一节　微传播——一种新的主流传播

微传播是以微博、微信、移动客户端等新媒体为媒介的信息传播方式。其具备针对性强、受众明确、传播内容碎片化等特性。相对传统大众传播而言,是一种更加精确的传播形式。微传播的兴起使公共信息提供方式得到创新,为丰富信息交流方式、社会交流模式提供了可能。作为一种更为直接的双向互动传播方式,微传播甚至引发了经济和政治领域的变革。微传播正在改变中国。

一、中国成为移动互联网大国

当今,在世界范围内,越来越多的人正改变以前的阅读、收听和收视方式,形成新媒体接触习惯。马克·波斯特把媒介传播分成两个时代:一是"为数不多的制作者将信息传送给为数甚众的消费者"的电视主导的"播放型传播模式"(broadcast model of communication),二是"随着信息'高速公路'的先期介入以及卫星技术与电视、电脑和电话的结合"而产生的互联网主导的"双向的去中心化的交流"的"第二媒介时代"。① 作为"第二媒介时代"的互联网,对人们的生活、工作、学习的影响是多方面的。2017 年 6 月 1 日,有"互联网女皇"之称的玛丽·米克尔在美国 Code 大会上发布了 2017 年的互联网趋势报告,报告显示,到 2016 年底,全球互联网用户数量已超过 34 亿,其中三分之二来自发展中国家,大约四分之三的用户通过移动设备访问互联网,这一比例还在稳步增长。作为发展中国家的代表,中国正处于移动互联网社会态势中。中国互联网络信息中心(CNNIC)发布的第 40 次《中国互联网络发展状况统计报告》显示,截至 2017 年 6 月,中国网民数量为 7.51 亿人,其中,手机网民规模达 7.24 亿,网民中利用手机上网人群达 96.3%,手机端即时通信使用率为 92.3%。而早在 2014 年 6 月底,我国手机网民规模首次超过 PC。这些数字表明,中国受众正大规模向移动互联网平台迁徙,移动终端已经成为人们接触媒体的主要渠道之一。

由于智能手机的大面积普及,我国移动互联网业务高速增长。2014 年我国移动互联网市场规模达到 2134.8 亿元,与 2013 年相比增长 115.5%,预计到 2018 年整体移动互联网市场规模将突破 1 万亿大关。在各细分行业结构分布中,移动购物占到 54.3% 的份额,较上年提高 17.5 个百分点,预计到 2018 年将占到整体份额的 64%。移动广告市场从 2014 年开始逐步向成熟化发展,占据 13.9% 的市场份额,预计到 2018 年其占比可达到 23%,稳步提升。

在移动化社会中,移动互联网正向更多生活、工作等领域渗透。推广普及移动资讯、移动阅读、移动游戏、移动电子商务、移动视频等移动应用,为用户提供各类实用信息和全方位网络服务成为各行业必须面对的任务。未来的世界将是移动互联的世界,中国已成为移动互联世界中的重要一员。

二、微传播正成为一种主流传播

在当今信息高度发达的互联网新媒体时代,社会发展更加多元、生活方式更加丰富、工作节奏更加快捷、信息需求更加多样。"在卫星传播的时代里,传播媒介就是新的电信技术、人造卫星和计算机的结合,而其传播与信息的关系则是直接的、密切的,它使得信息的处理、储藏和传送发生巨变,革命性的新媒

---

① [美]马克·波斯特:《第二媒介时代》,范静哗译,南京大学出版社 2005 年版,第 16 页。

介也随之一一诞生。”[①]当今，与这些变化相适应的新媒体传播方式的一个重要特点就是“微传播”。所谓微传播，指的是以微博、微信、移动客户端等新媒体为媒介的信息传播方式。[②] 微传播通过及时快速更新信息、利用图片链接多媒体形式推送、转发评论，实现与用户即时双向互动。微传播形态出现的多样化正是传播符号系统多元的体现。诚如著名符号学者罗兰·巴特在索绪尔提出的符号能指及所指概念的基础上认为，符号学中能指构成表达面，所指构成内容面，在表达面和内容面上又被分为内质和形式：表达的内质，例如发声的而非功能的声音内质；表达的形式，它由聚合规则和组合规则构成；内容的内质，例如所指的情绪，意识形态；内容的形式，所指之间的形式关系组织。[③] 微传播所代表的不仅是终端的多样，也是形态的多样。

在微传播时代，信息传播更加碎片，用户定位更加精准，内容生产更加强调短小精悍、鲜活快捷，因此，传播方式更加需要细微化。各种微传播方式通过简短有力的表现方式传播最重要的信息，比如微博通过 140 个字符，微视频只有 3 分钟，而微电影的时长也不过半小时。在移动化的社会，这些微内容、微信息快速流动、跨平台流动，用户通过微博、微信、客户端等载体，随时随地实时获取信息。例如，在“两会”期间，中央级的网络媒体采取各种手段方便用户快捷获取重要信息，人民网开设了移动直播室，通过微视频、微博、微信、微闻天下等四“微”的有机结合，对“两会”进行图文直播或实时报道。新华网在官方微博平台开设“两会微现场”、“两会粉丝团”等栏目，使两会报道内容向社交媒体扩展。各大型门户网站也不断创新两会的报道方式，它们的微传播建立在移动客户端以及微博、微信平台上推出“微播报”、“微视频”、“微直播”等系列栏目，通过移动端在最短的时间内将两会的有关信息传播到广大网民。

微传播以风趣幽默的方式表达严肃的政治话题，突破了政治传播的常规方式。2014 年深受网民喜爱的网络动漫《领导人是怎样炼成的》，时长仅 5 分钟，在网上推出仅仅几天之后，在各大网站的点击率就超过 1000 万次，远远超出了

---

① 高少凡、洪正吉：《论卫星传播对国家主权概念的影响》，中国新闻研究中心 2005 年 10 月 10 日。

② 唐绪军、黄楚新、刘瑞生：《微传播：正在兴起的主流传播——微传播的现状、特征及意义》，《新闻与写作》2014 年第 9 期。

③ ［法］罗兰·巴特：《符号学原理》，李幼蒸译，三联书店 1988 年版，第 135 页。

同类视频。该视频被网民称之为“接地气”、“亲民、顺民”、“很萌”,这种传播方式使中央领导和人民群众的距离很近。

据人民网舆情监测室发布的数据表明,2014 年的移动舆论场中超过一半的突发舆情都最先在“两微一端”曝光或发酵升级。从年初“东莞扫黄”事件到“马航失联”,从广东茂名 PX 事件再到香港“占中”舆情在微博微信中的传播,微传播舆论场中不仅滋生话题,也更容易将主流话语体系加入网络思维与草根表达,改变了传统的媒体思维与舆论定式。微传播正以其独特的传播方式成为一种主流传播。

微传播的发布如此简捷便利,使得任何一个人都可以轻易地发布新闻信息。“公民是对个体的抽象,是沟通个体和政治的桥梁”。[①] 当公民参与政治时,“政治对个体的保护程度取决于公民对政治的参与程度,当所有公民都能自由、平等、直接地参与政治时,政治的公共性也最高。”[②]因此,从上述来说,微传播在我国的政治传播中具有特殊的作用和意义。

三、微传播的现状

(一)微时代:“微传播国家队”显现,新媒体蓬勃发展

2013 年 10 月 15 日,国务院办公厅发文,其中 7 处提到政务微博。国务院通过政府公文的形式指出了政务微博、微信的作用,并明确对政务微博、微信的应用做出了提倡。截至 2014 年 6 月 15 日,经过腾讯微博平台认证的政务微博已达到 181524 个,其中党政机构微博 111728 个,公务人员微博 69796 个。政务微信认证数超过 5000 个,其中,有 58 个中央部委开通官方微博,29 个中央部委开通政务微信,有 22 家中央机构同时开通微博、微信。[③]

经过近几年的发展,政务微博作为官方声音的发声器,其队伍越加庞大。中国政府网同时入驻腾讯微博和微信,开启了政府的“两微”模式。同时,作为微博空间的主流声音,媒体微博已经进入常态化运营。

---

① [英]德里克·希特:《何谓公民身份》,郭忠华译,吉林出版集团有限责任公司 2007 年版,序言第 1 页。

② [英]德里克·希特:《何谓公民身份》,郭忠华译,吉林出版集团有限责任公司 2007 年版,序言第 1 页。

③ 人民网:人民网舆情监测室发布 2014 上半年腾讯政务微博报告,http://yuqing.people.com.cn/n/2014/0722/c209043-25317245.html,2014 年 07 月 22 日。

据人民网舆情监测室统计，截至 2013 年 10 月底，新浪微博认证的媒体微博总数达 12.98 万个，包括 23449 个媒体机构认证微博和 106373 个媒体从业者认证微博；腾讯微博认证的媒体微博总数突破 11.09 万个，包括 14148 个媒体机构认证微博和 96731 个媒体从业者认证微博。

一些中央级媒体，如人民日报、新华社和中央电视台的新媒体创办号则依托其公信力，同样在微博空间发挥着主流影响力，拥有巨大的粉丝量。例如，截至 2014 年 7 月 22 日，人民日报法人微博创办两周年当天，人民日报法人微博在人民网、新浪网、腾讯网三大平台上的粉丝总量达到 4600 万。仅在新浪平台，粉丝总量就达 2200 万，单条微博的平均转评数达 5000 次，开博以来总阅览量超过 200 亿次。①

目前，一些中央级媒体微博、微信和国家级政务微博、微信一起，共同组成了"微传播国家队"，依托其强大的影响力和公信力，成为改善网络舆论生态和舆论环境的重要力量。同样，微电影作为文化产业发展领域的一股新势力，也在蓬勃发展。北京国际微电影节、中国国际微电影节、上海大学生微电影节等一系列活动，实现了以微电影为主要形式的文化内容传播。基于新传播技术，微博、微信、微电影等发展迅速，它们共同构成了中国新媒体发展的"微时代"景观。

（二）微政务：社交媒体成为政治传播的有效平台

微博、微信和新闻客户端等新媒体所具有的及时性、开放性、移动性等特征改变了人们的阅读习惯和信息获取方式。基于社交媒体的特性，政治传播出现了新气象。

2013 年，山东省济南中院通过微博直播的形式，对薄熙来案进行了全程直播。及时的图文内容更新，使普通用户第一时间通过微博掌握庭审信息。这次事件显示了司法公开，推动了中国的法治进程。同时，随着刘铁男等一批网络实名举报的官员先后落马，广州市委书记万庆良"突然被查"等一批省部级官员被查处事件的微传播，在社交媒体上形成了一股网络反腐的热潮。社交媒体用户第一时间了解中央反腐动态，对相关新闻展开热议，社交媒体成为参政议政，

---

① 人民网：人民日报新媒体论坛暨法人微博创办两周年研讨会举行，http://media.people.com.cn/BIG5/n/2014/0723/c40606-25323024.html，2014 年 07 月 23 日

表达政见的一个重要平台。政府通过及时、公开、透明进行相关案件内容的公布,反映出了反腐的决心,为用户所称道。

2014 年 2 月 25 日,习近平总书记在雾霾中视察北京南锣鼓巷的消息在微博上引起了广泛热议。画面通过微博传播后,被迅速转发和评论,国家领导人亲切的形象深入人心。普通用户评论转发,新闻内容更加鲜活、具有可信度,塑造了国家领导人良好的形象,拉近了与公众之间的距离。

同时,社交媒体的交互性和针对性等特征,增强了政府账号的服务性属性,使政府更加贴近公众。例如,有不少政府公共微信号都开设了预约业务,简化了公民办理业务的程序,提高了政府的办事效率,增加了公民的满意度。

(三)微经济:互联网金融及跨界渗透

互联网具备"开放、平等、共享"等特征,移动互联网的发展增加了便携性、随时性,使互联网金融更加蓬勃发展起来。相较于传统的金融业务,依托于互联网和移动互联网的金融业务更具有透明性、开放性、交互性特征,同时更加节省成本。基于互联网和移动互联网的微传播为商业者带来了巨大的利益。

一方面,微传播的兴盛直接带来广告收益的上涨。据《2014 互联网趋势报告》显示,2013 年,互联网广告营收增长 16%,移动广告增长 47%,后者在互联网广告中占比增至 11%。而微信广告在公测后,每日广告曝光量接近 1 亿。据推算,微信广告每日流水达到百万元。①

另一方面,基于互联网和社交媒体的金融产品也层出不穷,依托于微传播风生水起。余额宝、百度百发、人人贷、微信银行、传统银行、互联网企业、基金公司等纷纷推出互联网金融产品,通过微传播获得经济收益。滴滴打车得益于微信支付,现有 1 亿注册用户,每日 500 万次预订量;余额宝推出 10 个月后,管理的资产总额达到 890 亿美元。

依托于社交媒体兴起的新的营销方式更为商家带来了可观利益。例如利用微信平台广泛开展的"关注即赠送"、"集赞获奖品"活动。一般用户只要通过微信扫描二维码并加关注,就可以免费获得相关的奖品。或者通过将商家信息分享到朋友圈获得一定的点赞数也可免费获得一定的奖励或者享受超低折

① 新华网:微信广告日曝光量近 1 亿,业内:每日流水达百万元,http://news.xinhuanet.com/tech/2014-07/23/c_1111754529.htm,2014 年 07 月 23 日

扣。通过关注和信息推送,为商家直接带来了关注度和粉丝数,打响了广告,扩大了知名度。微传播使互联网与金融等行业逐渐融合,取得共赢。

四、微传播的特征

(一)微节奏:中国新媒体移动化趋势明显

从依赖于互联网到如今移动互联网的高速发展,新媒体的移动化趋势愈加明显。据中国互联网络信息中心(CNNIC)发布的第40次《中国互联网络发展状况统计报告》显示,截至2017年6月,中国网民规模达7.51亿,其中,手机网民规模7.24亿,互联网普及率达到54.3%。网民上网设备中,手机使用率达96.3%,传统PC整体使用率为91.5%。据工业和信息化部报告,在流量资费下降、春节特惠流量包促销、拜年方式互联网化等多因素推动下,2017年除夕移动互联网流量消费了25901万G,是2016年的2倍。除夕当日,移动数据流量消费3598万G,同比增长88.4%。移动数据流量高峰时段的初一,当日移动数据流量3990万G。

得益于以3G为基础和以4G为先锋的移动互联网技术发展,手机作为上网的第一大移动终端的地位更加稳固。随着用户的转移,目前微传播热潮也从传统的PC端向手机端发展,移动化趋势明显。

(二)微热度:微信、移动新闻客户端发展火爆

作为2013年至今最为火爆的微传播载体,微信和移动新闻客户端可谓发展迅速。依托于及时沟通、免费便利等特性,微信自上市便受到用户的青睐。而传播力更为强劲的微信公共账号更是发展迅猛。据统计,截至2017年6月底,微信月活跃用户为9.63亿,同比增长19.5%,较前一季度增长2.7%。尽管微信平台存在有大量的垃圾信息和营销信息,但其广泛传播力和影响力不容忽视。①

2014年7月22日,名为“澎湃新闻”的移动客户端上线,成为当天互联网平台上的热门话题。作为上海报业集团成立后的一个重大战略项目,这个由传统媒体东方早报采编团队运营的移动客户端迎合了新闻媒体发展的大趋势。目

---

① 凤凰科技:《微信未来国内用户数量有望覆盖整个14亿人口》,http://tech.ifeng.com/a/20170905/44672664_0.shtml,2017年9月5日

前,移动新闻客户端借助数字和移动技术,成为公众新闻接触新入口。艾媒咨询(iiMedia Research)的调查数据显示,2013 年底中国手机新闻客户端用户规模达到 3. 44 亿人,同比增长 48. 3% ,环比增长 9. 2% 。手机新闻客户端在中国手机网民中的渗透率已经达到 60. 4% 。新闻客户端已成为公众获取新闻资讯主流通道。

(三)微表达:掀起舆论风暴,传播影响力大

微传播具有微博、微信等传播载体的特性,因信息发布碎片化、移动性、门槛低提高了普通用户的信息传播的参与度。通过信息的点赞、评论和转发,营造出信息传播链,改变了传统信息传播模式,传播速度、广度呈几何扩散。

微传播使普通用户具有表达权,影响力巨大。发端于微博的江西贵溪“背官员”事件使相关人员被免职;海南灾区棉被和发霉面包事件将一场对中国慈善机构和政府的公信力的拷问推到了旋涡中心;郭美美赌球被抓事件再次引起公众热议;一段网络视频爆出的上海地铁“咸猪手”事件使当事人被撤职;人民日报新浪官微一条关于麦当劳肯德基供应商黑幕的微博引起 3 万余条转发,食品安全引发用户关注……微传播成为一场全民传播。通过简单的操作,用户便拥有话语权,由简单的受众变为传者,由围观变为评论参与,掀起舆论风暴。

五、微传播的意义

(一)微传播政治热兴,提升党的网络执政能力

微传播作为一种新型的传播方式,在提升党的网络执政能力方面具有巨大功效。其中较为突出表现为微传播成为中国共产党反腐倡廉制度化的一条必然路径。2013 年以来,党中央加大了反腐肃贪的力度,截至 2014 年 7 月 21 日,已有 18 名省部级官员落马。中央尤其重视互联网的作用。在新版中纪委网站上,开辟有“党风政风监督举报曝光”专区,以“作风监督举报”、“点名曝光”等板块公开接受网络信访举报。中央纪委的网站现已成为公众获取反贪信息的第一信息平台。

政务微博、微信的广泛应用使政府政务的服务性得到提升,影响力、传播力得到扩大。例如,截至 2017 年 8 月,中国政府网新浪官方微博已有粉丝 1618 万。中国政府网及时开通官方微博和微信,一方面极大方便了网民通过新媒体平台最快获取国务院重要政策信息,另一方面也加大了政府政策的普及率,拉

近了政府和普通民众的距离，进一步提升了政府的公信力，有利于服务型政府的打造。

（二）微平台滋生新文化，微传播成为新的文化载体

日益社交化的新媒体不断滋生一些新的文化，并迅速汇集成强能量。具体表现为：以网络流行语文化盛行为代表的文化理念和文化行为的改变。

"人艰不拆"、"累觉不爱"、"开房找我"等一些网络流行语通过简短易懂、生动形象等特点，伴随着一些社会热点事件产生并在网络广泛传播，形成了网络用语文化的热潮。这些网络用语的广泛使用，描绘了当前社会转型期的现状，反映出了普通网络用户的心理，形成网络新文化浪潮。

微博、微信等微传播工具成为新的文化载体。例如，基于微支付兴起的"滴滴打车"改变了传统打车文化，预约越来越成为现代人的一种生活方式。"微信抢红包"活动将传统的"过年送红包"文化移植到新媒体平台上，打造出微时代的"抢红包"文化。同时，通过微博、微信拜年也愈加被微用户所接受。例如，在微信上一段动画拜年视频、一段拜年语音的拜年方式更加新颖，比起短信文字、声音和视频，这些更具表现力的拜年方式显然更受欢迎。

（三）新媒体产业成为重要经济增长点

2013 年全球新媒体产业发展迅速，从市值上看，以苹果、谷歌、亚马逊等为首的新媒体公司市值已远超以时代华纳、新闻集团、21 世纪福克斯为代表的传统媒体市值。新媒体产业相较传统媒体发展迅速。2014 年 6 月，一个移动 App"今日头条"便完成了 1 亿美元融资，得到了 5 亿美元的估值。而随着可穿戴设备的出炉、OTT TV 带来的收视模式等均为新媒体产业创造了巨大的产业空间。

伴随着信息技术创新不断加快，各类信息产品和信息服务大量涌现。网络消费已成为大众生活中不可或缺的重要组成部分。新媒体产业成为众多企业关注和角逐的焦点。2014 年 7 月，微信官方发布公告，通过以开通微信支付为前提，升级了微信大群权限，将群人数限制取缔。这一尝试无疑显示出腾讯对基于微信平台的新媒体产业的重视和野心。

经过 20 年发展，中国互联网站目前超过 400 万家。移动互联网更是迅速、方便、快捷地实现了实体、个人和设备之间的连接。借助微传播，新媒体产业已成为重要的经济增长点。

第二节　微传播中的新闻景观

当今,随着新媒体的快速发展,网民的急剧增长,微传播逐步成为一种流行并渐成主流的传播方式。2014 年 4 月 23 日,中宣部部长刘奇葆在《人民日报》发表题为《加快推动传统媒体和新兴媒体融合发展》的文章指出:"新兴媒体传播的一个重要特点就是微传播,各种微内容、微信息高速流动、跨平台流动,用户随时随地能够获取信息。"①一般来说,所谓微传播就是指借助数字技术,改变以传统媒体为中心的信息传播模式,以微信、微博、QQ 等社交软件为媒介传播信息平台,通过内容分享、自我表达、认知交互实现新闻信息传播的新型传播方式。微传播的兴起使公共信息提供方式得到创新,为丰富信息交流方式、社会交流模式提供了可能。②

一、微传播:渐成主流的传播模式

追溯起来,微传播这一概念最迟在 2008 年就已经出现。但是,其真正得到学界和业界重视始于 2010 年,是伴随着微博、微信两个新媒体平台的兴起而发展壮大起来的。当前,微传播已经成为主流传播模式,颠覆和重塑着当代中国的新闻传播格局。正如有学者指出的那样,"后现代的媒体消费呈现出一种碎片化景象,人们用以消费媒体的时间越来越支离破碎,而媒体的种类、媒介的形态越来越多元化,这使得每个媒体消费主体——人,对于媒介内容的消费无论主观与客观上都呈现了一种'微小、精悍、迅速'的需求。"③

(一)微传播构建起当代中国新闻传播的新场域

随着移动互联网的发展以及智能手机的广泛普及,微博、微信注册用户爆发式增长,微传播渐成为当代中国主流传播模式。其成功营造了一个全新的媒介环境,构建了一个迥异于以往的崭新传播场域,导致当代新闻传播和舆论引

---

① 刘奇葆:《加快推动传统媒体和新兴媒体融合发展》,《人民日报》2014 - 4 - 23。

② 唐绪军、黄楚新、刘瑞生:《微传播:正在兴起的主流传播——微传播的现状、特征及意义》,《新闻与写作》2014 年第 9 期。

③ 栾轶玫:《新媒体 2009:微时代的价值发现》,《新闻与写作》2009 年第 12 期。

导格局发生根本性变革。新媒体为人们提供了更为便捷多样、自由互动的微新闻交流平台,带来了前所未有的微新闻体验。一个更注重信息互动、更注重媒介开放、更注重用户感受的新微传播业态正在形成。微媒体、微传播、微动力在大数据的护航下,推动人类传播从单向、集中、宏大的传统方式,向着多点开花、随时随地、互动交流的方向整体转变。

(二)“微”已经成为当代中国新闻传播的突出特征

微传播下的新闻资讯,更加凸显“微”字特征。各类微媒体大念“微”字诀,大唱“微”字调,想尽办法在“微”字上做文章。在微传播下,各类新媒体生产、提供和交换精准短小、鲜活快捷、互动性强的新闻信息。在“微传播”中,新闻一改原来以媒体为中心发布信息的模式,通过早发声、频发声、互动发声在传播中抢得先机,取得主动,实现用户以微信、微博、易信、QQ 等软件平台为媒介直接发布信息,分享内容、表达自我、认知交互。在微传播下,传播内容是“微内容”,传播方式是“微动作”,传播渠道是“微介质”,实现“无微不传播”。

(三)传统主流媒体纷纷触微成为微传播的生力军

在微传播下,以往的传统主流媒体放下身段,纷纷触微,加速形成微平台,不断滋生新文化,微表达汇聚成能量的传播态势。2016 年 2 月 1 日,中央网信办主管的《网络传播》杂志正式发布“中央重点新闻网站传播力 2016 年 1 月榜”,成为主流传统媒体触微的见证。见下图:

这一榜单的发布,标志着中央主流传统媒体加强互动融合,通过网站、微博、微信、客户端等,立体化、互动式、全天候传播新闻信息,发出主流声音,成为微传播的一支特别生力军。

可以说,微新闻横空出世,以极短的时间完成颠覆式布局,突破了传统新闻业态的局限,在新闻传播场域呈现一幅“微”机四伏的新闻动态图。

中央重点新闻网站

“两微”传播力1月榜

名次	网站	名次环比	传播力指数
1	人民网	-	65742.37
2	中国经济网	-	49989.23
3	中国新闻网	-	13964.06
4	中国日报网	↑5	11502.79
5	新华网	↓1	11485.19
6	中国网络电视台	↓1	5892.88
7	中国网	↓1	5869.65
8	央广网	↑2	2386.21
9	中国青年网	↓1	1919.55
10	光明网	↓3	1626.06
11	中国台湾网	↑1	1269.60
12	中国西藏网	↓1	314.96
13	国际在线	-	239.50
14	中青在线	-	163.35

《网络传播》杂志 出品

统计时间 2015年12月16日-2016年1月15日

榜单详细数据参见《网络传播》杂志2016年1月刊

图2-1:中央新闻网站“两微”传播力排行榜

二、微新闻的基本特征

(一)微新闻本体形态:碎片化生活化

在移动互联网的支持下,在微传播时代用户“超短时间”限定和“休闲娱乐”为主的网络新闻消费模式引导下,具有交互式、自主性、多样化等特点的新媒体,更注重新闻内容的故事性,更加体现新闻和用户的情感共鸣,改造传统新闻,使之成为生活化、情感化、故事化的软新闻。同时,为了适应现代生活节奏,新闻容量得以细化分割,以更加适应快速阅读的需要。一般认为微博140字的方式呈碎片化的信息传播契合了社会信息化、时间碎片化的现代社会生活方式,相对于博客考虑文本的规范性和逻辑性,微博的进入门槛低,操作起来更加随心和自由。① “微”言大“义”成为微新闻的标配。以小见大也就成为微传播

① 谢耕耘、荣婷:《微博舆论生成演变机制和舆论引导策略》,《现代传播》2011年第5期。

时代新闻景观的一个突出特点。正如清华大学传播学博士栾轶玫认为的那样，微传播的核心特征是“微”，即传播的内容是“微内容”（一句话、一个表情符号、一张图片等等）；传播体验是“微动作”（通过简单的按键操作、鼠标点击就能完成选择、评价、投票等功能）；传播渠道是“微介质”（手机等介质）；传播对象是“微受众”（小众、对象性传播）。

在微传播中，那些内容生动翔实、接地气的“微故事”最受欢迎，也易为传播。因此，微传播时代的新闻，语言具有简洁明快的特点，读者能够速读、易读、悦读，以便达到“润物细无声”的传播效果。过去一年网络流行的新词不断，反映了当前社会转型期网民个性化、矛盾化、自娱性、情绪化的心态。微信群也已经成为广大用户表达沟通的主要渠道。微新闻大量使用网言网语，使得微新闻变得更加贴近生活。

请看这两条微新闻实例：

1. 赵东起：我是石家庄赞皇县曲江村人，在北京做建筑工人。我从小就爱看书，那时看书要跑几十里路去借。生活好了，可乡亲们还是不舍得买书。我觉得，农村落后是因为文化落后，所以今年过年回家我要建个“农村图书馆”。我买了1000本书，还想再买5000本，可我钱不多，所以希望北京市民把不看的书低价卖给我。

2. 老李头儿：昨儿我去北京站发货，站前一停车场旁有人拦住我，让我往东走到公交车站旁找“火车快件发运处”，我就去了，两件货65公斤收费395元。我觉得不对劲，就去火车站咨询，人家一看我的发货单就说：“你被黑货点坑了，快报警吧。”原来，出站口旁就有个“快运处”，我发的货只需128元。给大家提个醒，别再上当。

除此之外，当今时代微传播的传者和受众体量巨大，分布广泛。在微传播中，微新闻作为一种全新的新闻产品，其传播的密度、频度、力度都呈现前所未有的爆发态势。

（二）微新闻传播形态：无中心交互式多层级

1. 急剧演变中的微传播态势

微传播时代的微新闻，首先处于“方生方死”的深度洗牌状态，传播态势纷繁复杂。绝大多数微新闻在巨大的微传播空间自生自灭，随生随灭。但也有一些微新闻，却能够迅速生成、急剧发酵和巨量扩散，成为一时的新闻热点。在微传播下,微新闻的要素形式和存在形态在持续融合中重构,在不断重构中变化,构成一幅变幻不定的新闻图景。在这幅新闻图景上,最显著的特征就是其无限可能性带来的强烈生长特性。

例如,癌症患者魏则西在知乎上回答过一个问题,叫:“你认为人性最大的‘恶’是什么?”讲述了他在武警北京总队第二医院求医的始末。短时间内,这个消息通过微信朋友圈广泛转发之后,在全国范围内迅疾掀起舆论风暴,引发网上各界人士的广泛深入的讨论、质疑和呼吁。这一事件,充分表明了微传播的巨大威力。

2. 无中心化传播格局

在微传播条件下,传统媒体在传播格局中天然垄断的强势中心地位被打破,以“两微一博”为主题的自媒体矩阵成为新闻信息的重要源头和传播渠道。微传播下的微新闻呈现碎片化的形态,因此传播过程中用以承载信息的文字、照片和视频,都加以信息容量限定。例如,微博最初被限制在 140 字以内。虽然后来有长微博问世,但总体看,确保信息以“微小”单元传播,是微传播时代微新闻的主要特征。这就确保在微传播格局中,信息可以实现即时、随性、简单地实现全方位的链接,将移动通讯和万物互联的数字技术带来的便利最大化地呈现在用户面前,使得世界以直播的方式与用户同步。总之,微新闻的传播方式是“发布,然后过滤”,已经根本不同于传统媒体“过滤,然后发布”。①

3. 多层级传播格局

在人人拥有麦克风,人人都有摄像机的微传播时代,新闻信息的生产制造权转移到千千万万普通网民手中,网民掌握了一定的新闻信息传播权。这使得新闻传播中个体的力量得以充分释放,一支具有潜力的微新闻力量登上舞台,新闻传播的生产主体、传播主体和用户主体大量增加,越来越多的普通人既可以参与到微新闻的病毒式传播中,也可以参与到微新闻的生产、传播、评判乃至二次、多次后续传播中。

例如,《光明日报》联合中国人民大学、中国伦理学会共同策划组织的“核心价值观百场讲坛”活动,就是微新闻传播的典型例子。演讲前,《光明日报》刊出

① 参见胡泳:《众生喧哗——网络时代的个人表达与公共讨论》,广西师范大学出版社 2008 年版,第 20 页。

活动预告和演讲嘉宾的小传,在光明网论坛和微信公众号上征集网友关心的问题。在活动现场,光明网向全国视频直播,使用微博、微信进行花絮报道。光明网还通过与微软合作的“媒体云”平台,确保海量网友访问时不会对网络带宽造成压力。随后,《光明日报》会刊出整版或半个版的演讲实录,光明网推出精剪后的演讲内容,做成“微党课”、“微党史”课件,形成第二波、第三波传播的涟漪效应。

(三)微新闻表达形态:个性化可视化

在微传播时代,用户体验成为传播的焦点。互联网和移动互联网络使媒体在提供信息告知功能之外,更要满足和引领用户需求。① 为此,精准对接用户需求,成为微新闻表达的关键。微新闻由原来的单体手段呈现变成全媒体手段呈现,由单向输出转向即时互动,由线性传播转向网状转播,整个传播格局在裂变中牵动新闻传播方式发生根本变革。在这种情况下,微新闻就像由一幅幅带着生活温度、体现草根情怀、凸显现实细节的新闻画稿构成的动画片,在受众中间持续播放,自动播放,全景播放,呈现出新的特点:

一是主题个性化。不同于传统媒体注重宏大叙事和主题,在微传播时代,微新闻往往更加贴近生活。媒体往往通过精准研究用户的特殊需求,有针对性地生产特色新闻信息产品,点对点推送到用户手中,做到新闻资讯量身定做、精准传播,提高了新闻宣传的实效性。二是表达互动性。在微传播中,媒体应用移动互联技术,实现传受之间的即时互动,这既是新兴媒体的独特优势,也是微传播时代新闻资讯的显著特征。在微传播时代,互动思维渗透到新闻采、编、播的各个环节。UGC(用户生产内容)成为一股势不可挡的新趋势。通过媒体与用户之间互动交流,吸引用户提供新闻线索、报道素材和意见建议,提高用户的关注度和参与度,在互动中参与,在参与中传播。三是多态融合化。在微传播时代进行新闻生产,多采取全媒体展示方式,以多介质推送,使新闻报道动起来、活起来。

例如,互联网上有一段时长 5 分钟左右的视频“领导人是怎样炼成的”,用动漫的形式讲述了中国领导人的选拔过程,把领导人以卡通人物的形象展现在

① 黄楚新、王丹:《“互联网 +”意味着什么——对“互联网 +”的深层认识》,《新闻与写作》2015 年第 5 期。

公众面前,短短几天点击量超过1000万次,引起了良好的社会反响。

在微传播时代,微新闻一般要综合运用图文、数表、动漫、音视频等全媒体表现形式,实现内容产品从可读到可视、从静态到动态、从一维到多维的升级融合,以满足多终端传播体系和多种主体体验的复合需求。在微传播下,微新闻就像是一幅幅新闻动画片,以信息流淌的方式弥漫整个传播场域,让用户在"不知不觉"中打开全部信息接口,在与新闻的亲密接触中受到潜移默化的影响,在获得新闻资讯的同时感知和拥抱世界。

例如,在"治国理政河北新实践全国网络媒体'走转改'集体采访活动"中,新华网河北频道采用了全景新闻VR方式,用VR设备拍摄制作出唐山世园会的全景图片,以全新的视角向世界展现唐山世园会之美,并在在世园会开幕当天发布图集报道《新华网全景拍唐山世园会带您体验别样的美》。

三、不容忽视的微新闻负面效应

除了优势部分,还要看到,微新闻伴随着微传播快速发展的同时,诸多弊病也在逐渐凸显。主要表现是:微新闻的原创性不足,同质化现象严重;碎片化表达导致信息失去严肃性,刻意回避宏大叙事,青睐琐碎小事,在主题上只见树木不见森林,源于生活没有高于生活;用户习惯于便捷、快速、浅层次速读,缺乏对新闻内容的深度辩证把握,极易导致情绪化极端化。事实上,在微传播格局下,由于网络虚拟性导致微新闻的生产、传播和评价处于一种无人把关的放任状态,一些自媒体人缺乏必要的社会责任感和新闻专业素质,在微传播中过度发挥,偏激偏执,主观臆断,微新闻在思想深度、品位高度等方面往往出现一定程度的"失偏"现象。比如,接连不断因为人为操纵而发生的新闻"反转",肆意消耗着媒体的社会公信力。比如,一些微新闻不是源于对实际生活的深度挖掘和亲身体验,而是来自于生产者的主观想象和主观臆断,不是来源于严谨细致的调查,而是来自于案例数据的简单拼凑,这就必然导致微新闻品质下降,甚至错漏百出,贻害社会。尤其是泛滥于微传播中的谣言成为微新闻无法抹去的印记。同时,微新闻中各种非理性力量肆意蔓延。重大公共事件发生后,舆论形成、扩散、反馈的过程很短暂,在微媒介环境中,"人们的关注力和判断力往往也随之碎片化,出现了用道德判断代替事实判断、以价值批判取代真相追寻的简单化倾向,加上社会缺乏信任基础和有效的信任维系机制,很多谣言自然而然出现,谣言一定程度上对获取事实真相产生了影响。”①无论是认证名人,还是草根群体,以及微博微信用户,为吸引眼球无所不用其极,标题党泛滥成灾、色情暴力充斥,在表达方式上理性不足而浮躁有余,简单随性炮制、简单复制粘贴、简单抽取事实。

例如:在2014年12月初,浙江金华警方曾查获4名“90后”小伙利用微信号推送淫秽视频、吸引粉丝、聚集人气,再收取广告商家的广告费用牟利的案件,据报道,为了防范和躲避来自腾讯公司的查封和公安机关的打击,犯罪嫌疑人使用了52个公众号、聊天群、微博进行轮换推广。

由于微新闻的写作和阅读不占用大块的时间,不需要严谨严密的逻辑思维,且随时随地保持与外界全方位沟通,因此,在微传播下的微新闻,凸显了快捷、亲切和变化,但缺少了深度、严肃和辩证,正在日益混合成为一首无主题的变奏曲,使人既爱又恨,既离不了又感厌烦,对其一言难尽,难以取舍。同时,在海量微新闻资讯的包围中,对“优质原创”新闻的阅读享受,日益成为广大网民群体的强烈期待。

综上所述,在微传播时代,微新闻不仅以绚丽多彩的各色景观装扮了我们生活的世界和我们拥有的时代,还以其难以估量的力量影响了我们生活的世界和我们拥有的时代。战斗正未有穷其。面向未来的微新闻,创新没有休止符,发展永远在路上,只有主动适应才能跟上时代,只有不断创新,才能引领发展。在这个以微传播为主流方式的新传播时代,媒体面对应接不暇,不断涌现的社会热点问题,不仅要强调速度,更要强调有趣、有味、有料的视角,对待海量资讯,对待纷繁万象,不是简单地把大新闻做小、做短、做细,而是要着眼于做出品位、做出特色、做出效果,不满足于浅尝辄止,不停留在应付了事,不仅仅囿于新闻的一次传播,而要在深度链接、深度解读、深度互动上下功夫,促进多次传播的实现。

---

① 李彪、郑满宁:《从话语平权到话语再集权:社会热点事件的微博传播机制研究》,《国际新闻界》2013年第7期。

第三节 公共传播视野下的新闻生产——技术驱动创新

新传播技术的发展催生公共传播新生态。公共传播是通过多主体对话与协商,达成共识,以实现公共诉求和利益的过程。技术和公众在权力、商业和专业之外成为非常重要的影响中国新闻业的两种力量,而且这两种力量未来旳影响作用会更加凸显。以实现公共利益为目标的公共传播的地位愈加主流。借助新信息平台和手段,公众对于公共事务的信息获取更加直接和充分,言论表达与对话空间更广阔。而随着新闻生产流程和方式的改变,公共传播主体的主动性、独立性和积极性进一步增强,公众参与的程度加深。公共传播在促进社会变革,推动社会发展上发挥着越来越重要的作用。在技术的推动下,公共传播时代下的新闻生产在信息采集、加工处理与传播上出现了新变化与新形态。

一、智能化与社交化:新闻信息采集、传输与发布途径创新

以智能设备为代表的新传播技术革新了新闻信息采集和发布方式,丰富了公共传播内容的多样性。传感器、无人机、人工智能软件、GPS 定位等一系列技术在新闻生产中的应用使公共传播内容更加翔实,通过技术实现的事实呈现有利于公众对于有效信息进行解读,从而促成认同共识。在一些灾难性报道中,无人机通过深入核心现场抓拍景象,可以采集到记者无法获得的新闻现场画面,公众通过图像和视频可以更加直观地了解和感受到新闻现场的景象,避免了因事实不足而出现的舆论偏差,从而在准确的新闻事实基础上进行公共话题讨论。例如,在天津港“8 · 12”爆炸事故中,无人机便通过拍摄爆炸核心现场的照片向公众呈现出了新闻事实。通过新闻现场画面,公众得以了解到事件的严重性,从而对事件进行关注和问责。2016 年夏季,湖北武汉出现严重汛情,救灾的同时公众对于武汉内涝问题提出质疑。财新网通过利用卫星动图直观对比2000 年和 2016 年武汉湖域面积的变迁,将造成水淹武汉的原因之一填湖造地推到了公众面前。

虚拟现实技术在新闻报道中的应用大大增加了新闻报道的现场感和真实感。在 2016 年的“两会”报道中,媒体通过使用全景相机和 VR 技术为公众提

供全新的新闻体验。通过媒体开设的专栏,用户可以自主选择新闻图像的拍摄角度和呈现画面,传统媒体固定的新闻画面视角限制被打破。而佩戴 VR 硬件设备则能获得如临现场之感,用户可以 360 度看两会,更加全面、多维度地获取信息。传感器新闻则发挥了数据特性和功能,并体现在新闻生产的整个流程中:通过传感器获取并分析数据,通过数据加工最终在新闻报道中呈现数据。量化的信息具有更加直观的特性,同时更具说服性。此外,传感器新闻也丰富了新闻的议题,诸如环保类、调查类新闻因使用传感器而获得了更可靠的数据。利用开源信息协助进行调查也成为公众参与新闻报道的一个新途径。此前,民间调查网站"Bellingcat"便通过网络开源信息进行了马航 MH17 坠落原因的推测。这一方式改变了新闻信息的生产主体及信息采集方式。

社交媒体的快速发展使新闻传播的渠道、途径和方式发生了改变。手机的便携和智能扩展了移动传播的空间和时间维度。手机不仅成了主流信息接收平台,也成为信息传输和发布的工具。公众通过移动端获取信息,打破了信息传播的时间和地域限制。信息通过互联网和移动互联网实现及时传播和共享。公众通过社交媒体终端获取信息并进行话题讨论也成为一大趋势。基于信任关系、社交关系,社群传播往往更具传播力和影响力,更能激起公众讨论。公众通过社交媒体进行信息获取和分享,通过点赞、评论等互动行为发表看法,进行话题讨论。社交媒体越来越开放的用户讨论空间为公众进行意见表达提供了保障。例如,腾讯微信公众号的文章开放用户评论的举动便印证了这一趋势。通过社交媒体,公众进行话题讨论更加便捷和有效。基于固有关系,公众更加具有话题讨论积极性,社交关系也促进了信息回应和对话,更易形成思想共同体。

公开的社交环境也为信息发布营造了更加开放的空间。公众可以通过社交媒体进行新闻信息发布,通过在新闻现场的优势,第一时间进行公共新闻信息更新和播报。在一些灾难等突发性事件中,现场公众通过社交媒体发布的信息起到了至关重要的作用。在媒体进入新闻现场之前,现场的公众成为重要的信息源。这改变了传统新闻采访的组织形式,公众在信息传播中扮演着主动的信息生产主体的角色。社交媒体作为重要的信息发布平台,使公众可以通过平台裂变式传播,将信息扩散,达到大众媒体时代只有通过媒体才可能拥有的传播力。同时,新媒体平台新闻审查的相对弱化使得诸如微博举报官员等事件成为公共传播中的热门事件。公众参与事件讨论形成舆论,导致官员下台,公共利益得到维护。

以社交媒体为代表的新媒体成为公众进行公共讨论和对话的新平台,刷新了公众的新闻体验。但是,值得注意的是,网络的匿名性和新媒体的低门槛特点同时也会造成公众利用新媒体进行不理智情感宣泄,形成非理性的言论和争辩。而技术在方便公共传播的同时引发的新的新闻伦理问题同样值得关注。

二、网络视频直播:新闻生产主体、新闻呈现形式与符号创新

随着移动宽带的发展和基础网络环境的进一步优化,网络视频直播业发展势头强劲。新闻直播通过记者的现场解说、语音表达和画面同步呈现,使原本文字化呈现的记者形象立体饱满,记者带有了主持人和解说员的属性。新闻现场更加直接展现,新闻报道更加生动和真切,具有感染力。新闻直播的实时同步有利于新闻事实的公开,现场实况报道在很大程度上保障了公众对事实的知情权。

2016 年夏季,我国南方发生汛情,媒体通过网络专题视频直播的形式进行灾情现场同步直播,有效实现了信息公开。腾讯新闻通过拍客团队“追洪小组”的镜头第一时间呈现了湖北、安徽、江西等地的降雨情况、抗洪实况、居民转移、官方新闻发布会等内容,向公众及时呈现抗洪事实信息,避免了相关谣言的出现和传播。新京报也通过视频直播的形式丰富了报道内容,并通过直播中与后方记者语音连线及时掌握网友反馈,适时调整直播角度和视角,以满足公众需求。在《探访江西鄱阳河堤溃口合拢现场寻访胡良才老人》的视频直播中,记者通过镜头记录了江西鄱阳河堤溃口合拢及当地救灾物品发放的现场经过。在河北邢台的洪灾报道中,新京报记者通过实地探访进行一系列长、短视频直播了大贤村的受灾情况。通过直播采访村民、受灾家庭、受灾村庄等画面真实再现了洪灾过后的村庄景象。在视频直播中,记者通过陈述、发问等把握直播节奏,在呈现事实的同时发挥了引导作用,使网络舆情伴随着新闻直播回归到正确的发展轨迹。财新网开设“直击 2016 洪水”专题直播,利用 4G 手机拍摄受灾地画面,记者在走访的同时进行直播,完成移动传播。此外,一些受灾地的媒体也尝试通过与直播平台合作的形式进行抗洪报道形式创新。例如,湖北发生灾情后,湖北日报荆楚网便联合直播平台“斗鱼”一起进行本地灾区抗洪直播,直

播高峰同时在线人数达到10万,网友纷纷与现场记者互动,并对受灾民众表达慰问。①

网络使公共信息的新闻生产主体向多元化发展,一些公共信息的生产者开始跳过媒体利用网络平台直接向公众发布信息,与公众进行互动沟通。例如,一些快速发展的政务新媒体平台便成了新的官方信息发布口。政务网站、微博、微信公众号等通过及时发布信息成了新媒体时代公众掌握公共信息的优选渠道。自十八大以来,中央纪委监察部网站利用自身网络平台充分发挥出主体功能,成为“打虎”消息的首发地。中纪委发挥主业功能,利用自身网站、客户端等平台主动发声,建立举报平台与公众互动,实现了办公去“神秘化”。“平安北京”、“上海发布”、新疆“最后一公里”等政务网络大V账号通过准确发布权威信息、解读政策时事、及时反馈用户意见等日常运营和维护,成为公共信息的第一发布渠道和讨论平台。在连云港“反核事件”中,由于前期缺少项目沟通、对话以及详细的信息发布造成了公众对建厂的恐慌,并导致公众出现了抵制行为。2016年8月10日,连云港市人民政府通过新浪官方微博“连云港发布”传达了“暂停核循环项目选址前期工作”的信息。连云港政府选择通过网络平台的形式进行信息发布,一方面对民意及时回应,另一方面在一定程度上也为公众进行事件讨论提供了平台,使公众意见得以表达和传播,促进认同。网络视频直播也越来越成为政务新媒体的热门工作方式。2016年下半年,“全国交警直播月”活动开展。“@潍坊交警”、“@深圳交警”等一些交通警察支队官方微博通过视频直播交警一线执法现场的形式规范执法过程,同时更旨在通过吸引网民广泛“围观”,提高公众安全出行意识,关注交通安全。在深圳交警的一次直播中,共有超过20万人在线观看执法直播,最高同时在线观看人数9000人。②

值得注意的是,虽然视频直播实现了公共传播形式的一大创新,但是基于直播行业的特点,新闻视频直播也存在一些需要改进之处。首先,视频直播在技术上对人员和设备提出了要求,记者不仅需要具备扎实的新闻业务功底,还

① 新华网:《荆楚网联合斗鱼直播直击湖北特大暴雨收益全额捐灾区》,http://news.xinhuanet.com/gongyi/2016-07/07/c_129125584.htm,2016年7月7日

② 周伟良:20万人围观执法视频直播,大洋网,http://news.dayoo.com/guangdong/201607/14/139996_47475846.htm,2016年7月14日

需要具备基本的视频拍摄和主持经验,以保证画面清晰、稳定,提供良好的视觉体验。其次,视频直播言论具有碎片化的特点,新闻报道深度上可能存在欠缺。最后,因直播画面没有经过后期剪辑,因此直播内容对观众来说可能存在信息缺乏重点,有垃圾信息的情况出现,新闻引导性减弱,从而浪费观众时间,造成低效或者无效的信息获取。

公共信息是指与公共利益有关的信息及对这些信息的意见和态度。比如有关权力分配、城市建设的新闻和对这些新闻的评论等等。网络平台的便利性使新闻生产主体更加多元,来自公众的公共信息得以在网络上表达与传播,公众声音得以直接面向大众传达。公众通过新传播技术以网络新词、网络漫画、网络评论、网络动画等一系列符号生产实现了公共信息沟通,在凝聚社会共识、化解社会矛盾方面进行了方式方法创新。新浪微博认证为“《动漫次元 LIVE》杂志美术编辑”的用户“@ 逆光飞行”在网上创作爱国主义漫画,其代表作《那年那兔那些事儿》在互联网上连载,总点击率超 10 亿。动画版于 2015 年 2 月上线,在各大视频网站取得了总点击率 1 亿的优异成绩。[①] 漫画通过将政党、国家和领袖人物卡通化的形式戏说我国军事和外交的重大事件,在具备故事性、观赏性、意义性的同时更受到青年一代的欢迎,提升了传播内容的广度和用户接受度。一些公众也通过网络评论的形式理性传播个人意见,起到监督、引导或启发效果,为促进公共讨论提供了可能。网友“@ 小兵章嘎”、“@ 千钧客”、“@ 戴琢璞”等通过开通微博或微信公众号,撰写和发布大量网络时评文章,对网友进行价值观引导。新浪微博网友“@ 雷希颖”策划了“我和我的国家引擎”系列新媒体话题活动,对中国教育、政治制度、法治社会等话题进行了短评探讨,引起了公众的关注、参与和讨论。截至 2016 年 8 月 24 日,微话题“#我和我的国家引擎#”阅读量达 4801. 7 万,引发了 6. 3 万讨论。[②] 先进的新媒体技术和多样的网络平台赋予了公众进行符号生产的权利并为创新符号生产和新闻呈现方式提供了技术保障和支持。作为承载知识和用于沟通的工具,新符号体系的发展有利于进一步扩大公共传播促进社会共识、维护社会秩序的职能。

---

① 2015 年度“五个一百”网络正能量精品评选专题网站,http://theory. people. com. cn/GB/40557/403745/index. html

② 新浪微博,我和我的国家引擎,http://weibo. com/p/1008082cc7ff99a430af10a41aa0ebe8a3927e/emceercd? from = page_huati_rcd_more

三、众筹新闻：新闻生产流程与公众参与维度创新

迈克尔·舒德森(2011)将美国历史上的新闻业服务民主归结为三种模式：市场模式、倡导者模式以及受托人模式。在受托人模式中，记者相信公民应该是被告知的民主社会的参与者。受托人新闻业不是服务于市场好处，也不是某政党的好处，而是公共好处。(吴飞，2013)曾庆香与王超慧(2014)认为众筹模式显然是依托互联网技术的受托人模式。2016 年 1 月，皮尤研究中心发布有关美国众筹新闻发展状况的调查报告。根据报告数据显示，从 2009 年 4 月 28 日至 2015 年 9 月 15 日，有 658 个众筹新闻项目通过众筹平台 Kickstarter 筹得全部甚至高于预期的资助，全部项目共计筹资 630 万美元。[①] 众筹平台为调查性报道等有关公共利益的新闻报道发展提供了空间。与传统新闻生产模式相比，众筹新闻受到市场和政治因素的影响明显减弱。由于只对资金提供者负责，众筹新闻在公共选题上具有更多自由空间，可以更好地服务于公共利益。众筹模式使公众参与不再停留于新闻生产链的末端和意见反馈环节，公众参与切实落实到新闻生产的整个流程中，并对新闻生产起到决定性作用。

以公共传播为视角可以看到，众筹模式对新闻生产的变革主要体现在新闻生产流程和公众参与两方面。在新闻生产流程上，位于“后台”的传统新闻组织内部的新闻生产被置于“前台”，同时组织内部的权力发生了部分转移。众筹模式的新闻生产依托于互联网进行，实现了新闻生产的部分“可视化”。新闻项目筹款人(一般为记者或为具有记者从业经历者)自主通过网络平台面向公众公开进行一定金额的项目发布，普通公众对项目的资金支持程度决定着新闻能否生产。这意味着，原本属于媒体组织内部人员的权力如编辑部主任、主编的选题决定权或媒体专业组织集体的权力如新闻选题会的权力转移给了普通公众：普通公众以是否提供资金的方式对新闻选题进行裁断。若公众提供的资金达到了项目预设额度，新闻生产工作便可以开展。反之，新闻项目便不能进行。这种新闻选题的确定方式，一方面使更多由于经济或政治控制等更多因素无法在媒体组织内部通过的公共选题得以推进，服务于公共利益；另一方面，公众主

---

① Nancy Vogt and Amy Mitchell：Crowdfunded Journalism：A Small but Growing Addition to Publicly Driven Journalism，Form the world Wide Web：http://www.journalism.org/2016/01/20/crowdfunded－journalism/，January 20，2016

体主动进行选题参与也直接体现了公众意见,公众意志得到体现。

众筹新闻项目成功立项后,筹款人通过网络平台以及时更新项目进度、向出资公众展示资金流向的形式,保障众筹项目的“透明度”。在新闻项目进行中,公众多以监督者的身份参与到项目中,诸如众筹项目成立阶段的主体性减弱。众筹新闻项目的推进依靠筹款人独立进行完成,这保证了众筹新闻作品的专业性。在新闻作品的成型阶段,出资公众可以通过邮件等私密形式获取稿件,这保证了出资公众信息获取的权利。众筹项目成果最终通过自媒体等平台进行公开发布,新闻作品在一定程度上摆脱了媒体机构的审查。这有利于公共信息扩散和公众意见表达,为新闻作品产生社会影响、促进社会改革提供了可能。

值得注意的是,与传统新闻生产是一种组织行为不同,个人众筹新闻项目的运作模式突出了筹款人的个人地位、角色与作用。众筹项目的筹款者进行项目发起一般具有强烈的独立性和自主性,筹款者的个人新闻从业经历对众筹项目能否成立发挥着至关重要的作用。筹款者过往的新闻作品、从业单位、个人专业素养水平、职业品格甚至是个人魅力都是影响公众是否出资的重要因素。而众筹项目对筹款人的过度个人依赖也会对项目实施造成风险。2014 年 9 月,独立调查众筹项目发起人刘建锋在个人博客上发布《独立众筹项目失败责任承担告支持者书暨告别新闻业书》博文,坦陈因个人身体原因众筹项目无法执行完毕。此前,他通过众筹模式筹款约 20 万,可支持其一年的基本生存和部分调查写作经费。[①] 利用众筹资金,刘建锋通过调查书写了有关拆迁问题的新闻稿件《平度超限战》。

自 2015 年,一些报纸通过改版增设“众筹版”或“众筹新闻”栏目的形式进行了新闻生产形式创新。具体形式主要表现为两种:第一,与个人新闻众筹项目相似,报纸通过自家媒体平台(传统媒体或新媒体)进行选题发布,公众可以自主对新闻选题提供资金来决定新闻作品最终能否成型。与个人众筹项目相比,公众通过众筹项目参与到报纸的采编过程中,更加凸显公众新闻参与的影响力。报纸众筹新闻的选题一般偏向于公共议题和公共服务的内容,公众对选

① 时代在线:刘建锋:我的众筹式独立调查实验,http://www.time-weekly.com/html/20140109/23650_1.html,2014 年 1 月 9 日

题的支持程度直接反映了公众对选题的关注程度。如《南方都市报》、《沈阳晚报》、《现代快报》等报纸通过众筹书写了公共 WiFi、快递行业、教育行业等有关公共议题的新闻。第二,报纸每期通过众筹板块开设一个讨论议题,公众通过网络、新媒体等方式发表对话题的看法。报纸与公众进行公共话题互动,收集公众意见并进行刊登反馈。此种方式为公众对公众话题进行意见表达提供了空间,同时实现了通过公共传播将观点传达给社会不同阶层的目的。《济南日报》此前通过开设"众筹新闻"版,引导公众进行了"雾霾移民"、"规则意识"、"网络时代个人隐私"等议题的讨论,并通过刊登稿件进行了公众意见传播,有利于促进社会认同。

第四节　微传播的力量——以《中国新媒体发展报告》推广为例

随着《中国新媒体发展报告》(2015)(简称:2015 年新媒体蓝皮书)发布,微信朋友圈、各大微信公众平台、微博以及传统媒体纷纷对这本书籍报以极大关注和热议。一本书带来的影响与反馈巨大而热烈,以新媒体对这本书进行微传播推广的效果是显著而有力的。正如有评论者指出:"此次蓝皮书发布会媒体传播真是全方位:微信预告、微博直播、网媒发布、电视解读。""发布会之前,以新媒体刷存在感;发布会之后,以传统媒体提升权威性。"本文以《中国新媒体发展报告》(2015)推广为例,探讨微传播的力量。

书籍《中国新媒体发展报告》(2015)的推广工作以 2015 年 6 月 24 日开展的书籍发布会为标志进行阶段划分:6 月 24 日之前开展的推广工作属于前期推广阶段,6 月 24 日之后开展的推广工作为后期推广阶段。2015 年新媒体蓝皮书的推广工作的整体特点为全方位立体式推广,通过"一体两翼"的方式,即传统媒体之一体,微信、微博之两翼进行传播,扩大书籍的传播力与影响力。

一、提升关注度:新媒体推广贯穿新媒体蓝皮书推广全程

(一)微信在微传播过程中的实践

1. 利用微信公众平台进行推广

和微信聊天、“朋友圈”功能不同的是,微信公众平台主要是推送文章。微图文是运用最广泛的表现形式,是吸引“粉丝”、提高关注度、增强影响力的主要方式。2015新媒体蓝皮书运营微信公众平台一般通过设置固定栏目,创建相关话题等形式形成特定的风格。首先,推送的文章,在内容上要结合了新媒体发展热点、坚持原创为主,讲究时效性和可读性。其次,用心制作标题,标题是“眼”,也是“脸”。好的标题能“画龙点睛”,吸引读者。表现形式上坚持图文配合,图片讲究精致得当,必要时利用Photoshop等软件进行修图或调整,可利用第三方软件如秀米进行图文编排,整体活泼、严谨却不太严肃。同时可适当插入短视频或增加背景音乐,增强可读性和观赏性,让读者轻松阅读、乐于分享。

《中国新媒体发展报告》(2015)单位官方认证为中国社科院新闻传播研究所,微信公众号为:新媒体蓝皮书。在推广工作的前期阶段,自6月1日起至24日,蓝皮书公共号每周推送微信图文4－5次,内容包括“发布会预告”、“抽奖活动”、主题文章等。其中主题主要为“先睹为快”、“干货分享”、“鲜货分享”、“媒体前沿”等,推送2015年新媒体蓝皮书相关论文摘要、重要内容和摘编新闻传播领域最新的研究成果。

表2－1:新媒体蓝皮书微信公众号6月1日—24日推送文章

周次	日期(2015年)	文章标题	主题
第一周	6月1日	关于新媒体,一个不能错过的重要预告!别怪我没提醒您!	预告
	6月3日	2014年中国智能可穿戴设备发展研究报告	先睹为快
	6月4日	新媒体、新修辞与转型中国的政治、阶级关系:以“绿茶婊”为例	媒体前沿
	6月5日	互联网的未来:声音时代和体感时代	学者观点

续表

周次	日期（2015年）	文章标题	主题
第二周	6月8日	微传播：正在兴起的主流传播——微传播的现状、特征及意义	学者观点
	6月10日	“互联网+”意味着什么？——对“互联网+”的深层认识	干货分享
	6月11日	《中国新媒体发展报告》（2015）新鲜出炉	预告
	6月13日	《中国新媒体发展报告》（2015）精彩内容选摘	先睹为快
第三周	6月15日	不管 Apple Music 来不来，留给 Spotify 的时间都已经不多了	鲜货分享
	6月17日	在国际电视行业中，大数据已成为新闻生产的重要手段啦	先睹为快
		上海电影节，传统电影公司哪去了？	鲜货分享
	6月19日	《中国新媒体发展报告》（2015）发布暨新媒体发展研讨会议程	预告
		微信上阅读量100000+的谣言是如何炮制出来的	图解
		微信送书活动今日开奖~公布名单，快戳进来看看自己有没有获奖	公告
	6月21日	美国的数字报纸发展得怎么样了你知道吗	先睹为快
		还有5位小伙伴没有回复寄送蓝皮书的地址！快来确认！	中奖召集令
第四周	6月23日	新媒体蓝皮书明天隆重发布，约么？	发布会预告
	6月24日	国家战略助推新媒体进入发展新阶段——《中国新媒体发展报告》2015版在京发布	重要内容发布
		《中国新媒体发展报告 No.6（2015）干货之一》：中国新媒体发展十大未来展望	重要内容发布
		《中国新媒体发展报告 No.6（2015）干货之二》：中国新媒体在全球新媒体中扮演着重要角色	重要内容发布
		……	重要内容发布
		《中国新媒体发展报告 No.6（2015）干货之七》：“三低人群”依然是微博主力军	重要内容发布

2. 创建微信群加强互动

致力于《中国新媒体发展报告》(2015)推广,创建一个具有高活跃度的微信群是高效的微传播渠道。微信推广策略的关键是用户的高参与性与高互动性,能够使大V或者有影响力的学者参与进来,借力发力更是一举多得、高效传播的好方法。

微信群具有依照地位、兴趣、关系等特定属性组建的规律。基于此,蓝皮书新媒体推广小组组建了"新媒体蓝皮书作者群",把《中国新媒体发展报告》(2015)一书中论文的作者、出版社成员以及相关学者拉入同一个微信群,这些人有一定的学术水准和兴趣爱好,有类似的社会背景和地位,同时是对新媒体蓝皮书最为关注和感兴趣的人群,在同一个微信群里相互之间的交流、帮助必然不会缺乏。而且,其中不少成员为自媒体大V或者是较有影响力的学者,其对一些问题的探讨和相关信息的分享、推广有着不容忽视的作用。

3. 发布微信朋友圈状态在熟人圈里传播

微信朋友圈是基于熟人的圈子,有极好的互动性和信誉度。新媒体推广小组成员积极发布2015年新媒体蓝皮书相关动态,分享微信公众号的文章,朋友圈中兴趣相投或学历专业背景相近的好友会关注、评论、转发分享,同时可以利用微信群,鼓励群里成员纷纷分享公众号文章或微信动态,在个人朋友圈中形成刷屏之势。

(二)微博在微传播过程中的实践

1. 运用热点话题或事件、学者大V进行微博营销

微博是一个开放的平台,在进行微传播推广时,要善于运用话题营销、事件营销、名人营销等。2015年新媒体蓝皮书官方认证微博为:中国新媒体发展报告蓝皮书,微博粉丝近万人。在微博推广前期,列出《2015年新媒体蓝皮书》中的主要作者名单,并逐一搜索其本人微博及所在单位认证微博。在微博上发布内容时,@相关学者,借助学者的影响力和人气,通过粉丝的转发、评论,形成裂变式的传播链,使得信息迅速传播。

同时创建固定话题,微博的篇幅限制和及时性,让很多信息呈现出零散的、碎片化的特征。信息内容的无序性会让微博主页显得杂乱无章。微博话题应用可以很好地解决信息零碎的问题。将各种内容划分在不同的主题下,化零为整,使微博内容变得井然有序。有些话题可利用"热点"造"热点"。发布前到

微博直播，官微创建了几个关联度较高的话题，如#用数据说话#、#最新研究#、#干货来了#等分享新闻传播领域的经典理论和有价值的文章；#今日关注#、#少年，加油#、#高考作文与微博#等结合当前热点发布信息，包括微博大V如何看高考"暗访"报道、高考作文越来越贴近现实、来看看微博与高考作文的"巧合"、长江沉船事件中的信息传播等；#聚焦新媒体#、#走近传媒大咖#，转发"澎湃新闻"《专访"新媒体女王"赫芬顿：媒体不能只写悲剧，要有解决之道》的长微博等。

2. 微博直播，注意图文并茂

微传播时代，受众阅读体验越来越挑剔，单纯的文字表达越来越没有吸引力，许多情况下，图片成了微博信息更有效传播的必备。6月24日《2015年新媒体蓝皮书》发布当天上午，微博直播发布微博30条，每一条都配有图片，一共有38张，其中绝大部分是新媒体推广小组成员现场拍摄、实时发布的，一部分是发布会之前小组成员制作好的《2015年新媒体蓝皮书》主要文章作者名片，名片沿袭"蓝色背景+作者照片+文字简介"的形式和风格。图文结合的微博直播在微传播中效果显著，转发量和阅读量都十分可观。

在发布前，可视化新闻也出现在官微上，6月11日发布的"《中国新媒体发展报告》(2015)新鲜出炉"一文中，就配有刚印刷出来的新书图片；在话题#新媒体观察#中，贴出了几张可视化数据图，配有微博文字："品性各异的数据集在互联网的连接下构成了对于人类社会动态发展中个体与群最为丰富、充分和翔实的数据描述。作为信息的大数据成为新闻来源，作为技术的大数据丰富了新闻呈现形式，作为方法的大数据变革了新闻制作流程。"图文结合十分巧妙，而且提醒该论文作者关注，达到了很好的传播效果。

同时，新媒体蓝皮书主编唐绪军与副主编黄楚新6月26日做客人民网，全面解读《中国新媒体发展报告》(2015)，蓝皮书官微也通过图文直播的形式对这次网络视频直播进行了在线转播。人民网传媒频道对这次访谈进行了全程文字与视频直播，而蓝皮书官微则通过长图文的形式，将访谈重点内容进行了摘录，方便用户进行信息筛选与获取。在长达一个小时的视频直播中，微博官微共发布28条以#人民网蓝皮书解读直播#为话题的微博，在微博平台上对这次网络视频直播进行了有效推广。

3. 策划微活动,增强用户参与积极性

利用微信公众平台在推广的第一周就进行微信活动推广,即关注官方微信公众号就可参与抽奖,奖品为最新出炉的《2015 年新媒体蓝皮书》。微信活动持续到 6 月 18 日,反响热烈,成功吸引不少粉丝。微信活动结束后,新一轮微博活动在度袭来,“6. 1#抽奖#6 月 24 日,2015 年《中国新媒体发展报告》就要正式发布啦! 距离新媒体蓝皮书发布还有 6 天,抽奖送书活动启动啦!”当天微博配图配文并持续置顶,要转发此条微博,并@ 三个及以上好友即可参与抽奖。此条微博转发量近千,网友纷纷留言讨论热烈。

值得一提的是,2015 新媒体蓝皮书的内容为其他官微进行微营销提供了契机。“魅族魅友家”魅友家俱乐部官方微博便发布微博,表示只要评论并转发对 2015 新媒体发展报告的看法,便可以获得礼品一份。另有倡导坐公交车出行海报通过“俺玩微博所以俺属于‘三低人群’坐不起 U 也坐不起神州就连出租车也坐不起所以俺还是坐公交吧”的广告语,利用 2015 新媒体蓝皮书有关微博用户结构的内容进行热点营销。

4. 微视频传播直观新颖,富有吸引力

随着信息技术的发展和传播方式的创新,微视频作为一种集声音与图像、娱乐与文化为一体的新形式受到年轻人追捧。视频是图片的集锦,在有图有真相的基础上同时拥有了声音。视频表现更加真实、生动有温度,具有影响力。发布视频截取精华部分发布,控制整体长度。美拍作为一种可在微博上即时发布的几秒钟视频,是十分有效有趣的传播方式。微博直播当天上午,共发布 6 次。包括“发布会即将开始,来和皮皮一起去会场瞧瞧吧”,新媒体蓝皮书发布会九点开始,新媒体蓝皮书主编唐绪军接受北京电视台 BTV 等媒体访问,介绍蓝皮书主要内容,发布会现场,嘉宾发言以及探讨会落幕等时刻的美拍视频即时直播。

5. 微博用语活泼轻松

微博语言不同于传统媒体话语,不能太严肃死板,要贴近网民,轻松有趣。同时作为社科院新闻与传播研究所新媒体蓝皮书官方微博,用词又不能太出格和低俗。新媒体蓝皮书官微在 6 月 1 日推广第一天发布预告:“‘蓝胖纸’在影院陪你,‘蓝皮书’在这里陪你。《中国新媒体发展报告》(2015)本月即将发布,敬请关注! 皮皮要和大家见面了,想想都好激动。”自比正在热映的电影《哆啦

A 梦》里的蓝胖纸，诙谐可爱；在转发“@鼓楼微讯‘调查显示：20 万的哥用滴滴快的 APP 每月多进账 2000 元’”此条微博时，评论“你有没有使用滴滴打车呢？快来说说你的感受吧”。滴滴打车很受网友欢迎，拉近与受众距离。在发布会当天，蓝皮书内容引发各大媒体包括新媒体传统媒体关注，对于“@手机中国联盟官博‘中科院：六成假新闻首发微博微信谣言周二最多’”此条微博，回复：“主页君，我们是中国社会科学院，不是中科院。”直接又不失风度指出对方标题错误。回复“@爱车客：周二最好不要看微信朋友圈，因为……新媒体蓝皮书：周二微信‘谣言’最多”时，鼓动其“周二不仅要看，而且要帮着辟谣”。

微博互动中，也有比较有趣好玩的网友评论，彼此之间友好的交流促进了活动的更广泛传播，网友李良良评论：“喝葡萄糖酸钙要认清蓝瓶的，学习新媒体要认准蓝皮的！”官微及时回复“有才，你可以去做广告创意了”，针对网友对《2015 年新媒体蓝皮书》内容的好奇，官微马上指出：“一些小伙伴纷纷问本书有什么特点？小编归纳了一下有：考研的好帮手；研究的好助手；学习的好指导。”新书发布会结束后，微博活动开始告一段落，抽奖环节紧张又好玩，及时通知幸运获奖者，“你是第一个抽到的，得瑟吧！”有趣的调侃使被提醒者开怀，发出“呆萌笑”的表情。

6. 持续跟踪各大媒体报道，形成热点流

发布会结束后，微博推广进入后期阶段。各大媒体，无论是微博微公众平台，还是传统的纸媒、电视媒体和网媒，都给予书籍极高的关注，纷纷及时大篇幅报道。官微以及微信朋友圈纷纷转发其他媒体对发布会的报道和关注，发出评论和感慨，不断刷屏，形成了热点流。据不完全统计，发布会当天，微博包括@央视新闻、@中国经济网、@福建广播电视新闻中心、@第一财经日报、@香港商报网、@传媒大观察、@长江日报、@工人日报等几十家蓝色官微发布与《2015 年新媒体蓝皮书》相关的内容，主要包括这些话题：“急转：这些都是谣言！别再被骗了！”、“新媒体蓝皮书：‘三低人群’仍是微博主力军”、“社科院报告称新媒体促进中国社会升级引擎”、“报告称七类微信谣言数量最多，最爱周二传播”、“社科院新媒体蓝皮书：六成假新闻首发于微博周二微信谣言最多”等。微信公众平台中，如“六丈日子”、“刺猬公社”、“网络传播杂志”等影响力较大的公众平台都纷纷推送新媒体蓝皮书内容的文章或提及蓝皮书发布会的信息。

二、提升知名度:利用传统媒体,在发布会后期进行集中推广

作为一本以解读与剖析新媒体发展为内容的书籍,2015 年新媒体蓝皮书以微博发布、微信推文、网络直播等形式全方位、多渠道利用新媒体平台进行宣传。同时,也利用传统媒体的优势将推广工作进一步升级。

与新媒体推广贯穿于书籍发布全程每个阶段不同,传统媒体进行新闻报道的特点决定了在书籍发布会后,利用各类传统媒体进行集中推广是最有效的时间选择。

(一)报刊、广播、电视齐上阵,扩展受众群

在受众规模与覆盖范围上,不同类型的传统媒体依靠多年的受众积累,深入受众生活,具有优势。同时,由于报刊、广播和电视每类媒体的受众具有差异性,因此,同时利用这三大类传统媒体进行推广,可以避免单一媒体渠道传播出现的受众面过窄的情况。多种媒体渠道带来的是更多的受众接触点,因此,在新媒体平台推广的基础上,辅助以传统媒体面向更广的受众面,面向传统媒体拥有了几十年的忠实的受众群进行推广,可以有效拓展信息受众群,使有关 2015 年新媒体蓝皮书的资讯到达受众面更广更宽。

广播覆盖面广,虽然目前新媒体发展迅速,但一方面因近年来中国交通业发展使交通广播等广播频道崛起,另一面方面得益于其伴随性的特征,广播在目前仍是受众收取信息的重要平台选择之一。2015 年 6 月 25 日,中央人民广播电台《新闻和报纸摘要》节目以"中国社科院昨天发布《中国新媒体发展报告》"为题进行了报道。28 日晚,中国国际广播电台英语频道以"China's New Media Rapidly Developing, Wechat becomes Major Platform"为题,以全英音频播报的形式,对 2015 年新媒体蓝皮书发布内容进行报道。

一些区域性媒体的报道将 2015 年新媒体蓝皮书资讯传达给地方读者。作为武汉市委机关报的《长江日报》在 6 月 25 日"时事新闻"版刊登了以《微信"谣言"往往周二见》为主题的图文报道。报道对 2015 年新媒体蓝皮书发布会领导及学者讲话进行了观点摘录并对书中报告进行介绍,配有《"谣言"主题一周分布及其传播载体》数据分析饼状图。另外,《河北日报》、《北京日报》、《四川农村报》、《深圳特区报》等各区域性报纸也各自从微信谣言、网民结构、新媒体发展阶段等不同角度为切入点,对 2015 年新媒体蓝皮书的内容进行了报道。

在电视媒体上,2015 年 6 月 25 日,江苏公共频道《新闻空间站》节目以"六成假新闻首发于微博"等标题通过列举诸如《上海地铁老外车厢无人救助》等假新闻事例进行了微博假新闻内容的重点解读。6 月 26 日,河南卫视《中原晨报》节目对 2015 年新媒体蓝皮书发布会内容及蓝皮书总报告内容进行了新闻播报。吉林卫视早间新闻《热点关注》以"'三低'人群是微博主力军""周二微信'谣言'最多"为主要新闻点进行了新闻播报。

传统媒体拥有较为固定的受众群,通过传统媒体进行传播,是扩展受众群,丰富受众多样性的有效途径。例如,通过一些受众遍布全球的媒体,2015 年新媒体蓝皮书的内容信息也传播到了世界范围。中国国家英文日报《CHINA DAILY》以"New media seen as major driver for economy"为题,在重点版面对 2015 年新媒体蓝皮书发布进行了长文报道。报道中对于蓝皮书中报告有关当前中国新媒体发展情况的论述进行了数据引用和分析,并对蓝皮书主编唐绪军对于新媒体发展进入国家战略阶段等观点进行了引用。作为中国与世界沟通的窗口,中国日报对于 2015 年新媒体蓝皮书的报道使蓝皮书有关内容传达到国际主流社会成为可能。总部在香港,目标受众定位为全世界包括海外华人的凤凰卫视以"近六成假新闻始于微博"为题,对新媒体发展报告中有关微博、微信上的虚假新闻和网络谣言传播的分析进行了着重报道。

(二)借助传统媒体公信力,增强受众信任

与微博、微信等微传播媒介相比,传统媒体具有的根本性优势在于其提供内容的高真实度与可信度,也就是依赖媒体机构公信力,给受众带来的信息提供上的信任感。相比用户生产内容,传统媒体作为专业信息内容提供者,受众对于其提供的信息较为认可与信赖。于是,2015 年新媒体蓝皮书在传统媒体上推广,实际上也是一次将传统媒体平台公信力转移的过程:由于受众对传统媒体具有高信任度,因而对媒体上播放的内容也会关注与信赖,从而会对新媒体蓝皮书的内容关注、产生兴趣,在产生消费效益方面,会形成深度关注与搜索、形成购买意向,最终促进购买行为产生。

传统媒体通过信息深度解读、新闻评论等形式可以进行新闻内容深度报道与剖析,同时传播意见性信息,具有针对性和指导性。例如,2015 年新媒体蓝皮书推广通过电视解读的形式,利用传统媒体的公信力,构建公众信任。

2015 年 6 月 24 日,北京卫视"特别关注"栏目记者前往蓝皮书发布会现场,摄录了现场声画,同时对新媒体蓝皮书的主编唐绪军和与会学者喻国明进行了采访,对今年发布会的主题"国家新战略媒体新机遇"进行了权威解读。上海电视台外语频道评论角节目以全英形式对2015新媒体蓝皮书中有关微博网民结构等内容进行了重点播报,并在节目中对@丁丁和@传播小王子等博主观点进行了引用,完成了内容深入解读。天津卫视的《津晨播报》节目和上海卫视的《读报评报》节目则更具指导性和意见性。读报类节目直接引用传统媒体已有报道信息,通过节目主持人的引导对新闻信息做进一步梳理,从而引发观众对报道内容进一步思考。例如,《津晨播报》便引用四川日报以"微信谣言"为主题的新闻,通过发问:为什么在微博、微信上会出现这么多假新闻呢?引起观众对新媒体蓝皮书中内容的关注,并通过引用新闻评论给予观众面对微博、微信谣言时的建议。

在报纸媒体上,通过在一些国家级报纸上刊登2015年新媒体蓝皮书的有关新闻,也是一种利用媒体公共力、增加蓝皮书影响力的方法。《中国青年报》2015年6月25日的要闻版刊登了以"新媒体蓝皮书:政务新媒体存在大量'僵尸账号'"为题的报道,对蓝皮书中有关政务微博、微信的内容进行了报道。《中国教育报》的报道以"我国新媒体在全球新媒体发展中扮演着重要角色"、"新媒体成促进中国社会全面升级的引擎"、"我国新媒体发展未来十大展望"三个小标题对2015年新媒体蓝皮书总报告内容进行了重点报道。《中国新闻出版报》也以"新媒体高度'卷入'中国社会"为题对2015年新媒体蓝皮书发布会暨总报告内容进行了观点与数据摘录。

(三)通过传统媒体提升权威性,树立与维护品牌形象

至今年,中国新媒体发展报告已连续发布6年。作为皮书系列书籍中的重要组成部分,中国新媒体发展报告在推广工作上除了要提升受众关注度,促进消费收益外,更重要的是树立与维护中国新媒体发展报告的品牌形象,打造书籍品牌价值。与一般商品不同,图书内容是一种特殊的价值存在。相比新媒体,传统媒体在品牌号召力方面具有优势。通过在一些国家级重点媒体上进行内容推广,2015新媒体蓝皮书的品牌形象得以传播,有利于建立口碑、维护品牌。

2015年6月25日,中央电视台《朝闻天下》以"网络谣言治理"为主题对2015新媒体发展报告内容进行了报道,并通过对总报告观点进行逐点播报的形

式进行了内容传达。随后,中央电视台《新闻 30 分》节目又对 2015 新媒体发展报告的有关内容进行了重播。《人民日报》对 2015 年中国新媒体发展报告发布进行了报道,并对新媒体发展上升为国家战略,进入新阶段等观点进行了摘录,表示“网络空间法治化加强”。广播方面,中央人民广播电台中国之声“新闻和报纸摘要”节目于 6 月 25 日一早即对 2015 新媒体蓝皮书发布的内容进行了报道。

2015 新媒体蓝皮书通过诸如中央电视台、《人民日报》、中央人民广播电台等国家级重点媒体的集中报道,树立与维护了书籍的品牌形象,新媒体蓝皮书得以快速提升了品牌认知度和知名度,同时也影响了受众对书籍的内容印象,维护了作者与编者形象、出版社形象等,增强了读者对书籍的品牌认同。

《中国新媒体发展报告》(2015)的推广以如何最大程度达到受众为出发点,致力于提升书籍的关注度和知名度。以不同传播媒介进行组合的形式,全方位立体传播,最终扩大了 2015 新媒体蓝皮书的传播力与影响力。新媒体蓝皮书已连续两次荣获社科文献出版社评比的“皮书一等奖”,同时被评为中国社会科学院重大创新研究成果。

第五节　双微联动——建构党政与民众对话新渠道

在数字化时代,传播技术不断发展、新媒体平台层出不穷,媒介生存环境连同政治、经济、文化环境都在发生日新月异的变化。政治自古与传播密不可分,而信息时代的到来不仅改变了世界经济格局,也改变了政府的管理模式。随着网络加入大众传播媒介阵营,传播方式迎来了新的变革,党政机构亦积极适应变化,纷纷着手利用新的平台进行政务传播,开展群众工作,探索新的传播策略,以期更好地实现上通下达、为民众服务。

新浪微博与腾讯微信是目前我国备受青睐的两大社会化媒体平台。新浪微博于 2009 年由新浪网推出,可供用户实时发布、传播及获取信息,其历经“爆发式发展”,截至 2017 年 3 月 31 日,月活跃用户数达 3.4 亿人;腾讯微信于 2011 年上线,提供即时通讯服务,截至 2016 年 12 月,已覆盖中国 90% 以上的智能手机,月活跃用户达8.89亿,用户覆盖200多个国家、超过20种语言。[①] 是我国以及整个亚洲地区最大用户群体的移动即时通讯应用。当下,微博和微信已然成为继BBS、博客之后民意表达、信息传播的重要载体,是发布跟进突发事件和推动探讨公共议题的重要力量,其传播速度、传播范围及社会影响力均远远超过以往的社交媒体。

由此,微博和微信舆论场日益受到党政部门关注,其不仅作为政府监测社会舆情的重要平台,亦是可以为政府所用,进行政治传播、服务群众的新媒体工具。2013年末,国务院办公厅即下发《关于进一步加强政府信息公开回应社会关切提升政府公信力的意见》,提出要着力建设基于新媒体的政务信息发布和与公众互动交流新渠道,并明确指出各地区各部门应积极探索利用政务微博、微信等新媒体。2014年8月,国家互联网信息办公室制定了《即时通信工具公众信息服务发展管理暂行规定》,又一次鼓励各级党政机关、企事业单位和各人民团体开设公众账号,服务经济社会发展,满足公众需求。在国家政策的支持下,越来越多的党政机构和官员入驻微博、微信,政务"双微"(指微博与微信)已日趋成为政府施政、政民沟通的新平台。

一、政务微博与政务微信发展现状

(一)规模成形:政务微博地位巩固,政务微信强势走高

政务微博分为政府机构微博和政府官员微博,政府机构微博是指政府部门建立的官方微博,政府官员微博是指政府官员以实名开通的,代表政府或个人发布信息、发表意见的微博。自2009年下半年湖南桃源县的新浪官方微博"桃源网"建立以来,全国各级党政机关、各类职能部门的官方微博陆续开辟;2011年,政务微博呈现井喷式发展,至当年12月10日,新浪政务微博总数达50561个,较年初增长了776.58%。[②] 发展到2014年,新浪平台认证的政务微博已经达到130103个。

据《第35次中国互联网络发展状况统计报告》显示,截至2014年12月,我

---

① 腾讯发布《2017微信用户&生态研究报告》,http://tech.qq.com/a/20170424/004233.htm#p=43,2017年4月24日

② 华春雨:《评估报告:中国政务微博数量较去年初增长7倍多》,新华网.2012-02-08. http://news.xinhuanet.com/newmedia/2012-02/08/c_111499108.html.

国微博用户规模为 2.49 亿,较 2013 年底减少 3194 万。但随着腾讯、网易和搜狐等公司纷纷减少对微博的投入,各个微博服务商之间的竞争逐步趋缓,用户群体主要向新浪微博倾斜。由此,新浪微博一家独大的格局明朗起来,①牢牢占领并主宰着中国的舆论场域。截至 2014 年 9 月,新浪微博的月活跃用户甚至较 2013 年同期还增长了 36%。2014 年下半年的"冰桶挑战"和 2015 年上半年的"东方之星"长江沉船事件更是极大凸显了新浪微博的媒体价值。随着微博发展逐渐步入成熟期,政务微博也持续稳步发展,逐渐走向了深化服务期。

"微信公众平台"相比"微信"更晚推出,2012 年 8 月 20 日方正式上线,是腾讯公司在微信的基础上新增的功能模块,通过此平台,个人或组织均可创建微信公众号,向订阅用户推送文字、图片、语音、视频信息,实现深入沟通互动。政务微信即政府部门在微信公众平台设立的公众号,可分为"服务号"与"订阅号"两种类型,政务微信在 2014 年继续保持先发优势,实现了"井喷式"的强劲增长,较 2013 年增长 836.70%,据不完全统计,目前政务微信总量已突破 16 万,全面覆盖包括港澳台在内的中国全境,成为移动即时通信公众平台上最大的政务新媒体。②

(二)苏粤二省领跑全国,党政宣传迅速崛起,公安警务依旧坚挺

政务双微在地域上的分布情况较为一致,目前,政务微博、微信均已覆盖全国 34 个省市自治区,包括 23 个省,4 个直辖市,5 个自治区,以及香港、澳门两个特别行政区。从各省党政机构认证微博、微信的数量以及影响力来看,东西部还存在较大差异。总体来说,东部沿海等经济发展水平较高的地区,政务双微的发展步伐更靠前,相应的管理水平和活跃程度也更高,体现出政务新媒体的发展分布在一定程度上与经济社会发展水平成正相关。

在多年的发展中,地位保持较为稳定的是江苏、广东两省,一方面其在政务微博微信开设的总量上体现出优势:江苏省在政务微博总量上常年位居第一,截至 2014 年底,其政务微博总量达 10025 个,是全国唯一一个总量过万的省级行政区。广东省政务微博总量也常年名列前三,至 2014 年底以 9181 的总量位

---

① CNNIC:《第 35 次中国互联网络发展状况统计报告》. http://www.cnnic.cn/hlwfzyj/hlwxzbg/201502/P020150203551802054676.pdf

② 候锷:《2014 年中国政务新媒体发展报告》,载唐绪军主编、黄楚新副主编:《中国新媒体发展报告》(2015),社科文献出版社 2015 年版,第 166 页。

居第四。[1] 在新兴的政务微信平台中,江苏和广东亦是率先实现区域发展总量过千的省份。另一方面,其微博运营能力与影响力在全国省份中也处于优势地位,人民日报风云榜的政务指数排行榜综合考察了微博微信的传播力、互动力和服务力三个维度,在其榜单中,江苏和广东两省常年盘踞前三,成为国内政务双微发展的标杆。除了苏、粤,国内政务双微发展水平靠前的区域还有山东、北京、浙江、四川与上海,影响力较高的政务微博、微信大多数集中于这些省份。

以职能部门划分,近来党政宣传类一级职能部门的政务微博强势崛起,发展迅速,而长期以来独占鳌头的二级职能部门公安类的微博在影响力及数量上仍占有巨大优势。据人民网舆情监测室对2014年全国新浪政务机构官方微博的部门分布统计,党政宣传系统微博数量已高居第一,团委系统微博紧随其后,公安系统微博位列第三,三者的政务微博总量均已过万。相比之下,交通、市政、招商、涉外部门的微博总量均不超过2500,占比小于2.57%,可见政府各机构微博的比例有所失衡,部分职能部门系统的微政务还亟须加强。在运营上,公安系统政务微博的管理较为成熟深入,已经成为公安机关工作的重要工具,它不仅作为第一时间发布公安警务信息的重要媒介,甚至能汇聚民力协助公安机构职员的工作,提高取证、办案效率,是目前我国政务微博中运营最为成功的典型之一。

从微信来看,根据中国传媒大学媒介与公共事务研究院新媒体实验室不完全监测统计,截至2014年10月底,公安警务微信以分类总量2446个占领首位,成为具有绝对优势的"政务微信大户"。共青团、政府办、医疗卫生计生、党政新闻宣传、检察院、文物旅游、科教文体及法院系统则与公安警务一起分领"前十甲",这10类政务微信占据了总量的69.15%。同时,各级党委的组织部、统战部等相关职能微信发展势头强劲。

二、微博与微信公众号信息传播的同与异

政务微博与政务微信可谓是我国发展微政务的左膀右臂,两个不一样的新媒体平台在信息传播上既有相似点又各具特色,这也决定了微政务在两个平台

---

① 《2014年度人民日报政务指数报告》,http://yuqing.people.com.cn/GB/392071/392730/index.html

的建设走向相异的风格和不同的侧重。

（一）双微共有的关键特征：强烈的互动性

互联网的精髓之一就在于互联互通，微博和微信能成为党和政府的施政新平台，与其所具有的互动功能紧密相关。强烈的互动性有助于政府贯彻群众路线，广泛听取民意，直接与民众沟通，切实解决群众问题。

新浪微博可以通过转发、评论、私信、@、发起话题、发起投票、举办线上活动等方式实现官方微博和广大网民的互动。微信亦可以采用一对一的对话、自定义菜单、自动回复、发起投票、举办活动等方式实现与用户互动。

（二）微博：凸显即时性的大众化传播

随着社会发展和网络基础设施的建设，我国互联网普及率截至 2017 年 6 月已达 54.3%，网民规模扩张到 7.51 亿。在网民大规模同时在线的即时网络中，微博是最为典型的即时应用，“即时”也是微博最核心的规律。微博能发展为社会舆论策源地的重要因素之一就在于信息发布的时效性。

信息发布的低门槛使得传统媒体时代被动接收消息的受者也能成为信息的传者，每一位公民都有可能将身边发生的事件实时分享到微博中，微博上汇聚了每时每刻不断更新的海量信息。因此，其通常也容易先于需要耗时加工制作的传统媒体，成为第一时间发布社会热点事件的媒体平台。

其次，微博关注方式所形成的弱关系社会网络使微博的传播机制更接近于大众传播，也为裂变式传播提供了基础，利于推动热点事件的形成和舆论的发酵。在微博上，添加“关注”的行为是一种非对等的多向度错落关系，用户之间不需要互加好友，可以实现单方向的“关注”。这个过程便易于将人际关系从熟人圈子扩展到陌生人，大大拓宽个人的社交范围，而在这种弱关系传播的社会关系网络中，粉丝高达数十万乃至上千万的博主便具备了一对多的大规模群体交流的能力，形成了多级节点广播式的信息流动模式，使微博大众化传播成为一种现实。此时，微博的媒体属性大于其社会化属性，在传播模式上亦更加接近有互动功能的单向传播模式。

（三）微博表达的碎片化、娱乐化

当今社会生活工作节奏的普遍加快，使得人们对于内容的接收呈现出快餐式消费的特征，利用碎片化的休闲娱乐时间进行碎片化阅读逐渐成为人们的习惯。微博则名副其实，以其“微”，迎合了信息碎片化时代的需求。

新浪微博最初只设定了140字的表达空间,碎片化的精简叙述有效提高了表达效率,有助于网民避开连篇累牍,迅速获取信息要点,但同时,有许多事件并不能通过三言两语而完整地呈现,在政治信息的传播中,过于精简的表述就有可能引起歧义,引出误传,继而引发不良的公共影响;在公共议题的探讨中,140字也往往满足不了理性辨析、思想阐述的需要,难以真正达到助益社会发展的良好效果。

另一方面,为了在实时海量的微博中脱颖而出,得到更多网民的关注和转发,博主通常会极尽所能地将冲突性、趣味性等新闻价值要素裹挟在一则短小精悍的微博当中,运用或幽默或讽刺等具有冲击力的表述方式,这便形成了微博平台信息传播的娱乐化、段子化倾向。政务微博在运作的过程中,就非常需要处理好碎片化和准确性、娱乐化和严肃性的关系。

(四)微信公众号:强关系助力的精准传播

微信公众平台的技术设置有助于公众号实现更为精准的信息传播。首先,微信主要采用的是一对一的直线信息传播方式,公众号推送的消息能直接到达每一位订阅用户的微信端,相比微博一对多的传播方式,微信能更加精准地对消息进行传递。而且,由于微信用户之间建立好友关系需要双方互相确认,因此微信传播生态基本上是以强关系传播为主,掺杂多种传播形态的信息扩散系统,订阅用户在接收到公众号消息后,若分享至好友、朋友圈,往往能达成二次精准传播,并带来信息增值。

其次,微信公众平台的后台提供了订阅用户的基本信息,且兼具用户分组功能,管理者可以根据自己的需求设置不同指标,对订阅用户进行分组。在群发消息时,公众号既可以选择某种性别、地区属性,也可以选择自己设置的用户分组进行定向投放。公众号根据消息内容选择特定用户群体进行推送能够有效避免用户的信息过载,使各类信息资源发挥相应的最大价值。另外,公众号管理者还能在后台获取用户分析、图文分析、消息分析的统计数据,观察订阅用户的增减变化、图文的阅读转发、阅读内容的选择等情况,更有助于管理者分析用户的兴趣、需求,改进推送消息的主题及形式,取得更好的传播效果。

(五)微信公众号具有广阔的编辑空间

微信具有文字、图片、音频、视频、超链接等多种表现形式,普通公众号每天可向用户推送一条消息,内容既可以是录制的一段语音或直接输入的文字、表情,也可以是一张图片、一段视频,还可以选择"图文消息"。图文消息能整合微信的各种内容形式,还能发起投票,管理者可以只编辑单条,也能编辑多条,最大上限是一次八条,它是大多数公众号最为常用的形式,拥有较大的操作空间,既能用微信公众平台自带的编辑器做简易的处理,又能用第三方开发的编辑器进行各式各样的排版尝试,内容呈现因此可以打造得生动美观富有创意,用户的手机阅读体验也能大大提升。

其次,将微信公众平台开发的"自定义菜单"和"自动回复"功能与编辑消息结合,还能碰撞出别样的火花,如实现以专题形式组织内容、设置到达指定页面的便捷通道等,可以让管理者创造出具有个性化的公众号。微信公司还主动预留出部分代码和开发功能,以配合不同企业、组织和传统媒体在传播内容上的不同需求,供有实力的媒体公司进驻后自主进行设计,可以说,微信公众平台具有很大的编辑创造空间,提供了一种低成本而高效率的营销途径。

三、双微联动,协同发展的策略

根据微博与微信公众平台各自在信息传播中所具有的特征,政务微博与政务微信可以配合发力,在传播策略上各有侧重,以期实现 1 加 1 大于 2 的效果。2014 年 9 月 10 日,国家互联网信息办公室即下发通知,要求全国各地网信部门推动党政机关、企事业单位和人民团体积极运用即时通信工具开展政务信息服务工作,并区分政务公众号与政务微博的功能定位,实施"双微"联动,协同发展。

(一)配置微政务团队,建设双微运作机制

在我国浩浩荡荡的政务双微大军中,不乏形式化的"空壳"账号,其中有的是为回应热点舆情事件或配合重要活动时期而被动紧急开通,事过后就此搁置,没有持续维护运营;有的则是政府部门跟风开设,缺乏新媒体素养,没有重视其管理,致使信息间断性更新甚至长期没有更新,内容亦死板生硬流于形式。

因此,在政务双微的建设中,首先需要解决的是队伍建制的问题,政府部门要有意识地配备微政务团队或专员,开展包括微信、微博及其他新媒体政务平台的专业化运营。一方面开发运用好微博微信平台的功能,探索将政务办事流程与微政务平台对接,贯穿线上线下;另一方面,要实现日常运营的组织性和有序性,根据两个平台的特点把握好信息发布节奏与频次,避免失语或刷屏。要

制定完善管理机制,规范政务双微的信息发布程序,公众提问处理答复程序以及事务办理程序,注重与网民的互动,提升群众参与的积极性。

(二)群集化发展,一站式服务

目前,我国的政务微信号在数量增长上正处于上升期,政务微博账号则已步入平稳发展期,多地域、多层级、多部门的立体化格局已经初具雏形,但各个政务账号建设的质量参差不齐,于影响力、服务能力上存在较大极差。在微政务的发展过程中,不仅仅是每个微政务账号个体应该探索自身的运营之道,更要高屋建瓴,以地区等更大的单位来统筹全局,着眼于打造关联式政务群,协调整合发展,通过建立梯形扁平化格局形成集群效应。

2010 年广东省公安厅联合 21 个地级以上市公安局的微博,建立起全国首个公安微博群①;2011 年 4 月,肇庆整合了市公安局"平安肇庆"微博、市委政法委、市法院、市检察院、市司法局微博,成为全国首个开通政法微博群的城市;随后 11 月至 12 月间,"北京微博发布厅"、"上海发布"和"中国广州发布"陆续上线运行,将所辖区域各级部门微博的信息发布和反馈统一到一个出入口,减少了信息传播的中间环节。由此,这种跨地域、跨行业的政务微博联动迅速推广开来。

在政务微博先例的借鉴下,政务微信的集群化发展也随之起步,深圳市宝安区即在 2014 年 5 月对辖区内的政务微信进行横向整合,搭建了"宝安政务微信群",辐射安监、教育、共青团、图书馆和妇联等单位开通的政务微信。

在群集化发展中,将关联性账号联结到一起设立共同入口可被视为是初级的群集化。未来的发展应走向深层的群集化,尤其是以地域为划分的各职能部门联合的群集,可协调内容策略,着重挖掘处于"长尾"中的账号的潜力,实现一级职能部门的大账号与二级职能部门的账号差异互补。不同部门的账号各司其职,着力探索为特定区域和特定人群提供具有针对性的信息和服务,抛弃大而空,不求面面俱到,转向满足特需,从而优化微博群资源配置,实现效益最大化。

(三)形式生动活泼,话语贴近生活

不论是政务微博还是政务微信,都是基于网络媒体的政务平台,在内容生

---

① 黄庆畅:《公安部提出构建公安微博群,实现运行常态化管理》,人民日报,2011 年 9 月 27 日。

产上都要适应网络传播特点。首先要注意的就是不打官腔,摒弃官调,采用平和亲近的话语基调。与其他形式的政治传播相比,政务微博微信具有更强的互动性,属于开放性的交流文本,其消解了传统政治传播的"训示性",不再是灌输式、居高临下教化式的单项传播。许多政务账号积累了多年的运营经验,都能较好地把握话语基调,采用多种话语策略,既适应网络的活泼,又避免过度娱乐化。如北京市公安局的微信公众号"平安北京"以【高温热警】"舌尖上的警察"为题撰文,其行文风趣幽默,模仿"舌尖体",还穿插了"蜀黍"、"带盐"等网络用语,既富有文采,又活泼亲切,再加上配发的现场照片,呈现出北京市警察在高温下坚守岗位的形象。

同时,政务微博和政务微信应更多地综合运用图片、图表、图解、视频等可视化方式,为群众提供客观、可感、可信的信息,增强政务信息的解读效果。在传播涉及面广、社会关注度高或专业性较强的重要政策法规时,要注意表达的准确性,尤其是在碎片化特征明显的微博编辑中,要克服这种缺陷,一方面可以采取设置"话题"的策略:编发一系列微博,将完整版信息配合分点解读及其他相关信息,纳入共同的"话题"中;另一方面还可以运用长微博、信息图等表现形式扩充一条微博所容纳的信息量,达到既能完整准确地呈现信息,又能吸引网民关注议题的效果。

(四)政务微信——把握精准性:点对点沟通,以服务立身

囿于微信平台在推送频率、覆盖等方面存在的局限性,政务微信在信息传播的速度和广度上比微博略逊一筹。但微信平台一对一的推送方式和功能设置的巨大空间却给予了政务微信服务民众、落实政务办理的天然优势。

第一,政务微信可综合利用"关键词自动回复"与人工服务为民众答疑解惑。"关键词自动回复"可通过添加规则实现,订阅用户发送的消息内如果有管理者设置的关键字(关键字不超过 30 字数,可选择是否全匹配,如设置了全匹配,则必须关键字全部匹配才生效),系统就会将管理者设置在此规则名中回复的内容自动发送给订阅用户。通过关键词自动回复,政务微信可以高效为民众解决一些普遍的、基本的问题。当然,为了更好地满足民众需求,实现深度服务,还需要政务微信进一步提供人工回复。湖北黄石法律援助中心的微信公众号"黄石法律援助"就利用微信平台受理困难群众和农民工等弱势群体提出的法律援助申请,24 小时在线提供人工一对一免费法律咨询服务。

其次,政务微信应结合政务流程配备相关资源,创新政务办理,实现政务O2O。如开通水费、电费、燃气费等公共事业缴费入口方便用户通过微信直接支付,旅游部门可依托后台数据提供旅游信息的实时查询服务,交通部门可以提供违章查询、罚款缴纳服务等等,真正将线上和线下的政务办理融合统一起来,既方便了民众,又提高了政府的工作效率。"广州公安"便在聚合政务办事信息、打造便民业务查询方面有所建树,它将政务在线办理融入微信平台,提供了46项在线业务查询、路况信息、办事指南和4项预约服务、1项网办服务,是全国首个实现综合查询和网办业务相结合的政务微信。

第三,在内容推送方面,由于微信在精准传播和小范围区域性传播方面具有巨大的优势,因此政务微信尤其是广大基层的政务微信,在推送本地化、个性化资讯方面大有可为。熟人参与、圈子联动的方式,也大大增加了信息直线传递的深度。首先,要调查研究本地的地方特色、本地人群的需求与关注点,尝试打造个性化的固定栏目、一目了然的信息分类,方便用户有针对性地选择阅读,提高用户黏性。其次,不同政府职能部门的本地化、个性化内容亦应各有专攻。购物折扣、美食、同城活动等与当地居民密切相关的衣食住行实用信息无疑能吸引用户的关注,但并不意味着所有政务微信都要在这些方面扎堆推送。各职能部门尽可在自己的领域内做出探索,如上海市社区气象安全一点通就旨在向固定社区用户提供气象及与天气相关的信息。目前开通了杨浦区五角场街道和新江湾城街道两个社区,后续还将逐步增加其他社区,用户通过绑定社区可实时获取社区灾害性天气提醒、气象实况和社区气象灾害风险分布,同时还可以加入防灾减灾志愿者队伍,通过灾情互动、调查问卷与其公众号开展线上互动。

(五)政务微博——把握时效性:上通下达,引导舆论

第一,微博平台以其信息发布的实时性和受众的广泛性成为政务信息发布的不二选择,各地区各部门应积极探索利用政务微博,开展政府信息公开工作并及时发布各类权威政务信息,使党和政府的政策规定迅速和广大群众见面。具体来说,政府所掌握的信息可以分为两个部分:一是政务性公共信息,也就是政府行政过程中所产生的信息,主要包括政府在人事、权力方面的信息,也就是关于"政府在做什么"的信息。二是社会性的公共信息,即政府所占有的社会经

济、文化、卫生等方面的信息。[①] 国务院办公厅在今年四月份印发的《2015 年政府信息公开工作要点》中,明确指出了今年要重点推进行政权力清单、财政资金、公共服务、国有企业、环境保护等 9 大领域的信息公开工作。政务微博应协同微信、电视报刊等,承担起扩大政府信息传播范围,提高信息到达率和影响力的重任。

第二,各级政府机构和政府官员应主动利用政务微信问政于民,问计于民,问需于民。微博为官民沟通提供了良好的平台,是二者平等对话、良性互动的重要渠道。一方面,网民可以通过网络平台了解国家事务、知悉与公众利益相关的信息,在微博上针砭时弊、表达诉求、建言献策、监督公权进行制度外的参政议政;另一方面,政府可以通过微博与网民交流、了解民情、汇聚民智、做出科学决策,更好地执政与施政。政务微博在运营中应充分利用起微博的互动功能,如以#话题#形式发起公共事务的讨论,采用投票等方式调查民意,利用转发评论,对网民普遍存在的疑惑做出答复解释,对网民反映的问题及时回应,切实帮助其有效解决。2014 年 10 月期间,广东佛山南海区人大的官方微博"南海人大"就通过新浪微博平台的微访谈栏目开通了专门的微博问政页面,收集民众对南海交通建设、城市管理和环境治理方面的意见。同时,官博邀请了三位人大代表上线"南海人大"微博,回应网友问题,与网友互动,取得良好收效。

第三,在舆论引导方面,政务微博是一支蓄势待发的潜力股。人民网舆情监测室即认为:作为本来就具备影响力和权威性的政务微博,更易成长为微博平台中的意见领袖。在舆情热点公共事件和重大突发事件中,政务微博应及时介入,迅速回应,发布权威信息,在各个节点中有效地引导网络舆论,澄清事实真相,堵住虚假流言,疏导网民情绪,有效应对和干预舆情危机。从长远来看,政务微博良好的意见领袖形象,还可拉近政府与百姓的距离。

---

① 高波:《政府传播论》,中国传媒大学出版社 2008 年版,第 50－51 页。

第六节 政务新媒体发展问题及改进建议

近年来,在微博、微信、客户端等引领的新媒体浪潮中,移动社交化传播格局逐渐形成。在新的传播环境中,全国各地各级党政机关积极探索新媒体在政务信息传播领域的应用与发展,呈现出覆盖全面化、形式创新化、内容多元化等趋势,政务新媒体已经成为一种新常态。

一、政务新媒体的发展现状

目前,中国政务新媒体已经进入移动社交化发展的新阶段,全国各级政府及其职能部门全面开设相关政务新媒体,积极运用新技术、新应用联系群众,创新升级政府与群众之间的沟通方式,以打通服务群众的"最后一公里"。

现阶段,我国政务新媒体发展呈现出网状覆盖趋势。纵向从中央国家机关、省级政府机关到市、自治区、县级政府机关,各层级政府均开设政务新媒体。横向则为多行业系统涉足新媒体,如公安政务新媒体、共青团政务新媒体等。政务新媒体随着我国政务系统网状延伸,纵横交织,呈全面覆盖化。

在此基础上,政务新媒体逐渐呈现出多元化的发展趋势。政务新媒体已经不是传统的"两微一端",除了政务微博、政务微信、政务移动客户端,在新兴传播技术的推动下,政务新媒体的触角已延伸至网络电台 FM、移动搜索、网络短视频等多种媒介传播平台。更多新面孔的出现,使得政务新媒体呈现出"百花齐放"的发展局面。值得注意的是,作为政务新媒体的主流大军,"两微一端"在多种新锐媒体的冲击下,非但没有日渐式微,反而通过融合发展,借助深耕化运行,展现出强劲的发展势头,进一步发挥出政务新媒体的集群力。根据《2015 年 1 - 6 月全国政务新媒体综合影响力报告》显示,截至 2015 年 6 月,我国各级单位共开设认证政务微博账号达到 28.4 万个,政务微信公众账号达到 3.54 万个。

为实现政府与群众的有效沟通,不少政务新媒体突破以往单一的政府公告类信息与严肃刻板的发布形式,切实根据公众需求,以更加亲民的风格,配以图片、音频、视频等多媒介,为公众提供更多拓展信息,如政策解读、便民信息。以北京警方推出的“平安北京”为例，除了向公众提供安全信息外，还向公众提供天气预报、知识科普等便民信息，并配以多图或动图、视频等以增强亲和力。

二、政务新媒体存在的问题

当前，尽管政务新媒体已经成为各级政府部门发布权威信息、引导社会舆论、加强政民互动的一个重要渠道，并在整体上呈现出欣欣向荣的发展趋势，但通过进一步观察发现，各类政务新媒体仍面临发展不均衡、缺乏互联网思维、内容生产与发布单一、缺少专业团队建设等发展问题。

整体来看，我国政务新媒体呈现出发展不均衡的态势。一方面，优秀的政务新媒体与“僵尸账号”并存，“贫富”发展差距大，两极分化严重；另一方面，不同地域、行业发展不均衡，政务新媒体的发展多与各省份的经济状况、政治发展相一致，东部地区普遍优于西部地区，同时政务新媒体所涉及的行业主要集中于旅游、公安、司法、新闻宣传等，其他行业的政务新媒体仍旧较为萎靡。究其主要原因，在于不少政府部门对新媒体的研究与认知不足，主要表现在缺乏真正意义上的移动互联网思维，仅仅把新媒体单纯理解为一种传播或宣传的工具，盲目追随最新的新媒体形态或虚名化的“全国第一”、“国内首个”等称号，不考虑是否与自身部门职能相匹配，从而形成形式化的概念追逐。伴随着移动传播技术的快速演进，新型媒介的更新周期势必将越来越快，媒介形态也将越来越多样化，盲目地追随新媒介形式，只能是追着新技术跑，难以抓住其精髓。

虽然政务新媒体已经成为政府与群众的沟通桥梁，但仍存在内容单一、形式单板、缺乏有效互动等现象。在“去中心化”的移动互联网时代，新媒体对于信源的资格选择没有特殊限制，不少政务新媒体仍旧习惯于传统的中心化传播方式，严格筛选信源提供者的资格，没有意识到“草根”信源的珍贵性，只是单一的信源，限制了内容的多元化，容易错失引导舆论的最佳时间。同时，不同于传统媒体，新媒体为政府提供了一个降低“身段”、亲近公众的平台，但不少政务新媒体并没有充分利用这一平台，仍旧延续传统的单向信息发布形式，并不注重与群众的互动与分享，缺乏创新性与社交性。

随着政务新媒体的种类日益繁多，能否在日益激烈的竞争格局中脱颖而出，对各政府部门的新媒体应用与管理能力带来一定的考验。目前，多数政务新媒体运营者大多由单位公职人员兼职或借调，不具备运行新媒体的相关经验与专业技术,且人员流动性大。缺乏专业人员以及相关团队的建设,已经成为不少政务新媒体受局限的重要原因之一。

移动互联网高速发展,网络舆论生态环境发生着快速而深刻的变化,对政府部门来说,在新媒体领域进行探索的时间比较仓促,因此难免会出现种种问题。面对困境,做出正确的路径选择,已经成为政务新媒体深化发展的关键。

三、政务新媒体的路径选择

首先,要培养"互联网+"新思维。各地区、各部门的政府部门要遵循网络传播规律,重视政务新媒体工作,将新媒体纳入提高政府执政能力的工作范畴当中,实现政务新媒体建设与维护常态化,加强政务新媒体管理的制度化和规范化。同时,充分发挥"互联网+"的新思维,还意味着政府部门能够积极运用网络云计算、大数据等,在创新技术渠道的基础上,搭建政务服务的基础平台,对群众需求进行准确定位,实现精准化传播,切实提高政府的微传播力。

其次,专业内容与人性化服务让政务新媒体的发展优势凸显。一方面,政务新媒体应坚持区域化发展,提供专业化内容。各政府部门对其负责的地区或领域了解较为深入,通过深挖背后的信息资源,提供深刻而具有权威性的信息,利用内容的专业性形成竞争优势。例如北京市法制宣传教育领导小组办公室创建"北京普法",在多个平台开设官方认证微博与微信公众号,通过主持"法律知识竞答"等多个微博话题,解读网友热议问题,并推送各类普法图文,借助典型案例,为百姓提供法律常识,实现其普法服务。另一方面,政务新媒体应加强用户思维,提供人性化服务。在政务新媒体平台中,通过设置界面设计、颜色选择、图标显示、特有的语言风格与使用昵称等,在满足用户信息需求的基础上,形成鲜明的风格特征,培养用户使用习惯与偏好。同时,政务新媒体应建立完善的互动平台,加强政府部门与用户的双向互动,提高对用户体验的满足,增强用户黏性。如"江宁公安在线",是南京市公安局江宁分局的官方微博,常以"婆婆"自称,积极参与网络互动,受到广大网民的欢迎。

再次,实现专业团队,规范运行。各政务新媒体应塑造一支具有新媒体素养,能够负责新媒体平台运营的管理服务团队,充分利用政务新媒体背后实体所具备的资源优势,从信息搜集、整理、编发等各个环节,实现全面整合、科学分工、高效运行,致力于生产高品质的政务信息内容。专业人员的配备与先进技术的应用无疑将为政务新媒体的发展带来新的机遇。

最后,立体化矩阵运行,实现联动发展。一方面,充分运用互联网+思维体现在发展政务新媒体的“O2O”,积极利用新媒体倾听群众呼声,着眼于本地服务,打通新媒体与政府的服务通道,实现“线上”、“线下”协同合作,务实解决百姓反映的民生问题,切实加强政府与群众之间的联系。另一方面,应当以各级政府的政务账号为轴心,联系当地各区县、委办,建立政务新媒体体系,打破“单兵作战”的格局,在一定程度上实现跨区域、跨级别、跨职能的纵横多向联动,实现共同发声,形成话题效应。北京市较早进行新媒体矩阵建设,其于2011年建立全国首个省级政务微博群,并不断在实践中提高集群化的影响力。如去年北京政务新媒体齐声对中国申请2022年冬奥会进行宣传,在“北京发布”为申冬奥直播的同时,北京市经信委、商务委等行政单位也在官微上积极转发,并配合发布京津冀环境治理与产业合作的成就,以集体发声的矩阵效应,引导申请冬奥的正向传播。

作为汇集民意、关注民生、联系政民的新平台,我国政务新媒已经成为网络助政的重要组成部分,并呈现出蓬勃发展的趋势。但是在发展过程中,也应不断加强互联网思维,为群众提供专业化、权威化的内容,以及人性化、全方位的服务,以此建立政务新媒体在网络中的话语主导地位,加强政府与公众的联系。

第三章

微传播的力量——见微知著

2016 年 2 月 19 日,在党的新闻舆论工作座谈会上,习近平总书记发表了关于新闻传播的重要讲话,重点强调了新闻舆论工作的重要性,以及如何适应新形势,做好新时期党的新闻舆论工作。一年来,我国主流媒体通过借助新媒体传播优势,进一步推动传统媒体与新兴媒体的融合发展,抢占舆论制高点,发挥党媒在新闻舆论中的领导作用,主动适应现代新闻舆论工作的发展趋势。以人民日报、新华社、光明日报、中央电视台等领衔的"国家队"借助母媒体的资源优势,打造全媒体平台,在媒体融合的浪潮中抢占先机。同时,各地地方媒体纷纷试水,积极开拓新媒体市场,融合发展已成传媒发展新常态。

第一节　主流媒体微信公众号发展概况及趋势

2015 年 12 月 25 日,习近平总书记在视察解放军报社时强调:"读者在哪里,受众在哪里,宣传报道的触角就要伸向哪里,宣传思想工作的着力点和落脚点就要放在哪里。"当前,微信成为移动端的一个重要信息接入口。主流媒体纷纷通过开设微信公众号的形式融合新媒体发展。

一、发展现状

(一)微信公众号成为主流媒体标配,矩阵式发展格局初步形成

作为传统媒体"借力"新媒体进行转型发展的主要途径之一,开通并打造媒体的微信公众号已经成为主流媒体的首要举措。根据腾讯公布的《2017 微信用

户 & 生态研究报告》，截至2016年12月31日微信和WeChat的合并月活跃账户数达到8.89亿，比去年同期增长27.5%。[①] 而根据企鹅智酷发布2016版《微信数据化报告》数据显示，获取资讯成为用户关注公众号的第一大目的，微信等社交平台是用户获取新闻来源的第二大渠道。[②] 根据人民网发布的《2015中国媒体移动传播指数报告》内容显示，所有进入榜单的报纸、杂志、网站、广播电台都开通了官方微信。微信成为提升媒体移动传播水平的"长板"。[③] 伴随互联网和移动互联网的发展，用户信息获取方式和途径发生改变。因此，拥有庞大用户数量和高黏性用户群体的微信平台得到传统媒体青睐。以《人民日报》、新华社、中央电视台、中央人民广播电台等媒体为首的主流媒体纷纷通过入驻微信公众平台的方式拓宽新媒体传播渠道，以微信为移动入口，"借力"进行移动化传播。

目前，主流媒体微信公众号发展如火如荼，呈现出层级化的微信矩阵发展格局。一般而言，一个主流媒体集团旗下会有四个层级的微信公众号，分别是媒体官方公众账号、媒体各部门运营的公众账号、媒体内部小团队或兴趣小组运营的公众账号以及媒体人以个人名义运营的账号。其中，前三类账号一般以媒体单位官方名义申请和运营，并对媒体发展造成一定的影响。以人民日报社为例，其便通过层级化的微信公众号建设形成了一个新闻资讯公众号品牌群。旗下拥有一级微信公众号"人民日报"，二级微信公众号"人民日报社体育部""人民日报评论""人民日报文艺"等各部门和版面的专属账号，三级微信公众号"侠客岛""学习小组"等。这种矩阵式的微信公众号发展模式将用户需求进行了细分，有利于更有效地满足用户需求，为用户提供信息服务，成为主流媒体的首选。中央电视台、《中国青年报》、《北京青年报》等媒体均通过打造一批"小而美"的微信公众号进行集群化发展。

（二）媒体机制灵活、科学且创新

配合微信公众平台的发展，主流媒体通过制定和实施符合新媒体传播规律

---

① 企鹅智库发布《2017微信用户 & 生态研究报告》，http://t.qianzhan.com/caijing/detail/170424-8f9569e1.html#，2017年4月24日

② 《从〈微信数据化报告〉，看2016年微信公号7大趋势》，http://mt.sohu.com/20160328/n442559135.shtml，2016年3月28日

③ 《2015中国媒体移动传播指数报告发布》，人民网，http://media.people.com.cn/n1/2016/0324/c14677-28222730.html，2016年3月24日

的新闻生产、团队运营和管理机制来指导和规范媒体公众号的发展。在新闻生产机制上,新闻生产流程实现再造,主流媒体通过新闻信息资源共享和优先微信公众号供稿等方式保障了新媒体的新闻时效性要求。在微信信息生产中,适量加入语音、微视频、动图、背景音乐等新媒体元素提升了微信内容的可读性,使信息呈现形式更加多样化。在信息传播机制上,改单向传播为双向传播,注重用户生产内容。在账号运营方式上,根据具体需要采取"自上而下"或者"自下而上"的管理方式。主流媒体的官方微信公众号因权威性属性、较大的推送量、较广的推送内容等工作特性,一般采取"自上而下"的管理方式,以保障微信公众号推送和维护工作有序推进。而一些二级或者三级账号自由度提高,大多采用"自下而上"的管理方式。通过账号部门运营人员独立确定推送选题、内容和形式,充分发挥采编和运营人员的自主性与创造性。例如,《人民日报海外版》旗下的微信公众号"侠客岛"便实行团队化管理,由海外版的采编人员自主进行文章撰写、内容推送和日常维护,同时兼具记者采写和编辑审稿的职能,实现了管理方式的创新。较为宽松的管理机制使采编人员的主观能动性得以体现,通过个性化笔名撰写文章、与用户互动,在文章和运营中体现出人格化的风格色彩,有利于形成账号特色,吸引用户持续关注,增加用户黏性。

在微信公众号的推广机制上,利用传统媒体与新媒体等已有媒体平台,实现媒体间的内容互推,利用已有优势平台扩大传播范围,拓宽传播渠道,有利于实现信息的全方位、立体化传播。例如,《人民日报海外版》旗下的微信公众号"侠客岛"和"学习小组"等便与其母媒体的官方网站"海外网"相连,微信公众号推送的内容可以同期在网站的"评论"页面专题栏目中看到,实现了移动端和PC端的跨屏融合。而海外网同时也在网页上为自身旗下的微信公众号"港台腔"和"金台2号"开辟了专栏,实现了网页内容与微信内容同步推送。同时也与"侠客岛"和"学习小组"等《人民日报》新媒体账号一起形成了集聚效应,扩大了微信账号的知名度和传播内容的影响力。

(三)进行盈利模式探索,以打造品牌影响力为重

目前,我国主流媒体微信公众号的主要任务仍以打造微信端媒体影响力为主。一方面,微信入口是传统主流媒体的延伸,通过移动端可以扩展信息传播的范围,增加信息传播到达层级,加大信息传播的广度,增强主流媒体在移动端的传播力;另一方面,通过微信端信息阅读量、点赞量、评论量、转发量等量化的

评级指标数据反馈,可以清晰评估出稿件的传播效果,从而将用户直接反馈的意见作为稿件评定的指标之一,对传统媒体的新闻生产进行调整。主流媒体微信公众号通过持续提供信息内容和服务吸引用户关注,培养用户忠诚度,打造品牌影响力。

在商业模式上,我国主流媒体微信公众号目前处于盈利模式探索阶段。一些媒体账号开始试水进行一系列平台商业价值"变现"的尝试。其中,主要的盈利方式为流量变现和众筹打赏。流量变现的方式主要通过引进广告实现:一方面通过与腾讯公司签约,在文章末尾链接微信方的广告,通过文章的阅读数据实现流量变现;另一方面,媒体方直接与商家合作,通过文章内广告投放、单条广告投放等不同投放方式获取不同收益。一般而言,主流媒体的微信公众号用户规模大、账号打开率高、用户黏性强,对商家具有较强的吸引力。北京日报社旗下的微信公众号"长安街政事"、北京青年报社旗下的微信公众号"政知局"、环球时报在线集团的微信公众号"环球网"等账号均通过文尾链接广告的形式进行了"变现"操作。一些主流媒体的二级或者三级公众号还与其他机构合作,进行微信公众号互推。例如,北京青年报社旗下的时政评论公号"团结湖参考"便以单独推文的形式对"瞭望智库"、"政商内参"等时政类账号进行过推荐。值得一提的是,互推形式的推广合作伙伴一般选择与自身公号定位和功能类似的,这样较为符合已有用户定位和信息需求,可以获得较高的推广成功率。

众筹打赏功能是具有原创标识的微信公众号的特权,原创文章开通打赏功能,用户可以通过微信支付在阅读文章后直接通过"赞赏"按钮进行不同金额的打赏。这一功能的出台促进了对原创内容的保护,同时这种直接获得读者肯定的方式也极大地刺激了采编人员的创作热情,使媒体账号盈利来源更加多元。《人民日报海外版》旗下的微信公众号"侠客岛"引进了打赏功能,凸显了内容的商业价值。一些主流媒体公众号还通过试水电商、开展线下活动等方式创新商业模式,进行多产业发展。北京人民广播电台旗下公号"吃喝玩乐大搜索"立足提供生活服务,其微信公众号下设"微店"子菜单,可以直接跳转连接到官方微店页面。用户可以在微店直接购买广播节目中推荐的产品,实现了消费闭环,在方便了用户的同时实现了平台价值。

二、发展特点

(一)以原创内容生产为主,具有强大的舆论引导力

媒体公众号拥有强大的内容优势,专业的信息生产模式使原创内容成为媒体账号的主要推送内容。进行新闻信息推送是媒体的本职工作和任务,是媒体的立身之基。一般而言,主流媒体的官方微信公众号会进行及时新闻、热门话题的推送,提供信息服务。媒体账号对一些重大新闻、热点新闻的持续报道和推送,体现了专业媒体的新闻生产能力。2016 年"两会"期间,"人民日报全媒体平台"、"新华社视点"、"光明日报"、"央视新闻"、"中新网"、"中国网"、中国国际广播电台"环球锐评"等主流媒体微信公众号组成"微传播国家队",对"两会"新闻进行了集中式报道。第一时间发布国内外重点新闻资讯,可以让用户及时了解突发信息。主流媒体掌握采访和报道资源,在重大事件中一般拥有独家采访资源。而长期积累的新闻采访能力,也使主流媒体的信息消息源更加多样和准确,为用户提供不同的新闻观看和观察视角。主流媒体的专业的新闻业务能力也为信息的真实、客观和公正提供了保障。

信息推送意味着信息选择和价值观传递。主流媒体微信公众号不仅在原创内容生产上具有优势,同时也凭借强大的信息筛选能力体现出主流媒体的社会责任。2016 年 2 月 19 日,在党的新闻舆论工作座谈会上,习近平总书记强调:"做好党的新闻舆论工作,事关旗帜和道路,事关贯彻落实党的理论和路线方针政策,事关顺利推进党和国家各项事业,事关全党全国各族人民凝聚力和向心力,事关党和国家前途命运。"①主流媒体微信公众号具有弘扬主旋律,正确引导社会舆论的责任和功能。因此,在新闻内容的选择上,主流媒体公号同时秉承新闻价值和社会责任为原则进行信息推送,为用户提供有价值的新闻。在新闻观点的传达上,通过原创新闻评论等形式,表达主流思想,在引导社会情绪,推动社会发展方面发挥着重要的作用。

2016 年 3 月,"山东疫苗案"经媒体报道在移动端引起网民恐慌和愤怒,一些对事件认识有偏差的网友在微信朋友圈大量分享有关此次疫苗事件的有误

---

① 《做好党的新闻舆论工作,事关旗帜和道路》,新华网,http://news.xinhuanet.com/legal/2016-02/20/c_128735753.htm,2016 年 2 月 20 日

信息和带有强烈谴责和不满情绪的微信推送内容，导致网络舆情出现危机。对此，主流媒体微信公众号发挥了强大的舆论引导力，有效疏导了网民情绪，使网民理性参与公共事件讨论，网络舆论场趋于正面。"新华视点"微信公众号第一时间发布主管部门回应信息，对接种问题疫苗的后果进行了客观报道。其后在汇总资讯《失效疫苗危害有多大?》中引用世卫组织的回应"不正确储存的疫苗几乎不会引起毒性反应"，通过专业组织的回应使网民情绪回归理性。"人民日报评论"微信公号连发《用"食药警察"治理疫苗事件》和《"疫苗失效"：用什么纾解公众的焦虑》两篇文章，在第一时间从制度层面呼吁改革，随后通过整个事件梳理与回顾，为避免此类事件提出良方。主流媒体的文章成为其他公号竞相转载的对象，主流媒体公众号在移动舆论场中掌握了话语主动权，占领了信息制高点。

（二）改变传统话语体系，注重社群运营与用户互动

根据企鹅智酷发布的 2016 版《微信数据化报告》显示，有价值、趣味性和情感触动是引发媒体文章被转发的重要因素。[①] 基于微信平台传播规律与特性，传统主流媒体微信公众号改变固有话语模式，形成新的沟通与表达方式。在文章标题上，在避免"标题党"的前提下，抓住用户痛点提炼文章内容、撰写标题，使文章标题简洁生动、别出心裁，吸引眼球。在推送内容上，除了原创新闻内容外，筛选整合进行健康信息、情感话题等内容推送，增加实用性信息的比重。"人民日报"微信公众号的运营策略比较有代表性。传统媒体《人民日报》以权威时政新闻为主，新闻语言多为政治性话语，激起普通受众阅读兴趣较为困难。而"人民日报"微信公众号则一改大报的话语风格，通过开设"健康"、"提醒"、"荐读"、"夜读"等栏目进行生活实用类信息推送，在文章标题中广泛使用网络用语、网络热词等拉近与网民的距离，增加微传播力。

网络去中心化的传播模式强调了普通用户的地位和作用，传统媒体的"传者"身份弱化。因此，重视用户生产内容，以用户为核心是媒体公号运营的指导思想。2015 年，微信公众号开通了文章评论功能，普通用户可以直接在文章后以评论的形式与媒体直接交流。而媒体公号小编可以直接通过后台与用户交

---

① 《2016 最新版微信影响力报告 61.4% 的用户必刷朋友圈》，http://mt.sohu.com/20160323/n441718246.shtml，2016 年 3 月 23 日

流,同时还可以经过筛选用户精彩评论,与其他普通用户分享。于是,普通用户不仅可以与媒体直接交流、得到反馈,还可以看到其他用户的评论,从而与其他用户进行交流与分享。媒体与用户、用户与用户间的双向沟通得以形成,进一步提升平台的社交属性。

三、发展趋势

(一)树立独立新媒体产品思维与理念是关键

"满足用户需求是媒体转型进行新媒体产品研发的出发点和落脚点。"[①]未来,出彩的主流媒体微信公众号必定具备独立产品思维,即把微信公众号视为独立的新媒体产品进行打造与运营。首先,建立完善的微信公众号运行机制。新传播技术快速更新迭代,这便要求媒体公众号随时改进更新,以保持活力。在人力资源和管理上,安排特定的团队与人员进行微信公众号日常运营工作,微信公众号团队同时具备新媒体技术、新闻采编、产品设计师、数据挖掘人员等,全面保证微信公众号运营。同时设立专项奖励机制,鼓励新媒体人员进行业务创新。其次,制定科学的微信公众号传播效果评估标准,通过定期不间断的对现有主流媒体公众号的传播力、转发力、影响力等进行数据评估,掌握微信公众号的运营现状,从而扬长避短,打造强势信息服务平台。最后,为用户提供简单、新颖而别致的用户体验。在产品开发上,以使用方式简便、核心功能强大、设计具有美感和可以实现跨屏互动为原则,培养用户的忠诚度。

在微信公众号运营与商业模式上,积极开展附加业务,进行多元化发展。在保证内容生产与经营分离的前提下,通过多种模式进行盈利。

(二)社交属性增加,用户数据分析与利用得到提升

微信公众号信息传播本质上带有社交属性,因此,主流媒体微信公众号的运营与发展必然带有强烈的社交属性,即推送内容与形式便于交流与分享传播,满足精准传播的特点。通过信息的有效分享吸引具有相同兴趣和需求的用户集聚,形成社群,进行个性化信息推送。媒体微信公众号通过强化信息搜索、信息订阅和社交功能,以满足用户的不同信息需求,打造自主性信息获取平台。

---

① 黄楚新、王丹:《互联网+意味着什么——对互联网+的深层认识》,《新闻与写作》2015年第5期。

微信公众平台拥有丰富的订阅用户数据资源，通过对订阅者信息获取习惯、阅读习惯、分享行为等分析，建立用户数据库。一方面勾勒出用户画像，根据用户特定需求进行精准信息推送。另一方面，可以利用用户数据库进行盈利模式开发。例如，通过用户线上信息资料分析，开展对应的线下活动。

(三)以技术为先导提供垂直化信息服务

随着微信公众号数量的增加，主流媒体公众号想要获得用户青睐，一方面要继续保持强大的优质原创内容生产力，发挥媒体的权威性和公信力优势，赢得用户的信任；另一方面，要深耕垂直领域，打造媒体特色，通过精准的定位为用户提供某一领域或某些领域的专业性信息服务，使得媒体公众号具有不可替代性。移动互联网时代分众化发展趋势明显，这就要求媒体公众号通过垂直化领域信息服务完成精准传播。《人民日报海外版》旗下的微信公众号“侠客岛”、“学习小组”等公众号的脱颖而出正是深耕时政类信息领域，看准市场需求，正确把握话语空间与尺度，进行精准推送的结果。另外，紧跟技术发展，将人工智能技术、H5 页面等新传播技术适度引入到微信公众号中，进行信息产品形态和信息呈现方式的不断优化和创新，通过技术引领主流媒体微信公众号不断发展。

第二节　主要卫视台微信公众号的发展现状

据微信官方公开信息显示，截止到 2015 年第一季度，微信公众账号总数已经超过 800 万个，近 80% 用户关注微信公众号。① 微信公众号成为用户在移动互联网中一个重要的信息接入口，它融内容、社交与服务为一体，凭借庞大的用户基数，通过移动式内容呈现、用户阅读点赞、评论、转发分享，建立新的信息传播链。

为适应媒体融合的常态化，融入微传播大军，不少卫视台选择创办微信公众号，以帮助传统卫视台突破单向传播的限制，增强传统电视媒体的互动传播力，构建新型移动传播平台。根据新媒体指数排行榜，截至 2015 年 10 月，已有

---

① 《2015 年微信用户数据报告：想知道的全在这儿》，http://www.ithome.com/html/it/152417.htm

48 家大陆卫视台及卫视频道开通了微信公众号。

本文选取收视率在 2015 年 1 - 8 月排名前十的卫视台,以其微信公众号在十月八日到十月十七日发布的内容为样本,对当前卫视台微信公众号的发展现状进行量化分析。如表 3 - 1,根据卫视台收视率排行榜显示,其中,七家为中央卫视台及其附属频道,三家为地方卫视台。[①]

表 3 - 1:卫视台微信公众号样本选择

卫视台	收视率	账号	主办单位
中央台一套	0. 540	CCTV-channel1	中央电视台
湖南卫视	0. 467	happychina1997	湖南广播电视台卫视频道
中央新闻频道	0. 337	cctvnewscenter	中央电视台新闻中心
中央台六套	0. 336	gh_d7a4ce2d906c	国家新闻出版广电总局 电影卫星频道节目制作中心
浙江卫视	0. 317	lanmei2008	浙江广播电视集团
中央台三套	0. 315	CCTVyangshizongyi	中央电视台综艺频道
中央台四套	0. 291	cctvzgxw	CCTV4
江苏卫视	0. 249	JSBC-JSTV	江苏省广播电视集团有限公司
中央台八套	0. 248	cctveight	中央电视台
中央台五套	0. 243	cctv5plus	CCTV5

一、卫视台微信公众号的发展现状

(一)公号定位准确,推送信息具有针对性

2015 年 4 月,在第十二次全国国民阅读调查结果公布中,微信阅读首次被纳入调查,结果显示,阅读公众订阅号发布的文章选择比例是 20. 9% 。[②] 微信为用户获取信息提供了一种新的重要途径。

消息推送是微信公众号运营的一项基本方式,与传统电视媒体不同,微信

① 《收视率排行 . CMS71 城:2015 年 1 - 8 月央视 + 省级卫视各时段收视率 TOP35 CCTV 力压湖南卫视》,http://www. tvtv. hk/archives/2124. html

② 《第十二次全国阅读调查:人均每天读微信超 40 分钟》,http://news. xinhuanet. com/newmedia/2015 - 04/21/c_134168413. htm

公众号推送的信息不再是转瞬即逝。通过卫视台对传播信息的推送,用户可以阅览公众号中的消息内容,或者回顾历史消息进行查看与收藏,微信公众号成为新的信息整合平台,拓宽用户获取传统电视媒体信息的路径。

所选样本在十四天内推送的内容,主要是与其自身定位紧密相关。本文将其推送内容主要划分为四部分:节目预告与花絮、新闻类信息、知识与经验分享、活动动态。如表3-2。其中,地方电视台主要以本台热门综艺节目、电视剧等高收视率内容为主,而央视频道则以本台主播方向的内容为主。

如湖南卫视,以打造“中国最具活力的电视娱乐品牌”为目标,主打电视剧、综艺娱乐节目等。在其微信公众号一天两次的推送内容中,主要围绕湖南卫视正在上映的热播剧与综艺节目,进行节目内容预告与幕后花絮分享,帮助用户对该卫视台当天所播内容的把握,使其获取电视节目上没有呈现的幕后信息,扩大信息来源与信息覆盖面。而以直播新闻的央视新闻频道,在其推送的主要内容中,以实时新闻为主。同样是推送新闻为主的“CCTV5”,则聚焦在体育新闻上。

除了专业内容推送外,各卫视台的推送内容也有所拓展,并不局限于卫视台的定位范围,如央视新闻除了提供新闻信息外,还附带一些生活常识、线上线下活动的动态等。

表3-2:2015年10月4日至17日不同类型消息推送数量

公众号	节目预告与花絮消息数	新闻类信息消息数	知识与经验分享消息数	活动动态消息数
央视新闻	2	117	16	0
湖南卫视	45	0	0	1
CCTV4	4	17	42	0
CCTV5	0	8	0	0
央视一套	33	6	10	1
央视综艺	17	4	3	0
浙江卫视中国蓝	41	2	24	0
江苏卫视	112	0	1	0
CCTV 电视剧	19	0	0	3
电影频道	1	0	0	0
总计	274	154	96	5

(二)内容呈现形式多样化,提供移动感官体验

为了满足用户能在短时间内获取有效信息,不少卫视台的微信公众号采取简明图文,结合概括性标题。如"CCTV4"的消息推送就采用这种形式。头条文章配以大图,其他下列文章均配有缩略图与黑框小提示,例如"【必看】微信转账收费？这些你应该知道!""【震撼】中国高铁凭什么能成为世界第一?"分别搭配了金钱与高铁的图片,整齐美观。兼具概括性与吸睛性的标题、精简的提示与生动形象的图片相结合,精炼而形象地向用户传达相关信息。

看似传统的图文形式,微信平台却赋予它独有的特点。同是平面阅读,卫视台微信公众号不同于传统纸质媒体,它充分利用色彩与线条,形成直观而流畅的阅读路径,提炼主要内容,帮助用户节约阅读时间;同是屏幕信息,卫视台微信公众号又不同于传统电视媒体,它充分利用文字与图片,形成可保留的信息文本,帮助用户预览或回顾。

本文所分析的卫视台微信公众号,突破简单的图文配送,其呈现形式增加了不少 H5 或音频、视频的使用。通过视觉与听觉的叠加效应,提高信息的可读性与观赏性。如在央视新闻中,除了图文信息还配有相关的新闻报道视频,实现信息的跨屏传播,满足用户在移动媒体上的视听需求。

(三)稳定的推送频次,增强用户使用黏性

与传统广电媒体的评价标准不同,用户数量、阅读量、点赞量以及传播影响力等是评价微信公众号的主要标准。通过定时且较高频率的消息推送,微信公众号可以帮助用户形成阅读习惯,从而提高用户对微信公众号的使用频率,增强用户黏性。

例如,中央电视台新闻频道是 24 小时直播的电视频道,其相应微信公号"央视新闻"形成早中晚每天三次的推送频率,高频率的推送规律,及时传达新闻信息,符合新闻重时效的特点。如表 3 - 3。[①]

虽然公众号的文章阅读量与推送频率不一定成正比,但有规律的高频率推送增加了微信公众号被查阅的可能性。如若推送间隔时间太长,无法满足用户的信息需求,在竞争激烈的微信公众号中,很容易被淘汰;反之,若以过高的频率进行推送,则可能出现信息重复与烦冗,引起用户的不满。因此,合理的推送

---

① 引自新媒体指数中发布的 2015 年 10 月 4 日至 17 日数据,http://www.gsdata.cn

频度是保持微信公众号良性运行的保障。

表3-3:2015年10月4日至17日消息推送与阅读情况

公众号	总推送数/消息数（次/条）	平均推送间隔（天）	总阅读量（万次）	平均阅读量（次）	WCI
央视新闻	40/136	0.35	1249.4	80237	1623
湖南卫视	17/46	0.82	142.6	32488	1246
CCTV4	14/66	1	86.52	13019	1134
CCTV5	2/8	7	29	36296	1108
央视一套	14/49	1	34.4	6974	957
央视综艺	10/24	0.71	20.4	7932	890
浙江卫视中国蓝	18/70	0.77	29.6	4269	852
江苏卫视	41/113	0.34	25.3	2313	826
CCTV电视剧	6/25	2.33	3.4	1392	603
电影频道	1/1	14	429	429	342

注:微信传播指数(WCI)即通过微信公众号推送文章的传播度、覆盖度及公号的成熟度和影响力,来反映微信整体热度和公众号的发展走势。

(四)多功能自定义菜单,全方位服务用户

自定义的多级菜单功能是提升用户使用体验的主要方式之一。通过点击微信公众号中底部的一级菜单,用户可以进入二级菜单或直达相关内容。如表3-4中所呈现的部分微信公众号菜单内容中,“央视一套”设立了“节目空间”、“互动广场”、“个人中心”三个一级菜单,并在一级菜单中分别设立了“CCTV1在线直播”、“观众社区”、“联系我们”等二级菜单,这样多级菜单的设立,在帮助用户对CCTV1微信公众号全面了解的基础上,提供给用户快捷进入相关界面的渠道。同时,一些新闻类卫视台的微信公众号设立了专题菜单,如“央视新闻”在中国国家主席习近平出访英国期间,设立“V观出访”这一专题菜单,以习近平出访英国的时间为轴线,配以图文进行介绍,并可点击文章进入,详细阅读文章内容。

作为互动双向的移动平台,不少卫视台的微信公众号都添加了“微社区”的菜单服务,如“湖南卫视”的“快乐社区”、“央视一套”的“观众社区”、“浙江卫视中国蓝”的“聚蓝社区”等,为关注微信公众号的用户提供了互相交流的平台。

表 3-4:CCTV1、CCTV4、湖南卫视、浙江卫视微信公众号自定义菜单栏目设置

公众号	一级菜单	二级菜单
央视一套	节目空间	CCTV1 在线直播、节目预约、精彩栏目回看、今日推荐
	互动广场	《挑战不可能》、倪萍《等着我》、观众社区
	个人中心	签到有礼、个人中心、联系我们、积分兑换商城
CCTV4	中文国际	走进 CCTV4、边看边聊、中文微矩阵、节目预约单、微博直通车
	互动通道	点播回看、服务全球华人
	服务中心	每日签到、我要领奖、积分兑换、个人中心
湖南卫视	青春秀	快乐大本营、天天向上、钻石独播剧场、爸爸去哪儿、偶像来了
	超级菜单	精彩推荐、节目单、V 游戏、我
	更多精彩	认识我、帮助、快乐社区
浙江卫视中国蓝	看跑男	中国好声音 4、奔跑吧兄弟 3、十二道锋味 2、挑战者联盟、中国蓝直播间
	三个奶爸	三个奶爸、阿诗丹顿有奖活动、中国蓝新闻、今日评说、聚蓝社区
	全媒体	蓝莓视频、官方微博、官方贴吧、蓝朋友客户端、官方头条号

(五)打造用户为主的服务平台

无论是以多种形式稳定地推送信息,还是设置自定义菜单功能,都体现了传统电视媒体在融合过程中适应社交化传播格局,充分发挥移动新媒体的传播优势,打造以用户为主体的服务平台。

不同于电视荧屏一对多的传受方式,微信呈现出一对一的传播态势。以往电视荧屏是用户获知信息的主要渠道,它像一个纵向的信息窗口,传递着“传者欲传、受者欲知”的信息,而微信公众号的建立,则使传统电视媒体转为横向的服务平台,弥补电视媒体缺乏互动的传播短板。通过及时交流、消息推送与菜单功能,电视媒体可以全方位服务用户。以用户为主的传播理念,使得传统电视媒体不再是“权势”媒体,而是更具亲和力的平民媒体。

在使用过程中,用户可以自主选择,关注感兴趣的微信公众号,并可以发送图文信息或音频、视频等,直接与所关注的微信公众号进行后台交流。由单向传播到自主选择与双向交流，这种社交传播格局降低了用户使用媒介的成本，用户不再局限于特定时间、特定的“电视容器”，可以根据需要摒弃冗余信息，更加高效地获取欲知信息。

二、卫视台微信公众号的发展问题

(一)优质账号稀少，多轻视运营

2015 年 10 月 11 日，颇具影响力的微信自媒体数据第三方评测系统平台，新媒体排行榜发布了《9 月中国微信 500 强的阅读报告》。[①] 本文所选取的卫视台微信公众号仅“央视新闻”与“湖南卫视”进入 500 强。其中，“央视新闻”在全部公号中微传播力位列第一，“湖南卫视”则位列第 395 名。

本研究根据新媒体指数网站的数据，将传统媒体微信公众号在 2015 年 10 月 11 日－17 日的传播情况进行了排行。[②] 从表 3－5 中可以看出，卫视台微信公众号在传统媒体微信公众号中的传播力处于弱势，仅有央视新闻进入前十名，卫视台微信公众号在发展过程中出现两极分化，整体缺乏优质账号。

表 3－5：传统媒体微信公众号 2015 年 10 月 11 日－17 日传播力 TOP10 排行榜

公众号	发布量(次数/文章总数)	总阅读数(万次)	WCI
人民日报	30/94	917. 2	1703
央视新闻	22/86	678. 3	1624
FM93 交通之声	21/127	675. 4	1596
交通 91. 8	21/136	499. 8	1517
浙江之声	15/97	341. 7	1491
男人装	12/48	384. 3	1490
新闻夜航	7/56	293. 6	1395
新闻正前方	7/32	154. 2	1386
南都娱乐周刊	16/40	190. 1	1384
青岛小强	7/56	207. 7	1380

现阶段，不少卫视台微信公众号仍停留在技术性的传播平台拓展，局限于

① 《中国微信 500 强月度报告》，http://xudanei. baijia. baidu. com/article/53529

② 引自新媒体指数中发布的 2015 年 10 月 11 日至 17 日数据，http://www. gsdata. cn

内容“搬运”,呈现出轻运营的状况。卫视台微信公众号的运营主要体现在两个方面,包括微信公众号的日常维护,以及对微信公众号的经营。一方面,相当多的卫视台只是顺从媒体融合的潮流而开通公号,并没有形成移动互联网思维,只是实现内容的平台转移,导致微信公众号与卫视台自身传播影响力不对等。另一方面,一些日常维护较好的微信公众号,缺乏经营思维,没有通过庞大的用户数据,发展相关数据产业链,形成媒介营销平台,以充分挖掘微信公众号的产业价值。

(二)微信公众号缺乏推广力度

基于弱关系的微博,可以通过热门事件或文章,产生较强的二次传播力,随机获取高关注度。而基于强关系的微信具有一定的私密性,其信息是一对一地产生传播效果。因此,微信平台是增强旧有用户黏性、吸引潜在用户的渠道之一。

通常来说,不少用户大多在关注微信公众号之前就已经是相应卫视台的粉丝,因此,如何在旧有的受众群体中做好相应微信公众号的推广,则关系着传统媒体在拓展传播平台的过程中,其新平台能否具有原有的传播力。而微信公众号知名度的提升,能够吸引更多新的用户。通过微信公众号的消息推送或菜单功能,添加进入卫视台或官方微博的链接,则为新用户进入并了解卫视台提供了新的移动渠道。微信、微博、卫视台这种“两微一台”传播格局,将为传统电视传播注入新的活力。

在现阶段的卫视台微信公众号推广过程中,一方面,用户缺乏微信公众号开通的信息,另一方面,卫视台微信公众号又缺乏用户关注,这就造成了用户与卫视台微信公众号的信息不对称。同时,不少卫视台的微信公众号存在非官方运营者注册的情况,对用户选择造成迷惑性。因此,加强微信公众号的宣传显得尤为重要。

(三)互动形式单一,缺乏个性化交流

微信的及时交流与菜单功能,弥补传统卫视台缺乏互动渠道的问题,为运营方与用户互动提供便捷的渠道。但在现阶段,卫视台微信公众号与用户之间的互动不足,用户本位意识仍需加强。

一方面,与用户之间互动模式较为单一,且存在交流互动不及时的情况。卫视台微信公众号与用户的对接互动方式,主要是文字与语音的交流互动,但是在互动过程中,仍存在回复不及时的情况,弱化了运营方与用户之间的及时沟通,没有完全发挥微信所具备的互动传播潜能。

另一方面,由于微信公众号属于闭环传播的生态圈,个性化互动是其保持用户黏性的有效手段之一。但目前卫视台微信公众号与用户之间的互动仅局限于泛化互动,如回复关键字提取相关内容或线上针对用户群体的互动活动。群体的互动方式并不能满足用户的个性化需求。

(四)表达方式官方化,缺乏新鲜生动

作为移动媒体,微信公众号的诞生与成长环境是互联网的发展。因之,卫视台微信公众号的繁荣离不开网络大环境,而能否改变现有的传统表达方式,充分适应网络表达,则是公号能否保持亲民性的重要保障之一。

目前,一些卫视台微信公号仍运用传统的传播思路,没有摒弃官方用语,使得微信公众号缺乏"接地气"的特质。

适度使用流行的网络热词,借力打力,提高传播推广力度,能够帮助卫视台微信公众号节省宣传成本,营造轻松鲜活的传播环境。但是在使用网络用语的过程中,要充分与公号定位、传播信息相结合,不然生搬硬套网络热词,可能会出现与其他公众号内容同质化现象,缺乏特色,并造成信息冗杂。

三、卫视台微信公众号的发展建议

(一)深挖公号数据价值,拓展用户互动渠道

当前,数据已经成为与人力资本、物力资本同等重要的重要资源。微信公众后台蕴含丰富的数据,如用户订阅量、关键词信息检索、文章阅读量、文章点赞量等。

对数据的深度挖掘与分析,有助于卫视台微信公众号实现"一寸宽一丈深"传播。"一寸宽"即准确定位,实现精准化传播,"一丈深"即深入挖掘信息,实现深度化传播。充分的用户数据,能够满足卫视台在移动端上精准传播与互动传播的要求,切实帮助微信公众号提高微传播力。因此,卫视台要充分把握移动媒体的传播规律,满足用户的个性化需求,提高用户使用黏性,形成社交化环境中的新型"枪弹媒体",实现传统传播力与移动传播力的整体提高。

数据挖掘的使用还体现在第三方微传播力排行榜,卫视台微信公众号可以通过了解排行榜,向同类型微信公众号或其他公众号借鉴,弥补传播短板,发掘

传播潜力。

社交传媒时代,传播的生态环境与格局都发生着剧烈的变化。用户不再是“召之即受”的单向接收群体,相反,用户本身是信宿,也是信源。不同于广播的热线电话与报纸的读者来信,传统的电视媒体缺少接收反馈信息的渠道,难以把握用户喜好。通过创办微信公众号,卫视台借助后台数据,对用户的兴趣偏好进行判断分析,拓展独特的双向沟通渠道。

如在 CCTV4 的微信公众号中,一级菜单“中文国际”下设“边看边聊”,用户可以一边收看该频道的实时直播,一边评论。这种形式不仅沟通了用户与卫视台,而且为用户之间提供了交流的平台,使用户打破地缘限制,实现移动环境中的即时信息互动。在另一个“服务全球华人”的菜单中,CCTV4 将世界华人划分为亚洲、欧洲、美洲、非洲与大洋洲,所有来自各洲的华人都可以进入相应的版块进行交流,也可以进入其他版块交流,这就为不同洲际的华人提供了跨洲交流平台,扩大了互动群体,符合 CCTV4“传承中华文明,服务全球华人”的频道定位。

(二)整合现有媒介资源,打造媒体品牌

专业化是微信公众号发展的趋势之一。信息跨屏传播时代,碎片化信息不断分散着用户的注意力资源,传播效能不断递减,专业化内容是得到用户青睐的关键。卫视台微信公众号专业化传播的过程中,充分发挥传统电视媒体的品牌优势、内容优势、专业人员优势,打破各个传播渠道的壁垒,为传统电视媒体由单屏传播到跨屏传播助力。

在不少微信公众号推送的文章中,都存在“标题党”,虽然碎片化信息分散着用户的注意力,大胆新奇的标题的确夺人眼球,但仅凭具有新意的标题却缺失优质原创内容,则难以获得用户关注,有时反而会增加用户的不信任感。优质的卫视台微信公众号,应当借助母媒体的媒介资源与公信力,为用户提供更具价值的信息,提高移动平台的专业化传播力。

微信公众号的专业化发展,以及传统电视媒体对新兴平台的运用,有利于卫视台整合在传统传播渠道与移动传播渠道的媒介资源。

除了对母媒体媒介资源的整合利用,新兴媒体也要对其自身的媒介资源进行挖掘。如“央视一套”、“CCTV4”等卫视台微信公众号,列入线上活动的菜单,通过签到领奖、积分兑换等线上活动的开展,提高传统媒体的影响力。

通过打造卫视台传统优势栏目与内容，微信公众号等线上推广，微信、微博、客户端与传统卫视台形成交互影响力，构建立体传播体系，兼顾横向传播范围与纵向传播深度，形成传统电视媒体的推广合力，打造优质媒体品牌。品牌媒体一旦形成，其电视节目与传播内容会有固定的收视群体，固定的收视率与订阅数量，利于提高其媒体传播的竞争力，并带来可观的经济效益与社会效益。

如在浙江卫视的微信公众号中，开设了“看跑男”的菜单，在这级菜单下又包含“中国好声音 4”、“十二道锋味 2”与“挑战者联盟”等二级菜单，都是浙江卫视的优势栏目，点击进入便可收看，除了菜单中推广优势节目，在其推送消息中多包含节目花絮，这样微信公众号与卫视台就形成了渗透式推广，提高浙江卫视的传播力，打造品牌媒体。

（三）互动中引导舆论，拓展两个舆论场

随着微信公众号影响力的不断扩大，聚焦于垂直领域的自媒体正被赋予更大的民间舆论场话语权。以传统媒体为主的主流舆论场，其舆论传播模式是单向的。作为信息发布方，传统媒体在发布新闻、引导舆论、社会监督等过程中，主导话语权，受众难有发声的机会，而双向通道的移动新媒体，使得受众拥有更强的参与能力。“移动互联网 +”的时代下，舆论双方不再固定，任何人通过网络发布并推广的信息，都可能成为网络舆论的起点，以微博、微信、客户端为代表“两微一端”成为当前网络民间舆论的新战场。

传统媒体与新媒体的不断交融，主流媒体与以往的滞后反应不同，完全可以实现在第一时间，对社会热点事件做出回应与评论，并在相关学者专家等“意见领袖”的引领下，让群众发声，使不同的意见与观点得以充分的碰撞与交流，逐步形成主流舆论，从而合理疏导公众情绪，化解社会矛盾，促进舆论体系的健康和谐。

例如在“央视新闻”中，针对“深圳交警开出最大罚单”这一热门事件，央视新闻邀请特约评论员与相关法律专家做出深度解读，并配以图文，还原事件本身，肯定深圳交警依法行政，避免此类事件为标题党利用，缓和社会矛盾，为全国人民提供正确的舆论导向。

作为新兴主流媒体的一部分，卫视台微信公众号要快速对网络舆论事件发出声音，及时占领舆论制高点，同时与传统主流媒体形成良性互动机制，在两个舆论场中形成合力，引领网络舆论的健康发展。

传统卫视台运营微信公众号,可以充分发挥专业内容生产的优势,借助母媒体的品牌优势,整合双重媒介资源,在融合中不断探索,形成独具竞争力的立体传播格局。同时,传统卫视台要积极应对微信公众号运营中存在的问题,通过深挖用户数据,为用户提供个性化服务,并加强专业化内容的推送,打造品牌媒体,同时,借助移动传播技术,加强多个平台的良性互动,开拓民间舆论场。这样,卫视台才能在媒体融合的浪潮中不断前进。

第三节 移动新闻客户端的战国时代

根据《第40次中国互联网络发展状况统计报告》显示,截至2017年6月我国手机网络新闻用户规模为5.96亿,达到82.4%的使用率,相比2016年底增长了4.4%。[①] 作为新闻传播在移动互联网领域的延伸,凭借丰富的资讯信息、实时推送与便捷的社交互动,移动客户端已经成为即时新闻信息的主要接入口,满足了用户随时随地获取信息的刚性需求,成为各大媒体发挥移动传播力的主要阵地之一。

移动新闻客户端除了成为传统媒体的转型选择外,也成了一些资本集团在媒体领域的试水区。2015年4月,南方都市报推出"并读新闻";9月,"无界新闻"作为由财讯集团、新疆维吾尔自治区、阿里巴巴联合打造的新媒体正式亮相;9月23日,由长江日报报业集团打造的"九派新闻"终端上线;11月18日,《重庆晨报》的"上游新闻"客户端上线。

2015年度,移动新闻客户端开始呈现井喷式发展趋势。本文对移动新闻客户端在2015年的发展现状进行总结,对其发展过程中的问题进行分析,并展望其未来发展趋势。

一、移动新闻客户端的发展现状

(一)多极争霸,差异化竞争明显

移动新闻客户端是通过服务器,能够在手机、平板电脑等终端运行的生产、

① 中国互联网络信息中心:《第40次中国互联网络发展状况统计报告》,http://www.cac.gov.cn/2017-08/04/c_1121427728.htm,2017年8月4日

聚合、传递新闻信息的程序。依据移动新闻客户端的信息来源不同,当前移动新闻客户端可划分为以下三类:传统媒体新闻客户端、互联网媒体客户端、聚合信息客户端。

2015 年,各类移动新闻客户端发展逐步成熟,对用户资源的竞争尤其激烈。但三大主体在移动新闻客户端市场所占比重差异较大,根据 2014 年与 2015 年第一季度的客户端平均下载量数据,以"腾讯新闻"为首的互联网媒体客户端成为该市场的一大巨头,但以"今日头条"为首的聚合类信息客户端发展态势不容小觑。①

究其原因,主要在于互联网媒体客户端多由一些品牌门户网站创办,享有较为丰厚的互联网资源,并深具互联网思维,能够将其丰富的互联网传播经验运用到移动终端上。而聚合类信息客户端则在信息生产上占据优势,它们多采用 UGC 与 AAC 的信息生产模式,即用户生产内容与算法生产内容。两种生产模式的结合,能够更好地实现精准内容推送,吸引用户注意力。

相较以上两者,传统媒体则显得有些"先天不足":起步较晚且线上用户基础薄弱,同时技术经验欠缺、传统传播思维束缚等因素的影响,其移动终端的发展潜力尚待挖掘。

2015 年,多级争霸格局逐步稳定,但是各级内部则呈现出差异化发展。差异化发展已经成为不同移动新闻客户端获取用户注意力的重要方式,也是提高辨别度的渠道之一。以网易、腾讯、新浪、搜狐四大门户网站为代表的互联网媒体所开发的移动新闻客户端,占据新闻移动端口的半壁江山,其差异化发展尤为显著。

(二)纵深发展,服务形成全方位

基于差异化发展的基础上,移动新闻客户端开始深度挖掘客户端的功能,积极探索并搭建社交化传播平台,以向用户提供全方位服务,同时搭建媒体平台,多方推广,形成移动新闻客户端的内外纵深,立体化发展。

① 速途网:《速途研究院:2015 年 Q1 新闻移动端市场分析报告》http://www.sootoo.com/content/650141.shtml? utm_source = tuicool,2015 年 6 月 2 日

表 3-6:代表性互联网媒体移动客户端发展概况

客户端名称	主要特色
腾讯新闻	新闻定位:事实的力量 以视频精选、图片精选、今日话题等为特色栏目与内容; 实行多平台分享,腾讯微博、QQ 空间、微信朋友圈、新浪微博、微信好友、手机 QQ 好友,随时与好友分享。
搜狐新闻	新闻定位:有品质的新闻,可信赖的资讯 百家自媒体入驻,同时可免费订阅《人民日报》、《参考消息》等知名报纸杂志,阅读海量媒体刊物; 率先开通定制化阅读服务,为用户提供几十种订阅选择; 采用视频、语音、图文、直播间等多种信息传播方式,尤其开辟了搜狐视频专栏。
网易新闻	新闻定位:有态度的门户 开发特色功能,提供本地新闻与天气预报; 跟帖盖楼:提出"无跟帖不新闻"; 设置奖励机制,用户可通过收看、评论、分享新闻获取积分,在其商城兑换奖品; 开辟活动广场,探索电商 O2O。
凤凰新闻	新闻定位:全球华人第一移动资讯平台; 以凤凰卫视、凤凰网丰富的内容资源为依托,以独特的海外视角,关注中国,关切民生,提供海量时评等特色内容。
新浪新闻	新闻定位:每天了解世界多一点; 通过微天下栏目,汇总了当前热门的微博新闻,同时支持用户自定义订阅,可订阅用户想看的微媒体、微博。

移动新闻客户端在信息推送、新闻内容呈现、功能菜单,以及人性化服务等方面进行积极探索,深入发展。

当前,移动新闻客户端主要采用信息订阅模式与个性化推送。用户可以订阅自己感兴趣的内容或本地新闻,实现精准接收,降低阅读成本。此外,移动新闻客户端后台也会根据用户浏览数据,对各用户实行个性化推送,实现精准传播。

为了满足用户在短时间内能高效获取信息,移动新闻客户端采用简图与黑体标题相结合,并配以导语,使得用户即使在不点开详文的情况下,也能获知新闻事件。此外,移动客户端充分发挥互联网的优势,采用移动视频、音频,实现信息跨屏传播,并借助视听结合,以延伸用户感官体验。例如在 2015 年阅兵报道中,腾讯新闻打造自制3D虚拟演播室,创新直播技术。

除了新闻信息的多元化呈现,各大移动新闻客户端不断升级其多功能菜单,通过点击菜单,可以使用户直接进入相关板块,方便快捷。如"人民日报"通过设定"政务"菜单,结合其自身定位,对政务方面的相关信息进行重点推送。

现阶段,移动新闻客户端突破简单的新闻信息传播,不断针对用户使用习惯与偏好,创新端口服务。如各大端口采取跟帖、评论、点赞等有效形式,实现与用户的多元互动,并开发生活服务,打造社区平台。同时,人性化服务也是一项重要途径,如设置离线推送,实现无网环境中的信息浏览,并根据用户高峰时段,贴心增设夜间模式等。

同时,移送新闻客户端重视对外推广宣传,采取多平台分享,为打造移动媒体品牌助力,实现联合发展。

(三)思维转变,打造媒体新生态

根据速途研究院的数据,在2015年第三季度,新闻客户端在智能手机用户的渗透率已经达到64.5%。其中,74.7%的用户启动移动新闻客户端平均时长在2分钟以上,用户对移动新闻客户端的依赖性不断增强。[①] 由此可见,移动新闻客户端已成为用户获取新闻资讯的主要渠道。

究其根本原因在于运营思维的转变,即运营者不再局限于内容的搬运,而是充分发挥互联网思维,以用户为核心,从移动技术、研发模式等多方面进行创新,培养用户对其新闻客户端的使用习惯,增强用户黏性。

在社交化传播格局中,用户逐渐渗透到移动传播链与产业链中的每一个环节,因之,高度的用户黏性成为移动新闻客户端的竞争本质。在移动端口获取用户的过程中,互联网思维就演变成为服务用户的思维。

在新的媒体生态环境中,移动新闻客户端以服务用户的思维为核心,兼具广度与深度的海量信息内容,充分利用大数据分析实现精准推送,并搭建社区化平台全方位服务用户,融内容、数据、平台、用户为一体,革新了原有的生产模式、传播模式、反馈模式与运营模式,驱动着社交化、移动化、数据化的媒体新生态形成,改变了原有的传统媒体生态系统,成为塑造媒体新生态的一把利器。

---

① 速途网:《速途研究院:2015年Q3移动新闻客户端报告》http://www.sootoo.com/content/658055.shtml,2015年11月4日

二、移动新闻客户端的发展困境

(一)缺乏特色,同质化现象难破局

2015 年,虽然不少移动新闻客户端在多方面进行创新,但是通过对比多家移动新闻客户端,不难发现:现阶段的移动新闻客户端多存在界面、信息内容、推送模式等方面的同质化现象。

首先是界面同质化现象。不同于微博、微信公众号,移动新闻客户端拥有独立的运行平台,运营发可根据自身定位与特色内容等,进行页面设计。然而,大多数移动新闻客户端,如网易新闻、搜狐新闻、人民日报等都是采取顶层订阅内容,底层功能菜单,中间内容呈现的模式,其页面设计同质化现象严重,这就降低了各媒体品牌在移动端口的辨识度。而后来居上的"澎湃"则在界面上稍有创新,取消了顶部与底部的栏目设置,直接通过左右滑动实现板块切换。

其次是信息内容同质化。自移动新闻客户端出现以来,新闻复制、转载和抄袭盛行,导致信息同质化严重。移动互联网时代,海量信息为移动新闻客户端带来丰富的信息资源,在众多信息中筛选并挖掘有价值的信息,并彰显媒体品牌特色,成为移动新闻客户端安身立命的根本。

再次是推送模式同质化。现阶段,多数移动新闻客户端采用个性化订阅或依据用户习惯进行信息推送。推送模式的单一化,使得用户无论选择哪一款客户端口,都能满足自己的信息需求,导致移动新闻客户端难以实现真正意义上的个性化推送,形成特有的竞争优势。

同质化的出现原因主要有二:一是移动新闻客户端具有自己独特的技术应用,其开发过程难免存在"撞衫"的可能性;二是移动新闻客户端市场竞争激烈,存在创新跟风的现象,一家移动新闻客户端进行技术创新,其他家随即出现模仿与沿袭,导致移动新闻客户端的风格、界面设置、内容等方面趋于一致。

对于移动新闻客户端来说,凸显自身的差异性与独特性,才是其在同质化竞争中突出重围的关键。

(二)"把关"弱化,网络舆论监管待加强

微传播时代,信息呈现"爆炸式增长",把关人在网络空间的弱化,使得高频点击率为适应海量信息与以秒计数的更新速度,逐渐受制于"眼球效应"。

为获取用户注意力资源,不少移动新闻客户端开始打"擦边球"。一方面,

多选择低俗化新闻内容,满足用户求奇求异的心理需求;另一方面,采用含糊暧昧的方式向用户提供新闻,如使用夸大其词或易引起误读的新奇标题,吸引用户,移动新闻客户端逐步成为"标题党"的重灾区。

以往的大众传播环境中,传统媒体在传播过程中占据主导地位,掌握主要话语权,在引导社会舆论中起到决定性作用。而当前以"两微一端"为代表的微传播工具,则赋予民众更多话语权,网络民间舆论场逐渐形成。然而,具有权威性的传统媒体,在新闻客户端市场上尚未占有较大市场份额,传统的官方舆论场与网络民间舆论场尚有区隔,主流舆论在网络空间难以发声。而移动客户端中的 AAC 生产模式,即用户生产模式也为故意制造负面信息、发布虚假信息等提供可乘之机。

因此,加强网络舆论监管与净化网络环境迫在眉睫。

(三)经营困难,盈利模式难有新突破

目前,移动新闻客户端盈利模式仍然多数是继承传统门户网站的旧思维,主要以植入广告为主。为数不多的广告形式包括开屏广告、底部弹窗、新闻正文底部推广、软文广告等。不同于 PC 端口,移动端的屏幕限制了所能够展示的广告数量,难以满足商业化需求,而过多的广告插入则会降低用户体验。如何在有限的屏幕尽可能提高广告转化率,则成为移动新闻客户端的困境之一。

此外,由于国内付费环境不成熟,用户可选择微博、微信公众号等方式免费获取新闻资讯,因此,借鉴国外的付费订阅模式在国内新闻客户端市场也举步维艰。

现阶段,不少移动新闻客户端开始尝试发展电商模式,如"网易新闻"开创"积分商城",用户通过跟帖、分享新闻等方式获取积分,进行兑换,为其发展 O2O 模式巧开蹊径。

虽然移动新闻客户端从多角度探索盈利模式,但应注意到,如何突破传统的固化经营思维,寻求创新盈利模式,实现流量变现仍是其发展瓶颈。

三、移动新闻客户端的未来发展趋势

(一)分众化、垂直化

2015 年,移动新闻客户端发展飞速,逐渐进入发展稳定期。不同移动新闻客户端的用户数差量巨大,少数移动新闻客户端覆盖大量用户的局面已很难改变。未来移动新闻客户端的着力点在于分众化与垂直化。

"互联网对于传统媒体业的影响来自基于互联网的数据化产生的用户权利的改变"。[①] 通过对用户数据的深入挖掘,对不同用户群体的特征与偏好进行分析,了解并满足用户个性化的信息需求,并结合 PGC(专业人士生产内容)生产模式,提高移动新闻客户端内容的专业化,为不同的用户群体提供专业咨询,实现精准化传播,增添用户黏性。细化用户进行垂直化深度挖掘,专业化内容推送,个性化服务提供,是移动新闻客户端的发展方向之一。

(二)场景化

移动新闻客户端不同于传统媒体或 PC 端的最大特点,在于其入口场景化。移动智能设备的出现将用户从以前固化的场景中解放出来,丰富了用户的使用场景。根据《2015 年中国新媒体报告》显示,60.1% 的用户会选择在休息或闲暇时间浏览移动新闻客户端,43.8% 的用户会在床上使用,28.3% 的用户使用场景在等待或乘交通工具时。[②] 移动互联网的发展,使得用户获取咨询的时间、场景更加自由化。移动新闻客户端应加强培养场景化思维。

体验是场景化思维需要考虑的首要因素。根据用户的浏览习惯设置切入点,提供个性化体验,满足用户的个性需求,对保持移动新闻客户端的持续发展尤其重要。

建构入口场景化,还应根据不同的信息接收场景进行分别设计,赋予用户不同的资讯接收逻辑。当有相同特征和信息需求的用户聚合时,就会催生社群诞生,提升接收黏性。在移动新闻客户端,接收黏性将进一步发展成为用户习惯,这就构成了场景价值的最大化。

(三)平台化

随着移动新闻客户端的不断深入发展,其最大的特点是平台化。现阶段,有一些新闻客户端已经不再局限于资讯信息的聚合平台,而开始向用户提供一系列娱乐、生活等方面的服务,打造增值服务平台。如"网易新闻"在其功能菜

---

① 黄楚新、王丹:《互联网+意味着什么?——对互联网+的深层认识》,《新闻与写作》2015年第5期。

② 中文互联网数据咨询中心:《2015 年新媒体发展趋势报告:中国网络媒体的未来》http://www.199it.com/archives/404766.html?from=singlemessage&isappinstalled=0,2015 年 11 月 12 日

单中设立“身边服务”，根据不同层次的个人需求，提供工作信息、二手货物信息等，“网易新闻”开始渗透到用户生活。此外，新闻客户端还在开拓电商平台，实现商业化平台。例如网易新闻设立奖励机制，给予用户金币激励、跟帖等级等，通过相应的积分可在商城兑换商品。

未来，随着用户体验的进一步提升，移动新闻客户端将走向集新闻资讯、本地信息、生活服务为一体的立体化平台，同时结合线下活动，为用户提供差异化服务，满足不同需求。

（四）社交化

社交互动的传播环境赋予了移动新闻客户端显性的发展方向，即社交化。社交化发展在移动新闻客户端上体现在三个方面，分别是：生产环节、呈现环节与传播环节。

在新闻内容的生产环节，不少移动新闻客户端采用的 UGC 模式，即用户生产模式，社交直接扩展了 UGC 的信息源。除了用户自身通过非社交渠道获得信源外，用户之间的交互也不断加速着信息的流通与新闻源产生。移送新闻客户端自身就是一个基于新闻咨询的社交平台，在新闻内容呈现的过程中，采用跟帖或互动直播等方式，加强用户之间的交流。同时，通过分享与转载机制，移动新闻客户端可借助微信、微博等社交平台，拓展新闻信息的传播范围，提高其在网络空间中的曝光度，实现多平台联动传播。

由于社交化使得移动新闻客户端在新闻内容生产、用户沟通以及传播效率都大大提升，社交将成为其未来发展中的重要功能。

（五）规范化

2015 年 2 月，国新办发布《互联网用户账号名称管理规定》；2015 年 3 月，中国广告协会主持颁布《中国移动互联网广告标准》；2015 年 4 月，国家出版权局颁布《关于规范网络转载版权秩序的通知》。一系列政策规定的颁布，在提升网络治理规范化水平的同时，也彰显了网络规范化的重要性。

在移动新闻客户端市场中，由于缺乏相应的社会责任意识，虚假信息、“标题党”、无版权转载等现象依旧严重，移动互联网规范化运行与管理仍陷困境。然而，十八大以来，“依法治网”成为中国治理网络空间的核心，推进网络社会治理的结构创新，建设由政府领导、网络主体参与、法治保障的网络社会治理体系，成为网络规范化的必要手段。

在未来,包括移动新闻客户端在内的网络空间,势必加速规范化进程,营造一个更加规范、更加安全、更加绿色的网络环境。

移动互联网的快速发展,不仅改变着用户生活习惯,也改变了新闻信息的传播方式。2015 年,在移动新闻客户端的竞争格局中多级争霸,并在内部呈差异化发展,不断进行自我革新,并主打用户思维,提升用户体验,建构媒体新型生态圈。但是,移动新闻客户端的同质化现象,把关弱化,以及缺乏持久的商业运营模式,也应引起足够重视。未来,移动新闻客户端将体现垂直化、场景化、平台化、社交化以及规范化趋势,迎来黄金发展期。

第四节　SoLoMo 模式下内蒙古新媒体发展状况

移动互联时代,报纸、杂志、广播、电视以及门户网站等传统媒体受到互联网、新媒体的严重挑战和冲击。内蒙古以 SoLoMo 模式为切入点,不断尝新尝鲜、敢于探索,将社交化、本地化和移动化三位一体,积极寻求融合转型,发展新媒体。

一、内蒙古新媒体发展概况

近年来,内蒙古自治区的新媒体发展如火如荼,并以 SoLoMo 模式(So,即 Social,社交化;Lo,即 Local,本地化;Mo,即 Mobile,移动化)为切入点,不断尝试新媒体在各个领域的应用。在积极寻求融合转型,发展新媒体的过程中,内蒙古新媒体的发展实现了三个突破:在创办主体上,实现从传统媒体的主体支撑到单位部门和个人的竞相发展;内容上,实现从简单拼装搬运到个性原创设计;管理上,实现从相对混乱到逐步规范完善。[①] 这为观察、研究我国边疆地区新媒体发展提供了好的案例。

(一)中央厨房

中共中央政治局委员、中央书记处书记、中宣部部长刘奇葆在 2017 年 1 月

---

① 任镜宇:《2016 年内蒙古自治区新媒体大会 12 月 16 日召开》http://news.cnr.cn/native/gd/20161216/t20161216_523350828.shtml。

5 日举行的推进媒体深度融合工作座谈会上强调：推进媒体深度融合，要重点突破采编发流程再造这个关键环节，以"中央厨房"即融媒体中心建设为龙头，创新媒体内部组织结构，构建新型采编发网络。[①]

内蒙古日报社目前已经建立了"两部门"：即内蒙古日报社媒体融合部和考核评价部，成立了"三公司"：大草原网传媒、新牧歌传媒以及北方传媒户外媒体公司。同时正在逐步推进融媒体中央厨房、音视图新闻中心、数字印刷园 3 大工程建设，建立 6 个融媒体编辑部：蒙文融媒体编辑部、汉文融媒体编辑部、都市新闻融媒体编辑部、经济新闻融媒体编辑部、蒙文融媒体视频编辑部、外宣融媒体编辑部。[②] 内蒙古日报社去年 6 月正式启动由"先报后网"向"先网后报"的全面转型，形成了"一次采集、多次生成、多元发布"的融媒生产新态势。

内蒙古人民广播电台自 2003 年 4 月成立新闻综合门户网站——内蒙古广播网以来，先后累计投入 2000 多万元，目前可为互联网用户提供内蒙古人民广播电台 9 套节目在线直播和点播服务。内蒙古广电在已有的资源和设备下，充分发挥其记者团队和采编队伍的专业素养，建立覆盖面广的全媒体信息采集编辑系统，实现"一源多用"。

（二）两微一端

根据中国互联网络信息中心（CNNIC）发布的第 40 次《中国互联网络发展状况统计报告》，截至 2017 年 6 月，我国网民规模达 7.51 亿，互联网普及率达到 54.3%。我国手机网民规模达 7.24 亿，较 2016 年底增加 2830 万人；网民中使用手机上网人群的占比由 2015 年的 95.1% 攀升至 96.3%。[③]

随着互联网尤其是移动互联网的快速增长，各地纷纷构建主要基于移动终端的新媒体矩阵。目前，内蒙古新媒体移动矩阵以"两微一端"为主，即微博、微信（微信公众平台）和客户端三部分，还包括各种自媒体账号：如入驻今日头条，拥有官方头条号，入驻网易、搜狐以及 36 氪等互联网媒体平台。截至 2016 年上半年，内蒙古共有属地微博账号近 160 万个、微信公众平台近 2 万个、属地各

---

① 刘奇葆：坚定不移推进传统媒体和新兴媒体深度融合 http://www.china.com.cn/news/2017-01/05/content_40047136.htm。

② 孙亚辉：《由"先报后网"向"先网后报"全面转型》，《传媒评论》2016 年第 12 期。

③ CNNIC 发布第 40 次《中国互联网络发展状况统计报告》，http://www.cac.gov.cn/2017-08/04/c_1121427728.htm，2017 年 8 月 4 日

类客户端近2000个。2016年内蒙古几乎所有机构均开办了政务微信,相比上年同期增加2000多个,目前仍以每天2.5个的数量稳步增长,政务微信粉丝总量超过412万人,约占全区总人数的六分之一。“两微一端”等新媒体平台已经成为内蒙古网民获取权威信息的重要渠道之一。

内蒙古广播电视台联合科技公司开发上线了一个基于云平台的手机APP“云听草原”。在该APP中,用户可分享云平台中的公共资源,并建立自己的“私有云”空间,存储个人资料。此外,用户还可以通过手机终端参与直播互动,进行留言、投票等。

基于一些新媒体平台和自媒体账号的良好表现,内蒙古日报、内蒙古晨报、新浪内蒙古等微博账号被评为2016年度内蒙古自治区最具影响力媒体微博,平安内蒙古、内蒙古交警等被评为最具影响力政务微博;都市全接触、NMTV《新闻天天看》等成为最具影响力媒体微信,内蒙古招生考试、内蒙古12333等成为最具影响力媒体微信;内蒙古客户端、纵横新闻客户端等获评最具影响力媒体客户端。在2016年底举行的“2016年内蒙古自治区新媒体大会”上,内蒙古日报等牵头联合成立了“内蒙古微圈”,以期整合新媒体力量弘扬社会主旋律和传播网上正能量。

二、内蒙古新媒体发展之道:SoLoMo三位一体

早在2011年2月,北美创业投资人John Doerr提出SoLoMo概念,把Social(社交化)、Local(本地化)与Mobile(移动化)三者有机整合起来,并将其视为互联网未来发展趋势。①

如今移动终端尤其是智能手机以及4G信号、无线网络的迅猛发展,为SoLoMo模式的应用和普及提供坚实基础,用户可在任一时间、任一地点通过任一渠道以任一方式与媒体和他人交流互动。

(一)注重社交,提高用户参与度

随着媒体多渠道多形态的融合发展,受众的媒介接触行为已发生明显变化,受众向用户转变。报纸和网站的读者、电台的听众、电视台的观众已经不再单纯地、被动地接受媒体提供的信息和资源,已成为自主选择消费的用户。

---

① 王佳炜、陈红:《SoLoMo趋势下品牌传播的机遇与应对》,《当代传播》2013年第2期。

吸引用户参与进来,在注意力稀缺的移动互联网时代,比什么都重要。一旦用户与传播者形成良好互动,不仅能提高媒体新闻整合能力,还能及时得到反馈,对所发布的内容进行调整和修正。此外,用户的参与和互动往往能创造新的内容。以往,点击量是评价内容质量好坏以及传播效果优劣最为重要的标准,但盲目追求高点击量的同时,不少媒体铤而走险,利用低俗甚至情色内容,博眼球,刷流量;利用"网络水军"或"黑科技"制造虚假流量,进行广告欺诈。此外,一些社交媒体巨头,如 Facebook 去年数次被爆存在数据"不规范"的现象。未来,参与度也许将取代点击量,成为评判媒介效果和用户活跃度最重要的指标。

受众通过"参与"反映需求,其"参与"的海量数据将会转化为用户实实在在的行为路径,将可被总结归纳出来。通过这些"大数据"的分析运用,确定文章排版位置和文章发布、下架时间,帮助提炼标题甚至是引导话题等。

内蒙古新媒体在社交化(Social)方面大胆探索实践,效果不错。内蒙古日报社在 2015 年 2 月 9 日至 2 月 28 日,特别策划推出了全国"两会"热点问题专题调查。内蒙古新闻网设置了网络投票,选项中包括社会保障、从严治党、新能源利用、环境保护等在内的二十多项内容。通过收集用户的参与数据,清晰地得到了各项内容支持率和关注度的多寡。将用户调查常态化,注重用户的参与度可以密切媒体与受众间的关系,增强用户黏性、提升媒体自身品牌效应。《内蒙古日报》微博粉丝数量目前已超过 100 万。

注重社交还表现在内蒙古的政务微博、政务微信上。以往的政务微博仅仅是信息发布平台,但在移动互联越来越发达、用户参与热情越来越高的情况下,政务微博也是一个倾听民声、接纳民意的平台。在注意力竞争中,政务微博要想赢得用户关注,必须自我推介,适应网络环境和语境,通过主动设置话题等方式带动民众参与。同时,微博是去中心化和打破社会等级的扁平化结构,只有保持平视视角,才能够融入网民中,了解真问题,解决真问题。[①]

(二)深耕本地,提供区域特色服务

内蒙古的媒体在全国媒体领域中实力不强,全国辐射面有限。而且,整体而言,传统媒体相较于 BAT 主导的泛媒体企业,在大力发展新媒体、推进媒体深

---

① 陈力丹、曹文星:《微博问政发展趋势分析》,《编辑之友》2012 年第 7 期。

度融合过程中,既没有广泛的覆盖优势,也没有海量的用户数据作为支撑,还没有充足的资金予以保障,这类媒体必须主动转变思维,要认识到"互联网以及移动互联网的无疆域性优势也是它们区域性上的劣势",在区域化、本地化这方面占据先机,以区域特色为基础,深耕本地,聚集区域忠实用户,扩大本地收入来源。

全国许多区域媒体在本地化的推动中有所收益。近年来,成都广播电视台提出构建"新型城市公共服务传播体"定位,按照既"融合发展"又"差异化竞争"的理念,在台内实施跨媒体联动,积极打造城市公共服务产品。目前,成都台已成功打造了以提供本地新闻和政务资讯为核心的成都手机报4G版"看度",此款新闻客户端在当地具有较强的市场竞争力,并占有领先的市场份额。此外,不少传媒公司对新闻资讯与本地化服务的结合展开探索。苏州广电推出的新闻生活类客户端"无线苏州"实现了全方位公用信息与当地居民生活的无缝对接。在纸媒中,《都市快报》比较突出,其围绕本地服务和传播力进行创业创新,旗下创业项目成功率很高。

内蒙古新媒体的发展离不开对自身不足的清醒认识,立足本地,提供区域特色服务成为内蒙古媒体不二选择。打造内蒙古新媒体品牌,需要以当地文化为切入口,努力讲好内蒙古故事,赢得用户共鸣和热爱。长期以来,主流媒体没有全方位地释放民间社会和区域文化的活力①,而现在,内蒙古需要抓住机遇,提高提供公共传媒产品的品牌意识,打造"区域文化圈"。

当然,立足本地并不是提倡内蒙古媒体"与世隔绝",毕竟民族的是大众的是世界的。内蒙古在新媒体的推进中,努力以北疆草原独特的地域特色为基调吸引受众,比如草原文化、民族风情、口岸经济、向北开放的桥头堡、沿边经济带是内蒙古特有的软实力和地域经济优势。② 同时逐步打造专业的电子产品,提供内蒙古风情的歌曲、电影、文学作品、有声小说和评书等,将内蒙古广播积累入库的具有北疆草原特色的蒙、汉语音频资料库作为草原民族文化声音宝库的精髓,予以广泛传播。

---

① 陈海波:《移动互联时代加快内蒙古党报向新媒体转型的五个意识》,《阴山学刊》2015年10月。

② 吴向阳、塔娜、王韶丹:《找准契合点,加快传统广播与新媒体融合》,《新闻论坛》2016年第3期。

做大做强区域特色和服务的同时,对国内其他喜爱和崇尚草原风味和蒙古特色的受众来说,具有极大的吸引力;对外,尤其是外蒙古受众来说,以共通的文化品位和习俗为传播内容更能增强国际传播的有效性。

(三)移动优先,打造移动传播矩阵

移动互联网时代,SoLoMo 模式有效尝试,即 Social(社交化)、Local(本地化)与 Mobile(移动化)这三者的有机结合,已成为大势所趋,而且,"移动优先"似乎无须赘言。对于内蒙古新媒体发展甚至国内几乎所有的媒体融合转型而言,离开移动终端就变得苍白乏力,"两微一端"新媒体矩阵构建的载体首先是移动端,尤其是手机端。刘奇葆强调"要确立移动优先战略,创新移动新闻产品,打造移动传播矩阵",其战略地位或仅次于"中央空调"。

放眼国际,这两年,覆盖 iOS 和 Android 两个系统的 BBC iPlayer 手机 APP 是 BBC 向新媒体转型的力作,BBC 追求的"Mobile First"(移动优先)使其媒体巨头地位不容动摇。《纽约时报》的移动端首页完全体现出了严肃纸媒对电子媒介的适应,改版后的纽约时报移动端将严肃新闻放在醒目位置,以彰显自己的特色与追求,同时应用可视化手段(地图、图表、照片等)时特别注意适应智能手机的屏幕尺寸,以方便用户在移动端浏览。

国内移动优先战略起步也早、发展迅速。据不完全统计,2016 年,传媒集团推出的移动 APP 层出不穷,其中包括技术含量更高的移动直播 APP:北京时间、南都自媒体、看东方、芒果直播、荔枝直播等。此外,人民日报、新华社、央视新闻、澎湃新闻、看看新闻、芒果 TV 等客户端早已风生云起,下载量破亿,拥有众多忠实用户。包括媒体实力较弱的西藏电视台,去年 6 月也升级上线了,"牦牦TV"视频网站(汉语版)和手机移动客户端"爱特西藏"。媒体融合上升到国家战略高度以来,传统媒体对抢占移动端入口的渠道意识不断增强。

内蒙古在着力推进传统媒体与新媒体在各方面的相互融合中,将网络平台、微博、微信、客户端等新媒体建设作为重点。内蒙古广播电视台一方面将优质内容推送至各个门户网站和社交平台,同时创建和运营官方微博和微信,多平台、多形态传播延伸。内蒙古人民广播电台旗下的"爱播"充分利用音频资源,以"生活服务、休闲娱乐、文学欣赏"为主,打造了一本有声的"微杂志"。

此外,内蒙古其他地方的媒体在移动端也频频发力。通辽日报先后开通了中国通辽网、通辽手机报、官方微博、微信、手机移动客户端"掌中通辽"、阅报栏等栏目,其现代传播体系已具雏形;赤峰广播电视台三个汉语广播频率通过蜻蜓FM实现音频同步播出,电视开始尝试利用360水滴直播间等进行直播、互动。

近年来,内蒙古积极投入新媒体实践,整体而言取得长足发展,但是一方面其在传统媒体领域并不强势,品牌力、影响力以及优质资源相比其他发达省份一线媒体尚有差距,其新媒体发展还稍显滞后,越发火热的移动直播和VR技术、付费墙和会员等制度还未深入到内蒙古新媒体发展的思考之中;一方面,互联网巨头跨界威胁巨大,且占据更先进的网络技术、更雄厚的资金来源、更具体的用户数据、更广泛的渠道终端以及更庞大的流量入口,传统媒体尤其是欠发达地区的新媒体发展举步维艰。未来,内蒙古发展新媒体需不断争取有效的用户,并实现用户从"量"到"质"的转变;同时要拓展收入来源,实现内容变现。只有这样,才能在竞争激烈的媒体市场长久发展,并保有充足的话语权。

第五节 "微"团建——互联网思维下的共青团创新工作模式

2015年是全面深化背景下的群团工作改革元年。7月,习近平总书记在第一次党的群团工作会议中指出,要解决群团工作脱离群众的问题,切实增强群团工作的政治性、先进性与群众性。作为中国共产党联系青年群众的纽带与桥梁,群团工作改革对中国共青团提出了新的要求。

当前,互联网已经深入到社会的各个领域,对人们尤其是当代青年的思维方式、表达方式、行为方式以及生活方式等方面产生了深刻的影响。根据第40次《中国互联网络发展状况统计报告》,截至2017年6月,中国总体网民规模为7.51亿,其中10-29岁的网民占比72.1%。[1] 移动新媒体对青少年以及青年的影响日益深化。

---

① CNNIC:第40次《中国互联网络发展状况统计报告》,http://www.cac.gov.cn/2017-08/04/c_1121427728.htm,2017年8月4日

在移动社交的传播环境中,如何增强共青团工作的政治性、先进性与群众性,成为共青团面临的新挑战。为巩固“凝聚青年、服务大局、当好桥梁、团要管团”的四维工作格局,共青团积极探索在移动互联网络领域的工作手段,并形成了以共青团政务新媒体为基础的“微”团建架构,将团的政治性、先进性与群众性延伸至网络空间,以打造网络共青团的工作思路,形成立体矩阵式的工作方式,更好地吸引青年、引导青年、凝聚青年。

一、“微”团建的发展现状

(一)平台集聚化,形成矩阵效应

“微”团建,主要是指共青团依托微博、微信等新媒体形式,适应移动网络时代,打造“微”平台,开展共青团新型工作平台的建设。当前,我国共青团的“微”团建已全面进入移动化、平台化、互动化发展的新阶段,随共青团组织的发展脉络延伸至各级团组织,同时跨越多个平台,进行深入探索与创新,形成了网状覆盖,纵横交织的发展态势。

为增强与青年群众的紧密联系,共青团组织从青年视角出发,敏锐把握时代发展的脉搏,较早认识到新媒体的重要作用,在传统网站的基础上,积极试水移动新媒体,现已形成“一网两微多端”的新媒体工作体系,即以网站、微博、微信为主体,拓展多个移动客户端。同时,基层团组织还通过移动社交化的手段,如微信群、QQ 群、飞信群等,在宣传团中央政策的同时,切实加强团组织与青年之间、青年与青年之间的联系,实现社区化的平台服务。此外,共青团组织的各个新媒体平台之间相互连接,实现多屏的矩阵效应。

目前,网络空间已经成为青年新的聚集地。为扩大团工作的有效覆盖面,共青团充分利用多层级资源,推动各级团组织在新媒体领域积极跟进,形成共青团中央,到省、市、县四级新媒体工作格局,同时高校内部、企业内部团组织也纷纷开设相关网站与微账号,切实做到“青年在哪里,团组织就建在哪里”。此外,共青团加强在新媒体平台内部的层级与地域之间的联系,形成团微矩阵,在引导社会舆论、弘扬正确价值观等方面,集体发声,充分发挥新媒体的联动作用,提高共青团在移动网络中的影响力与传播效果。例如在微博平台上,共青团微博发布厅将团中央各部门、各层级、各地区、各高校的微博聚合,实现在同一界面对多个账号进行展示,并开设话题互动,展现各地团情,进一步挖掘微博服务功能,推动共青团微博群的聚合化发展进程。

在“微”团建呈网络状发展的同时,各级团组织也不断挖掘新媒体平台的功能,强化服务意识,构建新型的互动服务形式,打造指尖上的共青团。例如共青团中央的微信公众号充分发挥多媒体优势,定期推送文章,并配以图片、音频或视频。2016 年清明节,团中央宣传博制作微视频《我很好,就是唯一的答案》,并发布在共青团中央的微信公众平台上,截至目前,其阅读量达到 93465 次,不少用户在其页面中纷纷留言互动。这体现了团中央积极适应当前青年的“快消文化”,借助微视频与新媒体平台,满足青年用户利用零碎时间获取信息的需求,同时,微视频中稚嫩的童声与可爱的漫画形象与开放、平等的互联网相结合,弱化了以往较为生硬而正统的宣传感,有力地增强了团中央的亲切感,在轻松感人的环境中唤起青年对英烈们的尊敬之心与爱戴之情。

共青团中央还通过开设自定义多功能菜单与留言社区,既能够帮助青年获取信息,也能为青年打造交流沟通的平台,以提高青年的使用体验。

(二)服务平台化,形成联动效应

“微”团建基于互联网的社交性、互动性与服务性,将共青团所掌握的各种资源进行整合,搭建服务平台,为青年群体提供 SNS(社会性网络服务)与 LBS(基于线下位置服务)。一方面,基于微博、微信等移动社交新媒体,共青团积极拓展与青年直接沟通的渠道,实现共青团工作的扁平化开展,降低多层级所带来的资源浪费,并通过后台信息、青年用户数据等,切实了解当代青年的现实需求,为青年提供社会性网络服务。另一方面,借助病毒式传播兼具高渗透性特点的新媒体信息,共青团组织能够及时捕捉青年群体中的特殊案例,并基于线下活动,提供精准服务与帮助。

移动互联网赋予共青团新的服务渠道,各级团组织可以充分利用网络的开放、平等、互动等优势,打破以往的线下时空限制与号召式宣传,借助新媒体搭建的平台,实现线下服务活动的网络化,拓展活动参与者的覆盖面,并以更加亲近的姿态,充分调动青年的积极性。

为更好地开展青年服务,2015 年 9 月,共青团组织搭建青年之声互动社交平台,结合 PC 端与移动端,实现微博、微信、客户端联动,为青年提供就业、创业、心理、婚恋、维权等十个服务联盟,组建全方位服务青年的体系。除了向青年提供群体性的网络咨询服务,“青年之声”也实现多地联动,进行精准帮扶。

截至2016年1月15日,全国"青年之声"平台开通数已达3709个,青年组织用户达40万人,日均留言和提问3600条左右,日均阅读量450万。①

(三)舆论网络化,形成回声效应

共青团掌握丰富的传统媒体资源,在以往的舆论场中占据主导地位,其舆论传播模式基本上是单向线性传播,无论是论点立场还是表达方式,大多比较官方化,同时,受众缺乏有效的反馈渠道,难以发声。而在移动互联网时代,扩大化的传播主体、多向化的传播渠道以及碎片化的信息使得以微博、微信、客户端为代表的新媒体平台成为网络舆论的新战场。

网络声音的多元化不断弱化主流舆论,甚至出现一些对抗主流社会价值观,或者消极颓废的态度,这样的声音都对青少年的身心成长产生不利影响。以新媒体为代表的民间舆论场与以主流媒体为代表的官方舆论场在不同传播方式的推动下开始不断割裂。

共青团微平台的搭建,则不断改变两种舆论场的分化现象。共青团组织通过青少年喜闻乐见的方式,在热点事件上第一时间发出声音,传递社会正能量,及时补位,弥补传统主流媒体的滞后性,与其形成线上与线下的良性互动,形成正面倡导的回声效应。如在热门的"周子瑜事件"中,共青团中央的官方微博账号强势发声,倡导理性爱国,为青少年指明正确的爱国观。

二、"微"团建的发展问题

在移动互联网的推动下,共青团组织的"微"团建日益常态化,但与商业化运营的新媒体相比,共青团组织下的新媒体群可谓困难重重:整体上,共青团组织的新媒体阵营内部发展日益差异化,出现鸿沟现象;在内部发展上,由于互联网理念的限制,在内容提供、互动平台上均存在问题;在外部环境上,共青团属新媒体缺少市场竞争,难有新突破。

(一)理念局限:缺乏互联网思维

"微"团建为共青团搭建新的工作平台,但是不少共青团组织的新媒体建设还比较薄弱,仅停留在传播渠道的改变,并没有认识到新媒体在其工作创新中

① 李立红、崔玉娟:《"青年之声"塑造团青关系新格局》,载《中国青年报》,2016年1月15日,第03版。

的重要性,缺乏真正意义上的互联网思维。

首先,不少共青团组织的“微”平台在内容生产上存在问题。不同于以往的传播渠道,新媒体环境中信息生产模式多为PGC(专业生产内容)、UGC(用户生产内容)与AAC(算法生产内容),多种生产模式的结合,可以满足不同用户的信息需求,实现精准传播。但当前共青团组织的生产模式多采用专业生产内容,缺乏用户内容生产,难以实现青年在“微”团建的主体性。同时,在新媒体平台上,虽然不同层级的共青团组织均开设了相关账号,但不少地方共青团组织多是内容转发,缺少原创内容,根据2015年的《全国共青团系统政务新媒体集群影响力报告》显示,区县级以下的团账号原创率仅为48.10%。① 目前“微”平台发布内容所存在的问题,不仅弱化了共青团组织“微”平台的吸引力与影响力,在一定程度上也造成了用户注意力资源的浪费。

其次,共青团组织的“微”平台多缺乏有效互动。新形势下,共青团更应以青年为本,倾听青年呼声,关注青年需求,保持并增强自身的群众性。新媒体为共青团加强与青年的沟通提供了多元化渠道,如微博、微信上的转发、点赞、评论等,但不少共青团组织的微博与微信平台缺乏与用户的有效互动,削减了双向的信息交流。例如广西共青团的微博账号,其粉丝量高达102万,但在2016年1月11-17日中,日均发博量在8条左右,日均评论量则仅为4条,日均转发量与点赞量均为33次,与其庞大的粉丝量形成强烈反差。

(二)发展鸿沟:新媒体内部发展不平衡

根据2015年的《全国共青团系统政务新媒体集群影响力报告》显示,在全国共青团政务新媒体综合影响力排名前10位的账号中,省市级共青团政务新媒体占90%,区县级共青团没有入选TOP10的账号,排名最高的区县级共青团账号位居全国共青团政务新媒体综合影响力榜单第24位。②

造成不同层级共青团组织之间新媒体发展鸿沟的原因主要有以下几点。首先,各级共青团新媒体建设资源投入有所差别。与商业运营的新媒体不同,共青团组织的“微”平台建立目的在于服务青年,其主要资源多来自于组织支

① 新华网舆情监测分析中心:《全国行业系统政务新媒体集群影响力报告》,http://news.xinhuanet.com/yuqing/127534996_14252892665461n.pdf,第8页。

② 新华网舆情监测分析中心:《全国行业系统政务新媒体集群影响力报告》,http://news.xinhuanet.com/yuqing/127534996_14252892665461n.pdf,第7页。

持,或其他社会渠道,而新媒体的运行在专业人员、技术支持、资金投入上都有较高的要求,区县级共青团组织资源受限是其发展缓慢的原因之一。其次,由于共青团自身体制的限制,基层团组织的新媒体平台易被忽视。扁平化、社交化、移动化成为互联网赋予传播的新理念,用户可以直接关注相关账号以满足信息需求。而共青团的运行机制则为层级化管理,共青团相关的内容出现在不同层级共青团组织的新媒体账号上,青年用户关注不同的团组织账号,获取的信息则出现同质化现象,降低了用户的使用体验感受,也弱化了基层团组织新媒体的存在价值。

(三)外部环境:缺乏有效竞争

公平合理的竞争机制对发挥新媒体的创新潜能产生助力作用。建立有效的竞争机制能够进一步激发各级共青团组织的创新意识,避免重复,使其在发展过程中掌握先机,增强竞争力,形成竞争与创新的良性循环。

尽管各级共青团组织的新媒体在移动互联网的浪潮中奋勇向前,及时抢占舆论高地,呈现出"生机勃勃"的发展景象,但不少共青团属新媒体平台之间并没有形成有效竞争,其中不乏盲目跟风,或追求"全国第一"、"全省第一"等虚名化的名次地位。

由于缺乏有效的竞争机制,共青团属新媒体缺乏创新动力。然而,勇于改革创新,保持先进性是共青团做好群团工作的要求之一,也是共青团"微"平台增强竞争力的核心要素。虽然共青团较早发展新媒体平台,但其仍需在技术与功能研发上进一步创新,同时,共青团属新媒体更应加强在内容、形式等方面的创新,把握青年的阅读偏好与习惯,寓主流价值观于青年用户喜知乐知的内容,满足用户个性化需求的同时,进行潜移默化的正面引导。

三、"微"团建的发展路径

(一)互联网思维:挖掘数据与服务用户

由于缺乏有效的沟通渠道,传统的团属媒体与受众之间仍存在难以逾越的鸿沟,基层受众缺乏表达自我的平台,各级团组织也难以及时获取他们的信息需求。新媒体时代,移动互联网不仅赋予了共青团与广大青年交流的新平台,还为共青团提供了海量的可用数据,为实现共青团组织精准服务青年提供了新契机。

通过对“微”平台用户的信息资料、阅读习惯、信息获取偏好、搜索关键词等数据的挖掘,不仅有利于共青团组织了解青年的信息需求,区分青年用户的共性需求与个性需求,实现精准传播与对接,还可以通过对数据的深度挖掘,实现对各级团属新媒体的影响力评估,舆情监测等,创新激励机制。

虽然大数据、云计算等技术可以帮助共青团组织提高工作效率与反应速度,但更为核心的竞争力是能够为用户提供优质服务,以服务增强用户黏性。共青团“微”平台要做到真正意义上的服务用户,重点在于提高用户体验。一方面,“微”平台应注重功能开发,在了解用户使用偏好与习惯的基础上,对内容排版形式、分享评论模式以及界面展示、功能菜单等方面进行人性化设计。另一方面,有效的互动渠道是提高用户体验的又一路径,共青团组织应充分利用新媒体平台的优势,开发多元化互动模式,提高与用户互动沟通的效率。

(二)区域化特色:准确定位与优质内容

创新发展各级团属新媒体,既要充分发挥互联网思维,更要准确定位,为用户提供优质内容,形成区域化特色。

首先,发展区域化特色需要各级团属新媒体有准确的定位。各级团组织一般积累了丰富的当地资源,对当地高校、青年有较为深入的了解。因而,除了提供与团组织相关的信息,各级团属新媒体还应明确自身定位,立足本地,充分挖掘本地青年的信息需求,灵活开展线上线下活动,在引导青年的同时,切实服务青年。如桂林市团委的微信公众号“青春桂林”在面对发展困境时,开始逐步减少各种会议内容等,转而以本地资讯与服务类信息为主体,发布如《桂林街访:临桂区有哪些好吃好玩的?》《社保卡那些你必须知道的事!》等文章,为桂林青年提供旅游、生活方面的资讯。

同样,除了本地信息,各级团组织还可以根据数据分析,对青年用户感兴趣的某一领域进行垂直化挖掘,如对青年关注的就业、婚恋等热点问题,并开设不同专栏,提供专业信息与建议。如镇江团市委建立了线下一对一“私人订制”的创业服务体系,全市789名帮办员通过“青年之声”平台成为创业联盟专家,与

1767名创业青年开展结对帮扶。①

其次,在找准定位的同时,优质内容同样是区域化特色的关键。在新技术带来的海量信息中,用户的注意力资源不断被分化,优质内容在提升新媒体吸引力的同时,也能够更为高效地满足用户信息需求。优质内容的核心在于独创,独创内容既包括原创内容,也包括具有特色的整合内容。共青团"微"平台应打破信息来源与内容的局限,培养专业团队,根据青年的信息需求,进行内容原创,或创新化整合,以多元化的优质内容丰富共青团属新媒体平台。

(三)转变工作思路:打造网络共青团

网络空间作为当代青年的聚集地,也是共青团建立联系青年长效机制的阵地。"微"团建的核心在于共青团要转变工作思路,以新媒体作为黏合剂,抓好线上与线下的结合,实现共青团工作向互联网平台的转移,打造网络共青团。例如,当前不少青年在农村与城市之间流动频繁,对所属团组织依附不强,而网络共青团则为他们提供了直接联系团组织的渠道,消除了共青团实体层级设置的盲区,为有效提高共青团组织覆盖面与工作覆盖面助力。

将共青团搬上网络,既要加强各级团组织、各部门之间的资源整合与共享,又要整合社会资源。作为服务青年的组织,共青团拥有丰富的信息资源、传播资源、服务资源等,但存在资源分布不均的情况,而移动互联网所带来的新工作平台,将进一步打破不同地区、不同层级、不同部门之间的隔阂,实现全国跨地域、跨层级的资源交换与分享,从而节约办公成本,为青年提供多元化、一站式服务,提高共青团组织整体的工作效率。此外,新媒体为各级共青团组织联系社会资源提供了便利的渠道。借助"微"团建,共青团组织可以与社会力量联动,进一步整合社会资源,以服务青年。

网络共青团的建立与发展,将在最大程度上保持与青年的密切联系,解决好服务对接与落地问题,延伸共青团的社会公信力、影响力与服务力至网络空间。因此,各级团组织应当重新树立自身在新媒体时代的价值,努力推进工作创新,整合内外资源,提升共青团线上线下的影响合力,打造共青团的网络

---

① 《江苏省:强引导中服务促融合多措并举打造青年"身边的共青团"》,http://www.sdyl.gov.cn/webs/NewsView.aspx?id=362a4b53-f2a1-40f9-a73a-cf010942d8fa。

品牌。

面对移动互联网带来的新形势,共青团组织积极融入,搭建“一网两微多端”的新媒体平台,推进“微”团建进程。但在发展过程中,共青团属新媒体在整体上发展不均衡,同时,受到思维局限,在内容、互动等方面仍存在问题。各级共青团组织需要积极应对发展问题,发挥互联网思维,为用户提供优质内容与个性化服务,并整合资源,充分挖掘新媒体在共青团工作创新中的特色与优势,实现互联网与共青团工作的真正融合。

第四章

融媒态势——从“相加”到“相融”

当前,媒体融合伴随技术的更新迭代向更广阔的天地行进。人工智能、虚拟现实等技术为内容呈现、融合报道提供了多种样态,并且这些创新性的因素正在向媒体乃至整个互联网行业深处蔓延。新技术、新平台的出现与媒体融合的各个阶段紧密结合。早在 2014 年 8 月,中央全面深化改革领导小组第四次会议上,习近平主席就推动媒体融合发展发表了重要讲话,提出要“要着力打造一批形态多样、手段先进、具有竞争力的新型主流媒体,建成几家拥有强大实力和传播力、公信力、影响力的新型媒体集团,形成立体多样、融合发展的现代传播体系”。因此,媒体融合发展是一项艰巨且长久的任务,无论是传统媒体还是新媒体,都应当探寻多元化的发展战略。

第一节　媒体融合发展概况及态势

技术的更新迭代不断塑造着新的信息传播体系,媒体融合已经成为当今时代的发展主流。2016 年,视频直播技术成为热门,国内传统媒体与社交媒体纷纷加入直播浪潮,更多丰富的新闻产品形式不断涌现。面对纷繁复杂的传播形态,中国政府出台相应政策法规为媒体融合提供更加明朗的发展环境。在持续的政策利好下,国内媒体积极探索资本引入机制与经营链条,探索多元化发展模式。

一、国内外总体态势与发展现状

科学技术的更新迭代不断推动着移动互联网与新媒体的快速发展,其对世界范围内的传统媒体产生了强力冲击,深刻影响着新闻生产流程、分发渠道、运行机制与产品形态等,传媒业态与产业格局正发生着前所未有的变化。面对新媒体的强势来袭,变革转型已经成为传统媒体发展的必然举措。2016 年,探索多元化融合模式依旧是全世界范围内媒体融合的主流趋势。

随着智能设备与互联网技术的快速发展,移动端已经成为当前世界范围内用户接收新闻信息的主要选择。根据路透社的研究结果显示,在其调查的 26 个国家中通过移动端口获取新闻的用户急速增长,达到了 53% 。①

用户资源向移动端集聚的趋势直接影响着国外传统媒体变革融合的决策,“小屏化”已经成为不少传统媒体拓展新媒体业务的主要方向,个体化、泛在化、片段化、交互化成为当前媒体融合呈现出的新特点。

为了满足用户日趋个性化与细分化的内容需求与接收习惯,将数据分析运用于新闻生产与分发流程是当前媒体融合中颇为常见的做法。《赫芬顿邮报》通过“Omniture”可视化界面及时获取并分析包括流量接入点、推荐新闻渠道等基础或复杂的数据,为其新闻编辑与媒体长期发展提供参考。此外,《赫芬顿邮报》还引进 Gravity 个性化推荐监测工具对用户重复阅读率、兴趣图标等进行收集,以实现新闻分发与商业运作。《卫报》与《金融时报》均自主研发专属的数据分析工具,并在原有新闻编辑室基础上建设用户参与团队,实现数据参与新闻编辑决策。

在数据支撑的精准传播环境中,投入并试用更多的新技术也成为不少国外传统媒体融合转型的选择之一,不断丰富着新闻产品形式。2016 年,VR 以及视频直播等技术的推广与发展在世界范围内掀起了一场视觉新闻的改革。在 2016 年里约奥运会上,包括奥林匹克广播服务公司(OBS)、美国全国广播公司(NBC)、英国广播公司(BBC)等各大全球媒体首次将 VR 技术应用于开幕式及各项赛事的直播与转播中。《今日美国》推出虚拟现实新闻网站“VRtually There”,为用户提供浸入式新闻体验。除了 VR 技术在 2016 年得到更为广泛的

---

① Reuters Institute:《Reuters Institute digital news report 2016》,p8.

使用外，生产移动视频产品同样是传统媒体适应潮流的举措之一。为适应年轻用户的接受习惯，CNN推出聚焦于青年一代的视频故事应用“Great Big Story”(GBS)，每日向用户推动2-3个短小精悍的视频或1个视频专题。同时，CNN借助收购视频分享工具“Beme”以实现在视频新媒体业务上发力。此外，继机器人写稿后，人工智能再次成为新闻报道的重要辅助。《华盛顿邮报》开发了名为“Feels”的聊天机器人，帮助其在美国大选期间向用户收集关于选举的数据来捕捉美国选民的倾向。为了强化与用户的社交互动，不少媒体尝试借助科技公司开发的聊天机器人推出聊天式新闻，以提高用户黏度。作为“Facebook Messenger”聊天机器人的首批体验者之一，CNN的聊天机器人囊括了推送新闻、读故事、了解梗概以及向机器人提问的功能。

在传统媒体积极转型融合的同时，不少社交媒体日渐青睐传统媒体在内容生产方面的优势，积极探索在更多领域实现共享资源的对接模式，互联网“倒融合”渐成趋势。2016年4月，Facebook推出视频直播服务“Facebook Live”后便邀请众多媒体入驻，“直播+媒体”的模式在保证源源不断优秀内容产出的同时，也实现了对视频直播领域内容的补充与完善。

随着融合进程的不断深化，国外传统媒体在人员队伍、管理体制、产业资源等方面均进行了大刀阔斧的改革。如《纽约时报》一直积极拓展新闻业务外的数字产业发展，其在2016年为旗下移动APP“New York Times Cooking”推出相关配送业务，同年11月，《纽约时报》收购了“The Wirecutter”与“The Sweethome”以实现在数字媒体服务领域更多的探索。

2016年2月19日，习近平总书记对人民日报社、新华社以及中央电视台进行实地调研后，在新闻舆论座谈会上指出：“要适应分众化、差异化传播趋势，加快构建舆论引导新格局；要推动融合发展，主动借助新媒体传播优势。”伴随着全球媒体融合的浪潮，中国政府始终强调媒体融合的重要战略部署位置，并搭建顶层设计，着手融合战略布局，推动传统媒体与新兴媒体的融合。国内各级媒体在党中央指导意见的引领下，不断创新传统媒体与新兴媒体的优势互补路径，把握在传播生态格局中融合发展的主动权。

根据《第40次中国互联网络发展状况统计报告》数据显示，截至2017年6月，中国网民规模达到7.51亿，互联网普及率为54.3%，其中网民使用手机上

网人群占比稳健提升，达到96.3%。①（如图4－1）

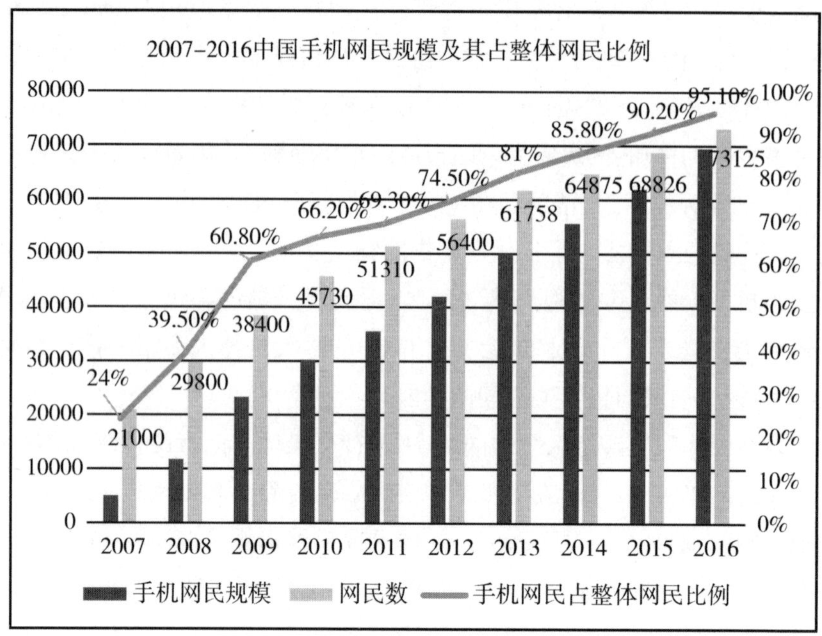

图4－1：2007－2016 中国手机网民规模及其占整体网民比例

为适应网络用户规模上涨的趋势，国内多数媒体已经形成微博、微信、客户端等多态发展的全媒体传播矩阵群。在此基础上，可视化、云计算等新技术被不断运用于新闻生产传播中，新闻生产模式的重新建构进一步实现新闻资源的高效聚合与共享。相较于创新力度明显减弱的传播渠道，传播内容的影响力出现明显提升，内容创业更是成为国内新闻领域内的主力军，不断涌现更为丰富的新闻产品形式与报道内容。同时，不少传统媒体内部的体制改革也出现了一定进展，实现更加多元的资本融入与经营模式，为其发展带来新契机。

2016年，政策与技术发展为媒体融合提供双重助力，国内传统媒体在创新的基础上开始尝试更多的探索模式，并在内容、渠道、平台、经营、体制等方面均有所突破，尤其对移动传播探索更为显著。

① 中国互联网络信息中心：第40次《中国互联网络发展状况统计报告》，http://www.cac.gov.cn/2017－08/04/c_1121427728.htm，2017年8月4日

二、国内媒体融合焦点解读

(一)技术迭代,应用创新促进形态衍变

受益于高新技术以及智能设备的不断更新与完善,新闻信息采集与生产、新闻产品形态与传播呈现出了更为多元化与创新性的发展趋势。2016 年,新技术开始被广泛应用于新闻媒体领域,推动媒体融合过程中的应用创新,提升信息增量,完善用户体验。

无人机、人工智能、虚拟现实、GPS 定位等技术被广泛运用于国内媒体信息生产机制中,通过技术革新营造的场景再现对呈现事实与提高传播效果方面起到了推动作用。在多种类型的新闻报道题材中,无人机航拍为新闻摄影提供了全新的视角。2016 年 1 月 4 日,《深圳晚报》成立无人机采访队以完善一线采访部门配备,并与深圳 ZAKER 以及深圳官方微博与微信公众号加强实时互动,开辟全视野的新闻采访模式。虚拟现实的广泛使用更是在视觉、听觉等方面延伸用户感官体验,为用户创造浸入式新闻场景,增强新闻报道的真实性与现场感。利用虚拟现实技术实现全景式报道成为 2016 年两会媒体创新的一项新举措。《人民日报》采用 VR 全景拍摄技术,改变了以往的固定拍摄视角,其推出的《VR 带你进会场 · 政协大会这样开幕》作品,为用户呈现立体影像,呈现 720 度沉浸式体验,形成实时移动的全新报道形态。在里约奥运会期间,央视财经推出了名为"娇娇"的 Alpha2 机器人与主持人同台解说,一起打造奥运特别节目《巴西的秘密》。

作为潜力资源,对数据的开发与运用一直都是媒体实现自身快速转型,增强用户黏性的重要手段。云计算、大数据的技术推广使媒体得以充分利用巨大体量的用户价值,为定制化、精准化传播提供保障。2016 年 9 月,浙江传媒通过非公开股票增发项目获国家主管部门批准,拟募集 19.5 亿人民币用于建设"互联网数据中心和大数据交易中心"项目。① 传统媒体积极开展与互联网科技公司云平台的搭建,推动媒体融合从简单相加走向深度融合,助力新型主流媒体的建设。在 2016 年媒体融合发展论坛上,人民日报媒体技术股份有限公司联合腾讯云共同发布我国首个媒体融合云服务平台——中国媒体融合云,为合作

① 郭全中、胡洁:《2016 年传媒经营管理分析》,《青年记者》2016 年第 36 期。

媒体提供更多新闻内容生产、大数据运营等方面的技术应用,帮助消除融合过程中的技术难点与痛点。2017 年 2 月,新华社启动“现场云”全国服务平台,与国内媒体共享成熟的“现场新闻”直播形态产品。大数据在 2016 年同样成为各大媒体集团青睐的技术之一。2016 年 11 月,南方报业集团成立南都光原娱乐有限公司,通过大数据分析以获取在传媒领域有价值的 IP,推进纸媒与资本的融合发展。

(二)视频井喷,直播产品开辟传播蓝海

作为 2016 年炙手可热的传播形态,移动直播与短视频开始成为用户更为青睐的接收方式,其在满足用户对碎片化与精简化信息需求的同时,视觉冲击与体验能够帮助媒体在短时间内获取用户注意力,新闻视频化日渐成为主流趋势。新闻资讯节目是网络视频用户的主要内容偏好之一,占网络用户使用的 61.8%。[①] (如图 4-2)

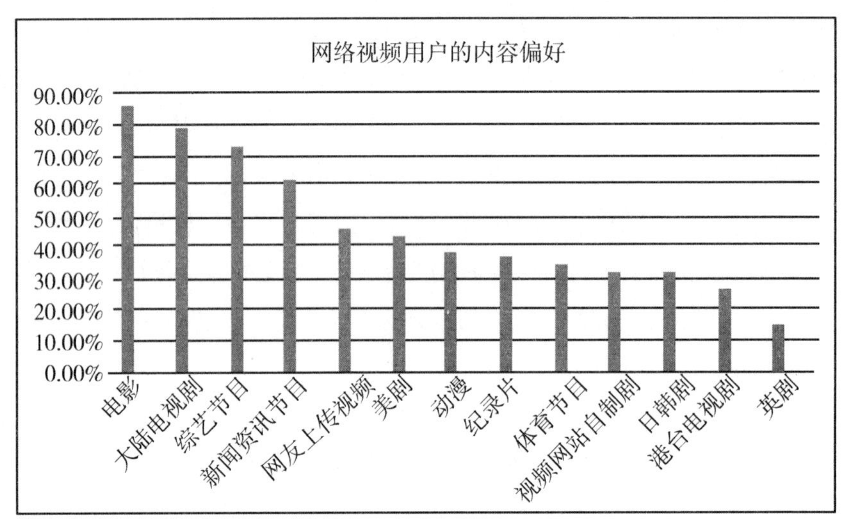

图 4-2:网络视频用户的内容偏好

数据来源:中国网络视听节目服务协会网络视频用户调研

智能设备与网络技术的普及赋予传统媒体尤其是传统纸媒新的传播方式

① 新华网:《2016 年中国网络视听发展研究报告出炉 4.88 亿人用手机看视频》,http://www.sc.xinhuanet.com/content/2016-12/08/c_1120078887.htm,2016 年 12 月 8 日

与传播产品形式。在这个过程中,不少传统纸媒纷纷开展与新平台合作,糅合双方优势,如新京报与腾讯强强联手推出的新闻直播节目"我们视频"正是典型案例,"我们视频"结合新京报的优质内容与腾讯的平台技术,强化新闻资讯的传播效果。2016 年 9 月,北京新媒体集团"北京时间"与《中国青年报》联手打造报道团队,对杭州 G20 峰会进行全景直播。此后,以深度内容著称的南方周末也涉足视频领域,与上海灿星文化传媒股份有限公司、小强填字传媒共同推出"南瓜视业"。央媒国家队同样是移动直播领域的主力军,2017 年年初,人民日报社新媒体中心联合新浪微博、一直播打造了全国移动直播平台"人民直播";新华社推出了"现场云"全国服务平台,为国内媒体提供资讯直播服务与平台支持。

国内微博、微信等社交媒体对短视频领域同样展开了激烈竞争。从 2013 年 8 月至 2016 年,新浪微博连续四轮领投一下科技,累计投资 1.9 亿美元,将一下科技旗下的秒拍、小咖秀、一直播等内嵌在新浪微博。借助短视频与直播,新浪微博实现了收入与用户双增量。2016 年 8 月,微博公布的二季度财报显示,直播开播场次超过 1000 万,比一季度高 116 倍;净利润同比增长 516% 至 2590 万美元;活跃用户同比增长 38.8% 至 7.62 亿。[①] 而微信则在 2016 年对其内嵌功能小视频进行更新,在增加可发送时长的基础上,支持保存视频与本地视频上传分享,并增添了剪辑、合成、增加特效等功能,增强小视频在微信生态圈中的传播。此外,不少内容创业者也倾向于移动视频与直播,如前澎湃 CEO 邱冰创办了新闻资讯短视频平台"梨视频"。

在多元化主体纷纷入局后,国内新闻视频市场开始呈现出融合生产、立体分发的特点与趋势。

(三)政策引领,完善法规提供坚实保障

在国内新兴媒体迅猛发展以及全面推进媒体融合进程的大背景下,政府密集出台相关引领性政策,在为融合转型指明方向的同时,也为媒体发展创造更为宽松的环境。

2016 年 1 月,国务院三网融合工作协调小组办公室下发《关于在全国范围

---

① 财新网:《新浪微博领投一下科技 5 亿美元融资》,http://companies.caixin.com/2016-11-21/101009783.html,2016 年 11 月 21 日

全面推进三网融合工作深入开展的通知》(以下简称《通知》),要求广电主管部门应督促广播电视播出机构不断丰富 IPTV、手机电视节目内容、指导网络电视播出机构与 IPTV、手机电视传输分发企业规范对接等。《通知》对推进传统广播电视与 IPTV 的融合发展提供了政策保障与支持,同时也对推动三网融合具有重要意义。2016 年 3 月,《中华人民共和国国民经济和社会发展第十三个五年规划纲要》提出建设现代传媒体系,以先进技术为支撑、内容建设为根本,推动传统媒体和新兴媒体在内容、渠道、平台、经营、管理等方面深度融合。同年 8 月,国家新闻出版广电总局公布了《关于进一步加快广播电视媒体与新兴媒体融合发展的意见》(以下简称《意见》),《意见》提出要力争在两年内,广播电视媒体与新兴媒体融合发展在局部区域取得突破性进展,形成几种基本形式,并在"十三五"后期,形成中国广播电视媒体融合新格局。①

2016 年 4 月 19 日,习近平总书记在网络安全与信息化工作座谈会上指出:"要加快网络立法进程,完善依法监管措施,化解网络风险。"随着互联网日渐全面渗透社会生产与生活领域,依法治网已经成为依法治国的重要组成部分。在充分平衡管理与保护创新关系的前提下,政府积极应对并及时开展相关政策与法规的制定推广,为媒体融合转型发展保驾护航。

互联网领域中,新闻侵权事件屡屡发生,版权问题已经成为媒体融合进程中亟待解决的问题之一。2016 年 1 月,《互联网新闻信息服务管理规定》发布,其中指出互联网新闻信息服务提供者转载新闻信息,应当完整、准确,不得歪曲、篡改标题原意和新闻信息内容,在显著位置注明来源、原作者、原标题、编辑真实姓名,并保证新闻信息来源可追溯。② 同年 6 月 28 日,国家互联网信息办公室发布《移动互联网应用程序信息服务管理规定》,对移动互联网应用程序进行规范管理。

面对新兴传播形式,政府同样在第一时间制定政策与规定加强监管。如 2016 年下半年,网络直播行业三大监管机构相继颁布《关于加强网络表演管理

---

① 国家新闻出版广电网:《新闻出版广电总局关于进一步加快广播电视媒体与新兴媒体融合发展的意见》,http://www.sarft.gov.cn/art/2016/7/18/art_113_31297.html,2016 年 7 月 18 日

② 人民网:《互联网新闻信息服务管理规定(修订征求意见稿)》,http://media.people.com.cn/n1/2016/0113/c14677-28048168.html,2016 年 1 月 13 日,

工作的通知》、《关于加强网络视听节目直播服务管理有关问题的通知》、《互联网直播服务管理规定》，积极开展治理与净化网络直播平台的措施。

（四）跨界合作，多元服务开拓经营发展

跨界合作已经成为全媒体时代背景下媒体融合的路径之一。2016 年，一系列跨行业的合作协议签订，帮助媒体涉足更多领域，为其自身开展多元化经营发展提供了新触角。

依托自有资源与优势，传统媒体集团开始涉足教育、会展、旅游等多种行业，营造产业链条。如枣庄日报社成功接管枣庄会展中心，为涉足车展、房展、年货会等展会提供了活动平台与场地，积极开创会展产业。同时，在所搭建的移动传播平台上，传统报业集团打通线上与线下资源，积极推动线上社区购物，完善线下物流服务。2016 年 8 月，包括江西日报社、青海日报社在内的全国 29 个省、市、自治区的 37 家媒体共同结成全国党报电商物流联盟，打造联通全国跨城乡、跨省界、跨行业的电商物流一体化品牌。

媒体融合过程中无论是传统媒体还是新兴媒体在关注自身发展的同时，也开始承担起更多的社会责任。通过联通线下线上合作，不少媒体开始提供更多便民服务。2016 年 1 月 12 日，云南广播电视台与当地旅游发展委员会、途牛旅游网达成协议，将整合各自优势资源打造“互联网 + 旅游 + 传媒”的新型旅游发展模式。同年 2 月，山西广电网络传媒集团与省卫计委宣布联手开发的健康服务类栏目“百姓健康”在高清互动“e + TV”平台上线，用户在家里便可以通过高清互动机顶盒享受免费预约挂号，健康咨询等服务。《北京青年报》在北京大型社区开设百余社区驿站，以“OK 家”APP 为聚合平台，打造北京社区 O2O 的综合服务平台，为居民提供便利服务。而廊坊日报则通过“策划 + 活动”推动经营转型，如报社借助信息资源，打造智慧社区与“淘廊坊”，为市民提供各项生活服务。

（五）资源共享，搭建平台推进集团融合

不同平台之间实现资源重组与整合，推动媒体领域内部资源共享已经成为当前媒体融合的重要内容。一方面，传统媒体调配内部资源，打造“两微一端”。另一方面，传统媒体之间、传统媒体与新媒体以及媒体与公司之间建立起了合作关系，扩大既有平台或共同搭建新平台，推进集团式融合。

为适应扁平化、一体化的新闻内容生产机制与新闻采编发布流程，不少传统媒体纷纷整合自有资源、改革原有架构,构建起各具特色的“中央厨房”。2016 年两会期间,中央电视台首次设立“融媒体编辑部”,统筹报道资源,打通前方采访与后方编辑、分发与推广,对原有报道流程进行数字化、集约化改造。其推出的“V 观”系列在时政微视频内容与表达方式上均有所创新,打造了“V 观习主席出访”、“V 观两会”等多个子品牌。同样打造全媒体传播矩阵群的还有广州日报报业集团,其上线开通包括广州参考 APP、“南风窗”智库等在内的 7 个大重点项目,形成“1 + N”大格局。

在传统媒体实现内部调整的基础上,对外合作实现资源共享与强强联手也是媒体集团实现转型发展的另一举措。2016 年 3 月 6 日,陕西广电网络与甘肃、青海、宁夏、新疆四省的广播电视网络股份有限公司展开全面合作,实现网络互通、内容共享共建等业务拓展。广电公司之间的联手在互通资源的基础上,在有效推动传播力与影响力的同时,也将进一步推进融合规模与力度。同年 11 月,国内第一家全媒体集团——南方财经全媒体集团诞生,其拥有分属南方报业传媒集团、广东广播电视台的财经类媒体业务资源和经营性资产,以媒体、数据、交易为三大重点业务,打造拥有强大传播力、公信力与影响力的专业财经全媒体和综合金融信息服务集团,努力为媒体融合发展提供新样本。

(六)体制改革,拓宽渠道促进资本引入

目前,国内不少传统媒体基本已经实现与新兴媒体内容共建与经营合作,并开始转向更深层次的联合运作,实现组织结构融合。但尚未改革的固有体制往往成为媒体融合的主要障碍,真正要消融传统媒体与新兴媒体之间的界限,关键在于推动体制创新与改革。

媒体融合发展体制创新首要任务是推动媒体集团实行现代企业制度。2016 年 9 月,东方明珠新媒体正式发布股权激励计划,成为率先在上市公司主体层面实施股权激励计划的文化传媒类国企。股权激励制多是媒体集团进行内部体制改革的首选,有条件地给予奖励机制能够帮助其充分调动内部工作人员的积极性,从而增强活力,适应市场经济发展的需要。

资本是媒体实现转型发展的必要因素与保障。2016 年,更多的媒体集团通过多元化战略,纷纷打出资本引入的组合拳,借助投资收购、融资上市,拓宽资金来源渠道,完善集团资金链条。2016 年 10 月,新华网正式挂牌上交所,募集 14.37 亿元,完成包括全媒体信息及应用服务云平台、政务类大数据智能分析系

统等五个项目。[①] 同年 12 月，上海国资战略入股澎湃新闻，共六家上海国有独资或全资企业对上海东方报业有限公司战略入股，总投资额达到 6.1 亿元。[②]

三、媒体融合问题分析与传播影响

（一）固化组织思维，媒体内部机制改革迫在眉睫

媒体机构是推进媒体融合的直接执行者与实践主体。媒体组织内部机制的完善与创新，直接关系到媒体融合进程能否顺利并取得好的效果。面对移动互联网快速变化的传播模式与要求，与时俱进的创新型内部机制亟待改革。目前，不少传统媒体机构的运行机制仍是遵循原有媒体发展模式与规律，存在较为固化的组织思维，新增融合部门职能较弱，原有设置部门关系不畅等问题。

在与新媒体融合过程中，不少传统媒体机构通过添设融合部门或新媒体部门进行增量组织改革。这些新增部门多是主管新媒体新闻生产与传播，并协调与其他部门共同推进媒体融合进程。但在融合实践中，此类部门的人员从其他部门借调，流动较大，往往承担着原有部门的任务安排，难以持续推进融合工作，同时新增部门人员通常缺少统一融合业务培训，较少能够在融合发展问题上拥有权威话语权，导致多是参照其他媒体转型进程，难以形成自己的融合特色。

随着融合进程的深化，新闻信息生产流程与成果将被原有生产部门与新媒体部分共同承担与分享，部门之间将实现通力合作，共同参与新闻产品的打造，并实现在不同渠道分发。为提高生产效率，在空间上打通不同部门之间的隔阂能够有效推动资源共享机制。但在现实中，媒体机构中仍存在固化组织思维，延续传统运作模式的问题，部门之间界限分明，条块化运行模式突出，横向沟通存在障碍。与此同时，相对应新媒体扁平化的运作机制，当前传统媒体机构内部多是层级化管理，新闻产品从生产到传播要经过不同层级或部门，难以在争夺用户注意力资源的激烈竞争中抢占先机。

---

① 新华网：《新华网正式挂牌上交所》，http://news.xinhuanet.com/photo/2016-10/28/c_129341411.htm，2016 年 10 月 28 日

② 人民网：《〈东方早报〉变身澎湃新闻 国有资产 6.1 亿战略入股》，http://media.people.com.cn/n1/2016/1229/c192370-28986811.html，2016 年 12 月 29 日

(二)行业自律缺乏,现有规制与监管落后行业现状

随着网络信息技术的快速发展,媒体生产者往往无须亲临新闻现场便能够从网络上获取新闻信息。在日渐形成的海量信息环境中,网络把关人的缺失开始对新闻媒体人的自律以及行业规制提出更高要求。目前,媒体融合日益呈现出范围广、速度快、层次深的特点,相应的传播乱象也层出不穷,而所适用的规制体系相对落后,难以适应当前行业现状。

在以往的传统传播环境中,不同媒体往往具有自己的平台规范与技术特点,这就使其所生产的新闻产品产生了排他性。纸媒、广播、电视等不同体系便相应产生了独立的行业规制,互不制约,如《报纸出版管理规定》、《广播电视管理条例》等。而传统媒体与新媒体的融合使得同一传播平台可以生产兼具文字、图片、视频等多种形式的信息,这种兼容性打破了以往传统媒体的纵向独立。但目前的行业规制却仍局限于纵向管理,没有实现横向兼容,往往既存在盲区也存在交叉管理的状况。媒体融合开始产生倒逼规制发展的力量,如2016年2月,国家新闻出版广电总局、工业和信息化部发布《网络出版服务管理规定》;2016年12月12日,文化部印发《网络表演经营活动管理办法》等。总体来说,目前多是针对某个行业或新闻传播形式的管理,仍属于纵向规制,而缺少对媒体行业方面的横向规制。

媒体融合需要政府管理部门充分发挥监管作用。但在现实监管过程中,往往出现多个政府部门对媒体机构的信息传播拥有监管权力。在同一新媒体平台中,不同内容类型的传播需要获取不同组织机构的许可,同时,开辟不同业务也需要办理不同的手续,如开通视频业务则需要广播电视主管部门的审批,而涉及新闻采编则需要新闻出版总署批准等。交叉管理权限与领域往往形成了对媒体融合转型的阻碍。

(三)人才流失严重,新媒体人才不足成媒体融合掣肘

2016年2月19日,在党的新闻舆论工作座谈会上,习近平总书记指出:"媒体竞争关键是人才竞争,媒体优势核心是人才优势。"新闻业态发展的巨大改变使得对新闻人才的需求也出现了变化。拥有一支政治素质高、业务水平硬并且富有互联网思维与基因的人才队伍,是传统媒体与新兴媒体实现融合发展的关键所在。但目前国内媒体融合过程中却呈现出较为明显的人才困境。

媒体行业出现人才净流出现象①，传统媒体人才流失的情况仍未缓解。2016年1月，王平辞去湖南电视台副台长一职，担任优酷土豆高级副总裁；同月，曾任《东方时空》编导与《新闻调查》制片人的张洁宣布从中央电视台离职……在传统媒体人纷纷离职的同时，不少新媒体人才也掀起了离职热潮，投身于内容创业。2016年6月，记者雷建平从腾讯科技辞职，创办“雷帝触网”；8月，壹读传媒CEO、总编辑马昌博离职，创立“视知”，成为知识类视频生产商；2016年10月，原小米公司副总裁陈彤担任一点资讯总裁一职，同时兼任凤凰网联席总裁。

相对应媒体人才的流失，新型人才供给不足也成了限制媒体转型发展的因素之一。随着传统采编体系与传播模式的革新，媒体开始涉足信息传播、通信技术、产品设计等多个领域，这种变化对人才结构产生了深远的影响。单纯的业务型人才已经不能够满足融合需求，诸如数据分析师、用户体验师、程序开发师等新人才类型成为媒体转型发展过程中的需要。而兼具媒体融合技术又懂得新闻传播规律、能胜任新闻采编又懂得新媒体发展规律的复合型人才更是成为不少媒体难以寻觅的对象。

面对人才流失以及新型人才难引进，其原因在于不少传统媒体内部体制禁锢，同时在新媒体巨大的冲击压力下，尚未建立有效的人才激励体制以及人才享受待遇相对较低，都对优秀人才流失产生了较为明显的影响。

（四）过度重视技术，缺少评价体系提供统一标准参照

国内媒体融合多是聚焦对高新技术的应用以及新产品的推出上，相互参考与模仿已成为传统媒体转型过程中的选择。然而在融合发展过程中，单纯依靠技术换代难以维系媒体长远发展，同时容易模糊以往的差异化定位，呈现出同质化竞争的趋势。因此，一套具有统一标准的评价融合体系有利于明确地反映各媒体的融合进度，并帮助媒体依据现状制定更为精准有效的改革措施。

目前，国内的评价融合标准基本上是根据传统媒体两微一端的搭建情况，将其平台下载量、粉丝量、浏览量等作为主要评估标准，对其进行算法推演，得出相应的融合传播力排名等。但是在此过程中则可能存在数据真实性、评估标

---

① 中青在线：《“价值焦虑”的媒体人：多数月薪不过万 新媒体薪酬领先传统媒体15.8%》，http://theory.cyol.com/content/2017-01/13/content_15287955.htm，2017年1月13日

准权重分配以及算法科学性等问题,同时,不少评价标准过度倾向于对经济效益的考量,而未能充分考虑到媒体在转型过程中应承担的社会责任,导致评价标准单一片面。因此,建立全国媒体数据库并通过大数据、云计算等方式制定科学的评价体系成为媒体融合发展过程中的必要一环。

四、媒体融合对策建议与趋势展望

(一)创新理念,深化媒体内部机制改革

媒体机构实现转型发展的前提是转变传统思维模式,适应互联网所形成的开放、包容、平等和分享的价值理念。在此基础上,将互联网思维细化到媒体内部体制、传播技术、信息产品、渠道搭建等诸多领域,并及时根据市场、用户以及国家需求更新并完善媒体整体运行机制,实现更深层次的转型发展。

在内部机制层面上,媒体机构应当积极转变传统思维,以融合思想与理念引领机构管理结构革新,并借助互联网思维助推体制改革,探索新方法、新思路、新模式,加快转型升级。如廊坊日报社将"平面媒体必须与新兴媒体融合发展"作为转型升级的第一理念,同时狠抓"媒体融合发展"与"经营转型升级"两条主线,搭建了"全媒体传播平台、大数据平台、舆情监测平台、活动营销平台与便民服务平台"五大平台,推动廊坊日报社内部资源重组,形成融合化发展体制与内部结构。而浙江报业集团集合 300 多家新媒体,形成核心圈、紧密圈、协同圈三大传播体系,并以"三圈环流"为媒体融合体制基础,以浙江日报、浙江在线、浙江新闻客户端"三点"为牵引,将原浙江在线新闻中心、集团数字采编中心与浙江日报采编部门合并,形成"大编辑部 + 垂直采编团队"模式,打造全媒体采编队伍。①

在人才激励机制层面上,传统媒体可以借鉴互联网公司的考核模式,根据集团定位以及人员进行了相应调整,通过建设科学合理的激励体制实现在短时间内对员工成果进行质量评估,激发员工的工作动力,有效推动媒体融合进程。如杭州日报报业集团提升新媒体考核力度,将新媒体考核与纸媒考核并重。其设立编委会嘉奖,每两个月评选一次纸媒与新媒体好稿件,分别进行奖励,同时

---

① 中国经济报刊协会:《鲍洪俊:浙报集团媒体融合改革的三三制实践》,http://www.acep.org.cn/home/2409.html? WebShieldDRSessionVerify = BOpicStnrcOfXaGet69M,2017 年 3 月 19 日

其制定并实施《新媒体数据监测统计办法(试行)》,将其所属26家重点新闻网站、微博、微信公众号以及移动客户端纳入监测范围,以此作为集团内部新媒体和参评各级各类新闻奖项的重要依据。① 针对互联网人才引进,浙报集团专门建立了与互联网企业相匹配的“P系列”技术专业人才岗位管理制度,并在2016年新三年规划中将“人才支撑战略”作为六大战略之一,围绕“用户即阵地”的绩效考核和激励制度、发挥媒体组织作为“知识和学习型团队”的人员培训制度。②

(二)差异竞争,建设多元产业经营链条

依托技术搭建新媒体平台是当前传统媒体融合转型的必要手段,而随着“两微一端”市场红海的形成,同质化竞争已经成为不少传统媒体转型过程中面临的新禁锢。根据自身业务特色,制定差异化发展战略能够有效帮助媒体集团实现新闻产品创新,提升辨识度,延续并扩大媒体公信力与影响力,从而借助媒体品牌拓宽产业经营链条,获取商业价值。

光明日报的媒体融合发展始终紧扣其传统定位,并将“知识分子精神家园”的品牌特色延伸至互联网,形成独具特色的差异化战略定位。2016年8月,光明日报开启“思想理论融媒体传播建设工程”项目,融通《光明日报》、子报刊、光明网以及“两微一端”形成统一策划、一次采集、多种生成与传播的机制,为打造“知识分子网上精神家园”提供现实支点。其在客户端开设“聊话题”、“学理论”、“赏作品”等特色内容板块,其中“理论号”板块在光明日报客户端上线后得到了知识界的广泛认可,目前已有近500名专家学者通过理论号持续推出理论文章。③ 同年11月,通过整合人工智能、大数据分析以及语音识别等高新技术,光明网研发“光明小明”并通过客户端提供服务,建设国内首个人工智能新闻信息服务平台。

在先机不再的市场环境中,推出独具特色的产品也成为传统媒体保持竞争力的武器之一。央广视讯在2016年推出了“央广云电台”产品体系,打通移动

---

① 人民网:《杭州日报报业集团四举措系统化推进媒体深度融合》,http://media.people.com.cn/n1/2016/1207/c40606-28929927.html,2016年12月7日

② 人民网:《浙报集团媒体融合转型发展:居高声自远非是藉秋风》,http://media.people.com.cn/n1/2016/1130/c40606-28914338.html,2016年11月30日

③ 《一张思想文化大报的情怀——光明日报贯彻落实习近平总书记“2·19”重要讲话精神一周年情况综述》,《光明日报》,2017年02月19日03版

客户端与外部社交媒体,向合作的广播电台及内容机构提供多样化服务。其集纳了国内300+广播、超过2000档网络电台栏目,并根据进行垂直化细分,为每一档栏目打造专属社区,同时提供弹幕、抢红包、付费问答等深度互动版块,实现有效运营、增值平台品牌与用户,从而借助内容传播产生长尾效应。[①] 2016年年底,南方报业传媒体集团以南方都市报为平台,推出数据衍生产品——南都指数,搭建数据传媒,致力于描摹数字生活状态、预测商业形态规律、提供政经决策参考等,推动南方都市报从传统业态向新形态转型。

在融合发展过程中,传统媒体集团可以借助电商、产业合作、增值服务等多元产业模式拓宽资本链条,获取商业盈利。2016年7月,《北京晚报》搭建"北晚优品"报商平台,与中粮集团"我买网"开展在食品等领域合作,开展线上购物、线下展销,形成"报纸+电商"的经营模式。同年9月,扬州报业传媒集团对"大运扬州"演艺、印刷物资供应链金融等六大合作项目进行签约,推动跨界融合发展。

(三)加强自律,完善行业规制与评估体系

互联网在带来海量信息的同时,不少网络乱象也频频发生。明确合理的行业规制是媒体融合发展到一定阶段的必然要求与产物,其将对媒体融合具有保障和促进作用。当前的行业规制既需要媒体通过自律加强新媒体素养,同时也需要外部监管为媒体融合提供强有力的保证与制约。

媒体自律是媒体行业规制的基础与先行条件。廊坊日报社建立了《全媒体采编流程》、《全媒体记者、编辑职责》等,对新媒体产品制作与加工、传播提供了参照标准与规定。而杭州日报报业集团则参照新老媒体"一个标准、一把尺子、一条底线"的原则,成立了新媒体审读小组,率先在全国范围内开展新媒体的审读工作。通过《杭报集团新媒体审读通报》,主动查找在新媒体发布中存在的各类差错问题,并进行通报各类差错,提出整改意见。2016年5月,杭报集团公布并实施《关于新媒体差错扣罚的办法(试行)》,明确了新媒体差错的责任追究和扣罚标准。[②]

---

① 央广网:《央广云电台融媒体创新案例》,http://news.cnr.cn/hxw/hxw2016/2016hxwal/20170316/t20170316_523661813.shtml,2017年3月16日

② 人民网:《杭州日报报业集团四举措系统化推进媒体深度融合》,http://media.people.com.cn/n1/2016/1207/c40606-28929927.html,2016年12月7日

媒体融合不断消融不同媒体形态的差异，而按照媒体形态不同进行的纵向行业规制已经落后。横向行业规制应当被建立，以适应媒体融合趋势。政府可以根据当前媒体的业务流程，对包括内容生产、产品制作与传播、经营管理等不同环节进行规制。横向行业规制既能够有效避免纵向规制存在的管理交叉或盲区的问题，同时也能够规范化媒体融合环节，科学推进融合进程。在此过程中，政府也应当积极开展监管体制建设，不断提高监管水平。

与此同时，应当建立科学的媒体融合评估体系，通过搭建媒体数据库实现对当前不同媒体的融合进展进行有效评估，既能够提供成功经验，同时也能够改进融合不足之处。

第二节　媒体融合新特征与新契机

2016 年，党和政府更加重视媒体融合工作，使媒体融合的发展从局部走向整体。2 月 19 日，在党的新闻舆论工作座谈会上，习近平总书记指出，要适应分众化、差异化传播趋势，加快构建舆论引导新格局。要推动融合发展，主动借助新媒体传播优势。3 月 5 日，李克强总理在政府工作报告中提出，要发展文学艺术、新闻出版、广播影视、档案等事业，促进传统媒体与新兴媒体融合发展。因此，以先进技术为支撑、内容建设为根本，推动传统媒体和新兴媒体在内容、渠道、平台、经营、管理等方面深度和整体的融合已成为发展的共识。

一、媒体融合的新特征

随着对新媒体认知不断深化、媒介技术快速更新，全世界范围内的媒体行业正加速融合发展，各种新的探索模式改变着新闻传播格局与媒介生态环境。具有融合特征的转型方式成为全球传统媒体在网络浪潮中的主要应对措施。2016 年，媒体融合发展的趋势特征更加明显，主要体现在力度增加、速度加快和广度拓宽。

（一）力度增加：党和政府更加重视媒体融合

2016 年 3 月，《中华人民共和国国民经济和社会发展第十三个五年规划纲要》发布，提出建设现代传媒体系，以先进技术为支撑、内容建设为根本，推动传统媒体和新兴媒体在内容、渠道、平台、经营、管理等方面深度融合。2016 年 7 月,中共中央办公厅、国务院办公厅印发《国家信息化发展战略纲要》,要求:“推动传统媒体和新兴媒体融合发展,有效整合各种媒介资源和生产要素。”

(二)速度加快:新技术催生媒体进化

2016 年,随着人工智能等技术的更新和迭代,其在推进融合报道方面的功能和适用范围更加快速和广泛。

虚拟现实技术在新闻领域的使用增加了新闻报道的现场感和真实感。在 2016 年的“两会”报道中,媒体通过使用全景相机和 VR 技术为公众提供了全新的新闻体验。通过专栏,用户可以自主选择新闻图像的拍摄角度和呈现画面,传统媒体固定的新闻画面视角限制被打破。而佩戴 VR 硬件设备则能获得如临现场之感,用户可以 360 度看“两会”。目前,技术能力体系建设成为了媒体融合发展的首要课题。

传统电视媒体在其自身信息可视化的基础上,积极利用新技术打造虚拟演播室。同时,电视媒体充分利用移动传播的场景化特点,将互动模式与用户状态、环境氛围等因素相结合,提供场景化服务。借助人工智能硬件和软件等传播技术,实现智能化的新闻生产和传播指日可待。

(三)广度拓宽:资本创新到机制创新

媒体融合是一项艰巨而长久的任务,完善的资金链能为媒体转型与融合提供强力保障。传统媒体选择多元化战略,登陆资本市场,借助新媒体资源整合重组、投资收购、融资上市,拓宽募集资本渠道,完善资金链。2016 年 6 月,芒果 TV 完成 B 轮融资,募集资金近 15 亿元人民币,投后市场估值已高达 135 亿元,以推动“一云多屏”等项目实施,进行互联网布局。7 月,上海报业集团旗下新媒体项目界面(上海)网络科技有限公司完成总额超过 3 亿元的 B 轮融资,以推进原创视频和音频产品开发工作。10 月,新华网正式挂牌上交所,旨在通过募集资金完成全媒体信息应用服务云平台、移动互联网集成、加工、分发等媒体融合发展项目。

新传播技术的快速迭代对媒体机制创新提出了更为严苛的要求。媒体在保证专业化发展的前提下,根据市场、政府、用户等多方的需求及时更新和完善运行机制,以适应时代的发展。一些媒体集团如上报集团、重庆日报、浙江日报等通过运行内部项目孵化机制,对报社集团内部员工从事新媒体创业项目进行了鼓励。

当然,国内媒体融合发展现状也呈现出发展程度不均衡的特点。由于理念、资本、技术、机制等条件的制约和限制,诸如一些经济发展较为落后地区的媒体或者一些地市级传统媒体的融合发展工作开展较为缓慢。媒体融合面临人才流失困境;新媒体人才处于引进整合发展期。同时,现有媒体评价体系不能适应媒体融合发展的需要,亟待建立一套完整的媒体融合效果评价体系。

二、从“相加”到“相融”:媒体发展新契机

随着互联网络新兴媒体的快速发展,我国的传播格局、舆论环境正发生深刻的变化。截至 2017 年 6 月,我国网民规模达 7.51 亿,互联网普及率达 54.3%,互联网无疑已经成为舆论新阵地。在新的舆论传播环境中,党的新闻舆论工作面临着新的机遇和挑战。

2016 年 2 月 19 日,在党的新闻舆论工作座谈会上,习近平总书记发表了关于新闻传播的重要讲话,重点强调了新闻舆论工作的重要性,以及如何适应新形势,做好新时期党的新闻舆论工作,并明确指出,“要推动融合发展,主动借助新媒体传播优势”。

通过借助新媒体传播优势,进一步推动传统媒体与新兴媒体的融合发展,抢占舆论制高点,发挥党媒在新闻舆论中的领导作用,是适应现代新闻舆论工作的发展趋势,也是提高新闻舆论工作水平的必然要求。座谈会中习总书记对媒体融合在推动新闻舆论工作的肯定,必将为正在开展的媒体融合带来新的发展契机。

当前,我国媒体融合发展呈现出良好的发展态势。以人民日报、新华社、光明日报、中央电视台等领衔的“国家队”借助母媒体的资源优势,打造全媒体平台,在媒体融合的浪潮中抢占先机。同时,各地地方媒体纷纷试水,积极开拓新媒体市场。融合发展已成传媒发展新常态。

(一)基于差异化发展的格局,我国媒体融合开始进入攻坚期

移动化、定制化、数据化、社交化已经成为传统媒体转型的关键词。在移动传播环境中,“两微一端”成为转型标配,不少传统媒体充分发挥内容优势、品牌优势,实现内容生产与深加工一体化,打造“中央厨房”,打破传播渠道壁垒,提升自身微传播力。同时,为满足用户的个性化需求,传统媒体在探索过程中,积

极利用大数据分析、云计算等,为用户提供定制化内容服务。此外,社交化是当前传播环境的新特点,不同于以往的单向传播,传统媒体借助新媒体平台,为用户提供跟帖、分享、互动直播等方式,加强与用户之间的沟通与交流,并借助分享机制,拓宽传播范围。

(二)以体制改革为动力,打造新型传播产业链

随着融合发展的进一步深化,传统媒体在理念、体制等方面的局限性也逐渐显露。习近平总书记在座谈会上强调,“随着形势发展,党的新闻舆论工作必须创新理念、内容、体裁、形式、方法、手段、业态、体制、机制,增强针对性和时效性。”媒体融合发展亦需要创新,推进传统媒体与新兴媒体的融合,既需要传统媒体打破观念、体制、技术等多个方面的枷锁,也需要新媒体重视内容生产。传统媒体要切实进行组织结构革新,适应市场化机制,利用市场配置,吸引雄厚的资本、先进的技术、优秀的人才进入媒体融合的改革发展中,从而有效整合媒体资源。同时,通过体制改革,传统媒体将直面市场竞争,在承担相应社会责任的同时,也要提升自身经营利润,积极开发相关产业,为发展传播产业链助力,实现传统媒体的全面转型。

(三)以正确舆论为旗帜,加强新闻舆论导向作用

习近平总书记强调,“党的新闻舆论工作,事关旗帜和道路,事关贯彻落实党的理论和路线方针政策,事关全党全国各族人民凝聚力和向心力,事关党和国家前途命运。”移动互联网时代,随机化的传播主体、多元化的传播渠道、海量化的信息内容,使得以“两微一端”为代表的移动新平台逐渐成为舆论主战场。信息传播中也出现了一些杂音、噪音,如传播虚假信息、“标题党”、版权侵犯等问题。随着传统媒体与新媒体的不断融合,主流传统媒体在第一时间积极发声,抢占舆论制高点,及时进行正面宣传,合理疏导群众情绪,可以更好地发挥正确引导社会舆论的作用。同时,通过加强依法治网,规范传播秩序,打造由政府主导,法律保障的网络规范体系,既是我国新媒体发展的必然趋势,也是为媒体融合发展提供环境保障。

(四)以理念革新为先锋,充分发挥互联网思维

培养传统媒体的互联网思维,以服务用户为核心,实现内容生产、表达方式等多方面的网络化,为用户提供个性化服务,已成为媒体融合的必然趋势。习近平总书记指出,“要适应分众化、差异化传播趋势,加快构建舆论引导新格

局。”以云计算、大数据等为代表的移动互联网技术不断革新现代传播方式。借助新技术,传统媒体不仅可以实现对信息采集、生产、加工、存储和发布等多个程序的融合,也可以实现报纸、电视、广播、手机、PC 平台等多个终端的融合,在同一平台上满足内容提供商、广告服务商、用户等不同需求。在融合过程中,传统媒体应当充分利用新媒体双向互动的传播技术,为用户提供个性化内容推送,多级菜单服务,内容分享与互动平台,以提高用户体验。只有使用户获得了好的体验,舆论引导才会有效。

总之,媒体融合不是简单的平台相加,而是内容、理念、体制、技术、管理等方面深度融合。只有进行新旧媒体的双向融合,才能使媒体融合从“相加”迈向“相融”,实现各种媒体生产要素、资源的整合,依托和谐的传播环境,形成一体化的组织结构与传播体系,最终打造一批形态多样、手段先进、具有竞争力的新型主流媒体,以实现正确引导社会舆论导向,并更好、更快、更多地向世界传播中国声音。

第三节 融媒体环境下的会议报道新特点

由于多种原因,会议报道有时给人留下严肃呆板、晦涩难懂的印象。在融媒体时代背景下,会议报道正融合各种媒体的优势,创新报道模式,探索多元化的新闻呈现方式,为用户带来新的会议新闻体验。从整体上看,会议报道呈现出形式更加新颖、独特,受用户青睐;内容更加准确、精炼,有吸引力;渠道更加多元、联动,利于信息分发。

一、新技术融合助力会议报道,丰富报道方式和手段

移动直播、视频、VR、全景、人工智能等技术的不断成熟,使各类高科技产品普及的门槛大大降低。融媒体状态下,新技术力量已经开始渗透到新闻生产的各个环节之中。各种新媒体技术被灵活运用于会议报道。全景视频、移动直播、沉浸式新闻等成为大众化的内容产品,会议报道的方式和手段得到极大的丰富。

以 2017 年两会为例,数百家媒体就各使高招,全媒体多角度报道全国两

会。会议现场亮相的采访神器、高科技产品层出不穷。360 度全景 VR、各类直播设备、甚至还有以《人民日报》、新华社等为代表,多家媒体都派出的交互智能新闻机器人。智能机器人不仅参与到会场对委员进行简单采访、写稿等工作中,还可提供智能人脸识别,播报天气等功能。真正实现智能化会议报道。光明网推出的“多信道直播云台”,集新闻信息采、编、发布于一身,综合运用到视频、全景、VR 等设备,一名记者同时对多种内容的同步直播与录制。为观众提供丰富的内容出口。也引发更多人对两会会议报道的密切关注。

新媒体技术在会议报道中被大量应用已经成为整体趋势,根本原因在于新型传播技术不断革新影响着人们获取新闻信息的方式,而这些新媒体设备由于具备真实感强、互动性高等特点,同时不受地理位置的限制,即时营造身临其境的氛围,能为用户提供更高的选择权,对于视频时代的网友都有着天然的吸引力。这就需要会议报道探索新的新闻传播模式,改变既有的信息生产和传播模式来适应技术。不论是沉浸式设备的使用,还是人工智能与会议报道的结合,它们都可以为会议报道提供新的新闻视角和观众互动的可能性。新媒体技术和会议报道已经成为两个无法分离的话题。

二、内容精悍明确,努力构建生动、直观的可视化传播语境

传统会议报道大多缺乏有价值的内容,流水式的会议记录、程式化的报道内容难以引起大众的兴趣。媒体融合状态下,会议报道更加注重传播的效果和可接受性,开始调整语言风格和表现形式,改变报道视角,增强报道故事性和内容充实性,努力将这些关系人们切身利益的政策解读到位,形象表达,从而赢得受众青睐。

首先是语言风格生动化。在言语风格方面,有一个现象十分突出,那就是官方媒体的会议报道正在努力转型,学着用民间的话语体系来进行表达。即逐渐摒弃特别正式、“机关化”式的语言风格,转而追求活泼生动、接地气的大众言语,以达到拉近与受众距离的目的。例如模拟朋友圈套路在两会期间就好评不断,从人民日报的《两会喊你加入群聊》到,中国之声《王小艺的朋友圈》无不用网友熟悉的日常用语,甚至是网络热词对“两会”进行宣传。

其次是报道内容精炼化。会议报道内容逐渐偏向于对最重要、亮点信息进行总结传达,针对会议本身的程序性报道大量减少,媒体尝试以百姓视角切入

重大会议报道，提升会议报道的质量。例如《政府工作报告》这种严肃的东西，如果做成书面样式，不加选择地发表出来，很少有人愿意阅读下去。但是会议报道对内容进行重点梳理、总结，再用视频加动画形式就会让政府报告变得接地气，老百姓都能看得懂。“一带一路”峰会期间，习近平主席的重要讲话被各大媒体进行干货解读，以人民日报《干货来了！800 字速览习近平“一带一路”论坛主旨演讲》为代表的文章，阅读量都在 10 万 + 以上。

除了对会议做常规性报道，很多媒体还探索受众对政治层面以外的需求，扩大报道范围，为人们提供具有价值的新闻。会议中的亮点，如服饰、美食等都可能成为报道内容。网易两会主题报道，以人们关心的住房、就业、教育、医疗、扶贫 5 个方面作为关注点，不仅充满了浓厚的人文气息，还把新闻有温度地传递给大众。也引起了很多人的关注和喜欢。

第三是内容呈现可视化。新闻内容的呈现方式丰富多样，随着新媒体发展，可视化报道逐渐成为会议报道主流。特别是大数据背景下，会议期间的大数据如何以通俗易懂的形式表达出来变得十分重要。从 H5、数据图表到动画、短视频，媒体努力发挥自己的主观能动性，深挖内容的表达方式，呈现形象生动的会议报道，创造独特的视觉盛宴，同时也有效提高了所传达信息的感染力和认知效率。3 月 9 日，光明日报制作并推出的移动端交互产品《民法总则草案，你应该知道的十件事》被很多人分享，在朋友圈形成刷屏之势。这个产品梳理了民法总则草案中 10 件与网友生活息息相关的新规定，通过 H5 的形式，配以动画、画外音，直观生动，充满趣味性，让网民在几分钟之内就能快速了解民法总则草案的重点。

第四是媒介渠道多元化。媒介终端的聚合，实现了一次采集、多种生成、不同介质的共振效应。跨媒介、跨平台传播、多渠道分发已经成为非常成熟的传播模式。“两微一端”以及各类新闻网站都是会议报道的重要平台。特别是以微博微信为代表的社交媒体，如今演已经变成会议报道分发的主战场。作为目前国内用户使用数量最多、互动最频繁、传播力最广的新兴媒体，具有其他媒体无法比拟的优势，各大媒体也在塑造以社交和人际传播为核心的传媒生态。2017 年“两会”期间各大媒体就借助微博平台的社交优势进行了大量的会议报道，截至 3 月 12 日，人民网法人微博共发布 2017“两会”相关微博 310 条，阅读量超过 1.7 亿，转评赞总数超 17 万。截至 3 月 12 日早 8 时，人民网法人微博创建并主持的“2017 看两会”话题,阅读量已达 3.3 亿,讨论数 6.7 万。①②

传统媒体与新媒体牵手,在分发渠道上共享也拓宽了报道的媒介渠道。“两会”期间,为了满足国内外用户全方位地观看高质的会议直播报道的需求,人民网、腾讯网共同打造“两会直播报道联盟”平台,国内的报纸、杂志、广电媒体,都可以在“两会”期间加入报道联盟。凭借各个媒体丰富的渠道和巨大分发能力,打造出前所未有的会议盛宴,开拓两会报道格局。

此外,主流媒体还尝试将一些优质的新闻产品在一些个性化平台进行分发,以吸引某一类气质人群的关注。央视制作的有关于“一带一路”高峰论坛的公益广告就在国内优质短片平台“V 电影”上线,获得一大批创作人和短片爱好者的点赞和喜欢。

三、过度追求技术和形式创新,会议报道面临新困境

技术创新与形式创新是各大媒体机构争相追逐的目标,但是处于转型路上的会议报道仍然面临很多困境。

一方面,技术越来越多,也越来越高深,人工智能、虚拟现实等技术在不断更新。从中央到地方媒体机构都在密切关注技术前沿,纷纷布局会议报道新战场。但是有的技术市场尚未成熟,即便够炫酷,好的创意和服务过早地推向市场,也会让受众感到“接受无能”。以被各大媒体都青睐的虚拟现实技术为例,打造沉浸式互动新闻,让观众身临其境感受会议报道现场,获得新的体验。这不可不说为新闻报道提供了新的叙事方式,也是未来大型会议报道的很好的选择。但是就目前而言,囿于高昂的硬件设备和优秀的新闻内容,以及面临新闻伦理风险等问题,虚拟现实在新闻方面的应用尚需要很长一段时间的成长。这就导致很多技术和资源都跟不上的媒体团队在会议报道中使用并大肆宣传的沉浸式新闻沦为噱头,不是体验极差就是无人问津。部分媒体对新科技的过度追求演变成十足的炫技行为。

另一方面,会议报道过分追求形式创新忽略了适用性和实用性的原则,造成了形式大于内容的尴尬局面。根本原因在于很多媒体在进行报道的形式选

---

① 人民网:两会视频直播引发关注过 1 亿人民网“融发展”再上台阶。

② http://media.people.com.cn/n1/2017/0313/c120837-29140891.html,2017 年 03 月 13 日

择时，着力点没有放在呈现新闻价值点，而是执着使用更新的更流行的手法。例如目前特别受追捧的微视频，由于其具备直观形象、易于分享等优势，很多会议报道都会采用这种新媒体形式。但是如何在几分钟的时间内完整讲述或者呈现一个有意思的或人们真正想要了解的主题是一个难点，且一个精良的微视频制作费用较高，制作周期也较长。需要报道的内容是否有及时性需求？这些内容是否合适用微视频形式来表达？如果没有充分考虑到适用性和实用性，没有平衡好各方面因素，最后出来的东西就可能既没有新闻价值也没有形式优势，传播效果也不会理想。

四、坚持创新，不断完善自我

融媒体状态下，会议报道虽然面临着很多的新的挑战，但是把握方向不断完善自我仍然是主旋律。

会议报道首先应该坚持借助新媒体技术与平台创意，充分利用融媒体时代的优势，促使技术、内容、形式并行发展，同时深化技术和形式服务于内容的报道理念，避免过度追求技术和媒介形式化。媒体也应该都转身为内容服务商，为有价值的新闻在技术和形式以及分发渠道方面搭配最合适的"套餐"。同时不断完善技术体系，支撑创新形式的发展也十分必要。内容有诚意、形式有新意、技术够实力才能讲好"新闻故事"。

此外，应坚持以用户为中心的传播理念，以用户思维深化受众意愿。通过数据分析，明晰观众的需求和感受，在传递主流价值的同时要避免新闻媒体自说自话的报道方式，也要避免自上而下的信息灌输。把互动机会和选择权交给用户，让报道与群众的需求和愿望合拍。真正打通会议报道的两个舆论场，实现最优的传播和连接，发挥会议报道引导舆论的功能。

第四节　媒体融合转型深化阶段面临的挑战

媒体融合已经不是一个陌生的议题。越来越多的媒体机构在过去一年乃至几年里进入到加速转型以及融合的队伍中，调整方针战略、积累实践经验。传统媒体与新媒体的迭代一直在变化，身边鲜明的例子随处可见：曾经身为新媒体的门户网站在今天也被纳入到“传统媒体”的范畴内,“值乎”、“分答”等付费型知识产品成为求新求变的体现,网络直播遍地开花,社交平台上内容的呈现方式越来越多……这说明媒介融合是一个长期而持久的议题,从业者不仅要对先前的转型经验进行总结和反思,更要坚定地为融合设置长久的目标。在借鉴国内其他从业者乃至国外的发展经验时,结合自身情况,走出一条适合自身情况的、差异化道路。

媒体的融合与转型无法通过短期的项目或调整计划来完成,我们应当意识到融合是一种始终伴随媒介发展进程而存在的状态,并且要好好珍惜并利用先前阶段积累的经验。

一、宏观层面:强调体制机制与网络主权

从2016年至今,国家在宏观领导层面上提到了许多和媒介融合转型相关的工作重点。其中至关重要的一点是从体制机制角度出发,为媒介转型进程提供了一个良性的可循环的保证。

2017年2月,中央全面深化改革领导小组第三十二次会议审议通过了《关于深化中央主要新闻单位采编播管岗位人事管理制度改革的试行意见》(以下简称《意见》)。会议强调,要深化中央主要新闻单位采编播管岗位人事管理制度改革,统筹配置编制资源,开展人员编制总量管理试点,深化人事薪酬制度改革,完善考核评价和退出机制,增强新闻舆论工作队伍事业心、归属感、忠诚度,为新闻事业长远健康发展提供坚实有力的人才支撑①。这些都说明以中央为首,对媒介融合转型的引导不断地跟进,已逐渐步入“深水区”。习近平总书记在2016年2月主持召开的党的新闻舆论工作座谈会上就曾强调,媒体竞争的关键是人才竞争,媒体的优势核心是人才优势②。有了改革后的相应的体制机制保证,更有利于培养出政治坚定、业务精湛、作风优良、党和人民放心的新闻舆论工作队伍。

另一个在宏观层面被强调的是网络主权问题。2016年12月27日,有关部

---

① 习近平主持召开中央全面深化改革领导小组第三十二次会议[OL],http://news.xinhuanet.com/politics/2017-02/06/c_1120420090.htm,2017-02-06

② 构筑人才优势高地全面推进新闻舆论工作[OL],http://news.xinhuanet.com/comments/2016-02/29/c_1118182609.htm,2016-02-29

门相继发布了《国家网络空间安全战略》、《"十三五"国家信息化规划》、《关于促进移动互联网健康有序发展的意见》以及《信息通信行业发展规划》、《"互联网+政务服务"技术体系建设指南》等政策文件。其中,对"网络空间主权成为国家主权的重要组成部分"这一论述更说明了国家对网络空间秩序维护的重视程度已经上升到了新的高度。2016 年 7 月发布的《国家信息化发展战略纲要》中要求,要发展积极向上的网络文化,逐步形成与我国国际地位相适应的网络国际传播能力。①

在强调网络文化主权的同时,对网民的理性引导手段也得到了重视。在社科院于 2016 年 12 月发布的《社会蓝皮书:2017 年中国社会形势分析与预测》(以下简称《蓝皮书报告》)中,对"小粉红"这一特殊群体的研究恰恰说明了我国有大量的青年群体在网络空间的发声需求和表现逐渐强烈起来。《蓝皮书报告》也指出,年轻网民往往在维护主流价值观时不能包容思想自由,在警惕敌对势力政治图谋的同时也否定了吸纳西方先进管理经验的必要性。② 应当提升青年网络文明志愿者的知识化、专业化程度,避免为网络上的偏激主张误导。

鉴于互联网本身的特殊性,技术和内容更新之迅速意味着对新兴领域产生的问题的监管和引导理念需要时常更新,网络主权的维护也意味着需要更弹性、更与时俱进的手段。当青年文明志愿者有更多的机会释放和下沉到互联网的各个平台、发表意见、与来自世界各地的异国网友展开交流时,才意味着我国的网络主权进入到了成熟阶段。网络国家安全与网民的理性成长是相伴相随的。理性而深入的交流与满腔热血地"爆吧"、"表情包人海战术"等手段相比,更有利于巩固我国在网络空间的地位和话语权,也有利于形成我国健康有序的互联网秩序。只有网民的整体素质提高,国家在网络平台上的发声才会更理性、更坚定,国家在网络空间中才会有更强大的力量。

二、媒介融合转型发展现状及一些问题

近几年来停刊报纸数量逐渐增多,但除了感伤纸媒曾经辉煌不再之外,更

---

① 《国家信息化发展战略纲要》发布[OL],http://news.xinhuanet.com/info/2016-07/28/c_135546104.htm,2016-07-28

② 小粉红崛起富有文化自信的一代人怎样介入舆论[OL],http://yuqing.people.com.cn/n1/2016/1222/c209043-28968919.html,2016-12-22

应当保持清醒,更应当思考如何跟随时代步伐,更好地完成转型与融合。2017年,上海报业集团旗下的《东方早报》于元旦正式停刊,余下员工集体转入集团下新媒体澎湃新闻。这一则看似引人唏嘘的新闻实际上体现了《东方早报》的长远目光——纸媒主动向新媒体转型不仅避免了不必要的恶性竞争,更是为进一步融合转型提供良好的专业人员储备。于2014年上线的澎湃新闻客户端目前下载量已过6000万,在国内众多传统媒体中华丽转身、积累经验,逐渐成为互联网上具有较大影响力的新闻平台。并且,澎湃总编辑刘永钢曾表示,"澎湃新闻已经实现了对《东方早报》在团队、采编、文脉和媒体功能以及使命上的完全覆盖。"这恰恰能够说明传统媒体发挥自身实力,尽早加入互联网布局、积累自身话语权的重要性。

迅速适应新型发展模式,与互联网共同成长的现象在国外媒体中也很常见。如美国《华盛顿邮报》进驻新兴社交媒体平台Snapchat,并且配以专业团队负责在Snapchat平台上的内容制作和发布,团队中除了编辑外,还包括设计师、视频及动图制作人员。① 为何一家擅长突发新闻报道的老牌媒体要积极抢占社交平台的话语权高地,甚至会派出专业团队来管理和运营相应的账号?互联网新媒体的快节奏有好处也有坏处,虽然工作人员上手快,但缺乏时间来培养专业人才,更缺乏传统媒体在培养人才时的那种积淀和打磨。但这些都是保持内容优质、稳定的必不可少的要素。市场化的新媒体无法提供足够的成本培养专业化的新闻人才,所以最终导致的必然结果是从传统媒体吸收人才。一旦传统媒体在融合过程中逐渐在新的话语环境里取得主动权,新媒体缺乏长期优质内容供应、专业采写人才等短板都会被放大。互联网大潮下的主题更迭频繁,如今再次回归到对内容重要性的讨论上来,对于逐渐进入深度转型与融合的媒体来说是宝贵的机遇。如今能在互联网众多社交媒体平台上取得主动权的媒体,结合自身稳定而优质的内容,足以在下一阶段占领高地,甚至能够"弯道超车",获取更多优势。

但对更多数的、处于转型期的媒体来说,与新技术和新观念的融合还存在一些问题,下面简单举出几例。

---

① How The Washington Post plans to break news on Snapchat[OL],http://digiday.com/publishers/washington-post-launches-snapchat-discover-eye-toward-breaking-news/,2017-02-13

一是形式同质化。传统媒体的转型并不意味着要直接把报纸内容照搬到网络上,占领新媒体发展高地也不意味着一定要有自己的 APP。美国文化批评家、《娱乐至死》的作者尼尔·波兹曼曾经写道:"在美国,我们有 26 万个 BBS 论坛,1.125 万份报纸,1.1556 万份杂志期刊,2.7 万家出租录像带的商铺,超过 5 亿台收音机,1 亿台电脑,每年,我们有 4 万本新书出版,全世界范围内则有 30 万本新书出炉。每天,光是在美国境内就有 4100 万幅照片拍摄而出。"①这恰恰说明信息过载削弱了人类对信息的需求。如果只是抱着"别人有我也要有"的心理在硬件和信息载体上被动地布局融合转型,反而会浪费掉挖掘自身特有优势的时机。专业的、有优质内容的媒体不一定要靠建立自己的社交平台、推出自己的 APP 来吸引用户,一来可能竞争不过市场化的互联网公司,二来更分散自身精力,导致原本占优势的内容水准大打折扣。

二是缺乏运营意识。按照从前的工作节奏,记者和编辑完成一篇报道后,任务就完成了。但在今天,一篇优质的新闻报道完成后发布到网上,对新闻工作者来说只是一个开始。传统的模式是采编与广告两部分分开。但在新媒体环境下,一篇新闻报道的传播,即阅读量和转发量都是衡量作品影响力的指标,而这种传播和扩散更需要有专业背景的团队负责运营。好奇心日报创始人,原《第一财经周刊》总编伊险峰曾在采访中表示:"所有这些东西,需要有独特的'打法'。"对同一个内容在不同平台的传播和转发要有不同的策略。"增加用户也是一样,要让读者回来,看更多的文章。究竟是让 15 天来一次的,变成 7 天来一次;还是让 7 天来一次的变成天天来,这里面的打法就完全不一样。"②

三是因循守旧,习惯性地在日常工作中寻找普适性的规律。按常理来说,每个人各司其职、"流水线"式的操作能够极大地提高工作效率。但对于热点和模式变化极快的互联网来说,用某一阶段积累下的经验和方法应对接下来所有阶段的发展变化是事倍功半的。如果一味地求新求快,以获得前沿技术为衡量融合深浅程度的准绳,而不是研究如何利用新技术为报道故事更多样化的呈现提供方法和灵感,相当于没有认清转型和发展的重点。如果总是带有类似的惯

---

① [美]尼尔·波斯曼,《技术垄断:文化向技术投降》,何道宽译,北京大学出版社,2007,5:63.

② 张垒:《经济类期刊转场新媒体:不变的是对内容价值的"信仰"——对话好奇心日报创办人、〈第一财经周刊〉原总编辑伊险峰》,《中国记者》,2016 年第 11 期。

性思维,就很难快速适应互联网的传播节奏。再前沿的技术如果不能拓展新的用法或玩法,也会沦为机械化的工具。要把举一反三、随时转换视角和学习新技术的意识融入实践。

缺乏差异化发展路径、社交平台上发声缺席,跟用户的互动频率不够高,运营范围狭窄、惯性思维都是在融合转型的中间阶段需要警惕的问题。

三、分析建议及国外先进经验

对传统媒体和新媒体的定义界限越来越模糊,但不影响媒体业者进行调整和跟进。媒体的专业化技能要有,快速反应的互联网思维方式也应具备。优质内容和产品运营的思维相结合,才能在融合转型过程中获得更好的发展前景。实现媒体内容传播与用户需求的良好对接、发挥媒体的社会引导职能有利于积累更高的公信力和话语权。下面举出一些国外媒体在融合转型过程中的实例以供参考。

(一)精益求精,利用现有资源发挥自身优势

如前文所提到的,互联网让信息更加透明,但也会产生过量的信息。新闻媒体的把关作用在信息过载的大环境下更显珍贵。融合与转型不会改变媒体本身的专业技能和业务范围。国家级媒体依旧需要发挥带头作用,报道关乎国计民生的重大议题。地方媒体也仍需紧扣当地时事,保证信息的通达流畅。行业报纸仍然需要继续利用自己在某一专业领域的积累和优势,继续为读者提供相关领域的深入报道。

以英国伦敦的《地铁报》为例。地铁乘客在乘车时基本都有看手机的习惯,且浏览内容五花八门,新闻内容涉及时事、娱乐、体育等多个领域。身为伦敦地铁乘客最普及的读物,《地铁报》从纸质版转型为 APP,针对早晚时段为乘客提供不同类型内容的推送,利用乘客的阅读习惯提供适合碎片化时间的内容。并且根据用户需求分别开发了足球新闻应用和娱乐新闻应用,每次打开只有 11 条内容,其中一条是广告。这种小微、轻量、个性化的应用很好地对应了地铁乘客的阅读需求。

国内的一些有类似性质的媒体如果能对现有的 APP 进行调整和改进、一点一点培养用户在特定场合上的阅读习惯,也有利于今后的融合与转型。

（二）灵活变通，适应多种传播渠道和表达方式

媒体在融合转型过程中需要明确的一点是，技术固然重要，但一味追求技术的发展无法让媒体在互联网中站稳脚跟。媒体的职责是将好的故事和报道以多样化的技术形式呈献给读者用户，而不是与科技公司“硬碰硬”或一争高下。

以老牌媒体 CNN 为例，其新闻网站上下设有生活方式、旅行、政治等不同板块，其中的视频内容由专业团队拍摄并制作。作为 CNN 优质垂直内容的一部分，其视频与普通的视频网站播客不同，其专业团队更倾向于带着深度报道的思维发掘内容、录制视频。而且视频的形式非常多样化，能够适应不同的终端载体。在美国总统特朗普发表“北约已经过时”的观点后，CNN 随后推出了解释性视频“北约是做什么的?”；原本对比尔·盖茨的采访仅有十几分钟，比起直接把一段简单的采访放到新闻网站上，CNN 选择挖掘更多采访背后的新闻。比如比尔盖茨在采访中提到世界各地有众多人才在为解决基本的民生问题而努力采取行动。CNN 的视频团队随即采访了世界各地针对不同议题而奉献的志愿者和科学家，让一次单一的采访变成了一系列的视频报道。① CNN 的核心优势就在于其团队带着专业报道的意识运用数字化的前沿技术。虽然技术在新媒体融合发展过程中具有无可替代的重要性，但新闻记者不是科学家，在了解基本技术原理的基础上，记者更应当专注于强化自身的专业技能，尝试更特别、更新颖的叙述角度。面对短、快、新的诉求，明确内容主线、简化叙事逻辑、增强与用户间互动，都是灵活变通的体现。

（三）坚定信念，为优质内容变现提供可能

在社交媒体平台上获得话语权、针对用户提供更符合需求的内容，最终目的都是为了媒体自身能够长久地发展下去。媒体想要在市场上获得立足之地，就需要现实地考虑如何带来更多收入。目前，以《华尔街日报》、《巴伦周刊》及《金融新闻报》为首的道琼斯集团旗下媒体产品的付费订户已超过 200 万，如何服务好订户是一项关键议题。以《华尔街日报》为例，其英文版的社论型核心内容并不会在社交平台上免费发布，为的是更好地提升付费用户的阅读体验。另

---

① How CNN is investing in digital video that "goes deeper" into the story [OL], https://www.journalism.co.uk/news/how-cnn-is-investing-in-digital-video-that-goes-deeper-into-the-story/s2/a699232/, 2017-02-03

一方面,《华尔街日报》会持续找出那些可以免费阅读其文章的漏洞并进行修补,确保付费内容不会向外流失。《华尔街日报》还有专门的单元板块,来自同一集团旗下的媒体文章可以在此互通和共享,以加强同集团媒体间的互动性和凝聚力。

如果说《华尔街日报》的读者群来自版权意识和媒介素养更成熟的大环境,英国《卫报》的收费思路也许更具有可参考性。付费订户不是因为能获得独家内容而付费,而是对《卫报》开放性的一种认同。《卫报》将付费会员分为三个层级:每月 5 英镑的"支持者"、15 英镑的"合作伙伴"和 60 英镑的"客户",付费依次增多。借由英国退欧公投、美国大选等重大议题出品的系列报道,在重大事件前询问读者希望了解的信息点等做法,更为《卫报》的优质报道吸引了诸多好评和更多的付费订户。

媒体想要更好地与新技术、新环境相融合,不应当把自己束缚在"传统媒体"的定义上。国外如 CNN、《华尔街日报》、《卫报》等媒体并未把自身定位和接纳新技术区隔开,在内部机制乃至意识上都能较快地适应新的变化,并且掌握属于自己的节奏,反被动为主动,形成一种良性循环。这为我国媒体进一步的融合探索提供了较有意义的参考。

媒体融合和转型是一项长期而艰巨的任务,远非一日之功。因此,如何凭借优质内容和运营思维在新媒体环境下获得可持续性的发展是一个重要命题。

同时,新闻媒体在转型过程中,虽然要根据市场和用户的需求进行相应的调整,但并不意味着盲目迎合用户的口味。一味地迎合读者选择喜欢的内容不仅会使得读者的阅读领域变得狭窄,更不利于媒体自身的发展。有责任心的媒体更应注重采纳多方信源、列举不同观点、利用技术手段对内容进行多样化的呈现。如果一味地迎合市场需求,媒体将失去把关人的宝贵角色。培养读者理性的阅读习惯,提升其媒介素养,不仅需要日积月累的工作,也是体现权威媒体负责任、有担当的职能。

第五节 2016 年全国两会新媒体报道特色

2016 年 2 月 19 日,习近平总书记主持召开党的新闻舆论工作座谈会并发表重要讲话。他强调,党的新闻舆论工作是党的一项重要工作,是治国理政、定国安邦的大事,并同时指出要尊重新闻传播规律,创新方法手段,切实提高党的新闻舆论传播力、引导力、影响力、公信力。习近平总书记的讲话明确了新闻报道的方向,强调了新闻舆论的重要地位,也指明了媒体融合与创新的发展路径。在此背景下,2016 年全国两会媒体报道肩负了重要的新闻舆论导向责任,同时媒体报道也通过直面新的机遇与挑战,给出了精彩的报道。

一、新视角:新技术丰富报道形式,微视频、可视化报道出彩

360 度相机、VR(虚拟现实)、H5(第五代应用超文本标记语言)……新设备与新技术的运用成为 2016 全国两会媒体报道的一大亮点。凭借先进的技术和高端的设备,全景视野、立体影像、移动实时直播等全新的报道形态得以呈现。媒体新闻报道的时空限制得到改善,时效性的增强和现场感的增加拉近了受众与两会的距离。

全景式报道是 2016 年全国两会媒体报道上的一项突破与创新。360 度相机和 VR 技术在两会报道中应用的最主要价值便是为了实现两会新闻现场的全景呈现。360 度全景相机拥有全景拍摄和机内实时拼接功能,因此全景图像和视频可以在网页端和移动端播放。用户可以凭个人意愿在 PC 端通过鼠标移动和在手机端通过屏幕滑动实现新闻图像的全方位移动和放大缩小,获得个性化新闻现场画面。传统新闻图像的固有画面视角限制被打破,用户通过主动选择满足个人信息需求,以新的视角看两会。两会媒体报道中,有多家媒体采用了这种新设备开辟了新的报道栏目和内容。如《光明日报》在光明网网页端和移动端光明日报官方微博、微信公众号等同步推出“全景看两会”栏目,使其用户可以 360 度看两会。进入栏目,点击画面中的卡通人物导游“小明”可以跳转到新闻发布会大厅、新闻中心大厅、网络服务中心等地,查看新闻中心、北京会议中心、两会前的天安门广场等地的全景图片,全方位、多视角了解两会会场空间,见到往届新闻报道中不曾出现的画面。

同时,VR(虚拟现实技术)使 360 度全景捕捉动态记录成为现实,在两会进行中用户也可能自主选择视角观看现场视频。例如,新华网开辟“VR 视角”栏目,利用虚拟技术推出两会视频。点击视频,在人大会议举行的记者会现场,用户可以一边听外交部部长王毅回应南海问题,一边拖动视频画面,直观看到发

布会现场记者忙碌的神情和工作状态,切实亲临其境感受人大记者会的会场气氛。而佩戴与VR配套的眼镜还可以额外获得3D效果,佩戴者犹如身临现场,拥有高强度的感官体验。新华网四川分公司利用VR技术在两会会场推出了“幸福美丽新村? 百镇建设行动VR沉浸体验展”活动。佩戴上VR设备的受众可以如临其境感受四川新农村、新城镇的风貌。新华网通过VR技术将信息传播与推广的形式推上了一个新的高度。

除了应用在新闻报道中,媒体还将VR技术运用到两会议案里。两会前,新华社记者与全国人大代表李松泉用VR拍摄了云南大帮考寨的贫困现状,通过全景视频呈现了村民简陋的老木板房、村里过年情景等居住环境和生活环境,以真实的全方位的镜头反映了贫困村的真实面貌。人大代表通过VR视频以代入感更强的视频画面辅助发言,提出的扶贫建议引发关注。

实时的视频直播,特别是“两微一端”的视频直播使2016年全国两会的媒体报道更加及时、准确和生动。据2016年12月发布的《2016年中国网络视听发展研究报告》数据显示:手机视频用户规模达到5.14亿,72.4%的视频用户选择用手机看网络视频,手机已经成为网络视频的第一终端。① 在移动端观看视频成为大多数用户收视习惯,人民日报、新华社和央视新闻等中央级主流媒体客户端纷纷通过视频直播、短视频和云直播等形式吸引用户关注。其中央视新闻客户端延续“V观两会”品牌,开设2016两会直播大厅,通过“两会云镜头”“政协V现场”“建言献策”等板块,以微视频+文字消息的形式及时传递两会信息。截至3月8日18时,央视新闻新媒体各平台全国两会报道总发稿1459条,总阅读量超过27.3亿。其中微视频累计发稿605条,总阅读量超过6.31亿。②

值得一提的是,通过央视新闻客户端的“发现”菜单可以观看两会云直播,即网友可以在两会期间自己当导播,全天候通过任意切换诸如天安门广场旗杆、两会新闻中心外景、天安门广场大会堂方向三路信号,观看两会会场及周边的实时画面。两会期间午夜的大会堂外的场景及新闻中心会议开始前的会场

① 199it:2016年中国网络视听发展研究报告解读,http://www.199it.com/archives/544813.html,2016年12月8日

② 中央电视台:央视新闻新媒体两会报道总阅读量超27亿,http://www.cctv.cn/2016/03/10/ARTIfA0ZKSXUnVPYGXbhn0hX160310.shtml,2016年3月10日

情景等以往不会在新闻镜头中出现的画面均可以在云直播平台收看。这为普通用户深入了解两会提供了渠道,两会变得不再"神秘"。

可视化报道可以实现复杂内容简单化、枯燥内容生动化,符合新媒体报道规律与传播要求,是两会期间以时政新闻为主进行报道的利器。数据图表、动漫图片、动新闻、H5 页面等报道形式在今年两会期间的运用,使新闻内容激发了受众阅读兴趣。这一方面有利于两会信息的传播,另一方面也使两会本身更得到受众关注。

人民日报全媒体平台微信公众号推送的两会系列 H5 页面嵌入用户生活场景,生动灵活地传达了两会信息。例如 H5 页面《傅莹邀请您加入群聊啦》将十二届全国人大四次会议新闻发布会的内容以微信群聊的形式进行推送:在名为"人大新闻发布群"的微信群里,新闻发言人傅莹和新闻媒体的记者化身群友,通过问答的形式,进行了发布会内容传播。在对话中弹出的"姚明邀请马云加入群聊"等信息提示以及微信语音、文字、图片和微信表情等沟通符号的运用增加了场景的逼真性,让用户切实拥有与傅莹共在一个微信群、直接听取新闻发布会的真实感。名为《北京的哥"舌战"五部长》的 H5 页面则模拟打车软件使用情景,通过五部长与出租车司机的对话传达教育、环保、外交等领域与百姓生活相关的信息。其中抢单、评价乘客等场景的设计符合用户生活体验,报道的形式与报道内容一道贴近百姓生活,具有生活气息。

新华网的"漫读图两会好声音"栏目将两会记者会发言部长以及小组讨论发言委员的照片漫画化,配上卡通形象和代表妙语连珠的发言,符合信息快速、广范围传播的要求。此外,新华网还通过动新闻的形式解码"人代会"、中国经济网推出《中经微漫》节目以网络漫画独家数说两会热点话题、中国日报网网站"两会热词"的关键词板块等均在传播形式上进行了创新。

二、深转型:新媒体理念深化,媒体组织机构融合运转

2016 年 3 月 5 日,李克强总理在政府工作报告指出,要发展文学艺术、新闻出版、广播影视、档案等事业,促进传统媒体与新兴媒体融合发展。[①] 自 2014 年

① 央广网:李克强:促进传统媒体与新兴媒体融合发展,http://news.cnr.cn/native/gd/20160305/t20160305_521541369.shtml,2016 年 3 月 5 日

8 月 18 日,中央全面深化改革领导小组第四次会议审议通过《关于推动传统媒体和新兴媒体融合发展的指导意见》,媒体融合上升为国家战略以来,传统媒体便纷纷通过融合新媒体等形式加快融合发展步伐,以在新媒体时代掌握话语权,占领信息制高点。此次媒体两会报道实践体现出鲜明的融合报道特色,媒体人以正视新媒体地位、重塑报道理念等为起点,通过思想转变行为,使两会报道中的微传播逐渐成为主流传播方式。

一些中央级主流媒体的媒体微信公众号、微博、客户端等组成“两会微传播国家队”,依托媒体自身的公信力和传播力,在移动端吸引用户注意力,影响用户阅读选择和阅读行为,形成了一定的影响。人民网、光明网、新华网、央视网、央广网等中央级媒体网站均设立了 2016 两会专题网站,通过多样的新闻版块和新闻栏目在网站上集中进行两会报道。同时,人民日报、光明日报、新华社、央视新闻、经济日报等媒体新浪微博官方账号均以“2016 两会”为关键词话题进行了信息持续更新甚至是两会直播报道。截至 2016 年 3 月 15 日,新浪微博《人民日报》法人微博@人民日报主持的话题#2016 两会#已有 7.5 亿次阅读,话题讨论量为 24.6 万;中央电视台新闻中心官方微博@央视新闻主持的话题#微博看两会#阅读量有 20.7 亿,讨论量有 103.7 万;中国新闻网法人微博官方微博@中国新闻网主持的话题#2016 两会来了#阅读量达到 1.2 亿,话题讨论量有 3.5 万。

在微信平台上,人民日报全媒体平台、光明日报、中国网等微信公众号推送的重点信息在微信朋友圈形成了刷屏之势,其中中国网还通过在其微信公众号开设“两会来了”菜单汇总两会报道,“两会特刊”“动悉两会”“两会专题”“两会电台”等子菜单栏目为用户浏览两会信息提供了便利。在媒体客户端上,人民日报客户端在两会专题页面上开设“两会朋友圈”“两会直播”“两会 e 客厅”等栏目丰富报道形式;新华社客户端两会专题的“两会传真”“两会视点”“两会解读”等新闻信息及时传递了两会声音;央视新闻客户端“人大 V 现场”“政协 V 现场”“直通记者会”等将两会信息分类汇总,便于有目的性阅读。

此外,人民日报对新媒体的重视还延伸到了线下:两会期间,人民日报客户端地铁专列在北京地铁 1 号线运客。这辆地铁专列从里到外布满了明显的人民日报客户端字样,同时通过扫描车厢里的二维码便可以实现人民日报客户端下载。在两会期间运营新媒体专列,无不显示出中央级媒体对新媒体的重视,人民日报新媒体通过实体列车广告为两会造势。

人民日报的媒体融合战略还体现在媒体组织机构的布局和运行上。2016年两会,人民日报再次运行全媒体平台机制,通过“中央厨房”整合社内人力资源和采编力量,实现信息快速共享与流通。通过“中央厨房”集中处理新闻信息,统一生成新闻产品,进行一齐推广。人民日报“中央厨房”集信息汇总、处理、加工、生成等功能,具备了业务平台、技术包装平台、推送平台的作用,实现了新兴媒体与传统媒体、网上与网下、母媒与子媒、国内媒体与国外媒体的四个“联动”。[①] 多层次多领域的新媒体人才为信息生产提供了保障。“50 多人的‘大厨’团队,让我们的原创内容更多了,效率更高了。比如,去年两会期间‘中央厨房’一共推出了 18 个 H5 产品,而今年两会前 3 天就已经推出了近 10 个。”[②]今年的“中央厨房”还增加了向全球各类传统媒体和新媒体免费提供两会新闻产品的功能,成了全球媒体的“厨房”。媒体从业者只需加入人民日报全媒体平台发起的微信群,便可以获得由其平台提供的两会新闻。一方面,人民日报全媒体平台的新闻产品广泛传播提升了“中央厨房”的影响力、知名度和品牌价值,另一方面,这也为全球媒体人实现媒体合作提供了平台和机会。

2016 年两会,央视新闻频道和央视新媒体通过战略指导融合报道实践,实现了深度融合,效果显著。央视新媒体打造了“1V”、“1 云”、“1 平台”,[③]通过云镜头发布上千条微视频,实现电视屏与手机屏的联通。据悉,央视派出了 280 多名上会记者担任全媒体报道记者,打通传统媒体与新媒体,从而为传统电视端和移动媒体端提供以视频为主的多角度、多层次的报道。光明日报的融媒体中心利用组织机构在新闻生产理念、新闻生产流程、新闻产品包装技术、新闻产品推广渠道等已有融合优势上创新业态。光明日报在两会期间先后推出了“炫融两会”“两会微沙龙”“网媒记者跑两会”等独具特色的新闻产品,实现了融媒体中心价值。

---

① 人民日报中央厨房:人民日报中央厨房 19 日正式上线,今日头条,http://toutiao.com/i6254131345346265602/,2016 年 2 月 22 日

② 中国新闻出版广电网:《人民日报》“中央厨房”可以点菜了,http://data.chinaxwcb.com/epaper2016/epaper/d6216/d5b/201603/65490.html,2016 年 3 月 8 日

③ 央视新闻:“一 V 一云一平台”央视新闻全景直播带你看两会,今日头条,http://toutiao.com/i6257689938146361857/,2016 年 3 月 3 日

这次两会报道,仅新华社就出动了300多名上会记者。[①] 这些记者多佩戴新媒体报道设备,成为全景报道记者。往年以传统媒体优先的供稿方式不再,新媒体与传统并重,甚至新媒体优先的供稿和发稿方式成了新媒体报道优势,这些有利于与传统媒体时效性不强等劣势进行弥补。

三、明重点:以内容建设为中心,与用户深度互动

尽管新传播技术快速更新迭代使新闻报道方式发生改变,但是新闻内容一直是媒体报道的核心价值。传播关系的改变和新的传播体系的建立需要新传播技术的推动,但是单纯依赖技术是不够的。剖开技术的外壳,可以看到在今年的两会报道中,传播范围较广、影响力较大的报道仍然是有着优质信息内容的报道。

腾讯新闻策划制作的一条H5页面《纪委你好,干得漂亮!》呈现刷屏的态势。这条两会新闻推送得以脱颖而出的主要特点在于用户可以在页面上按照籍贯、所在区域等查询自己家乡官员腐败落马情况,通过互动获得个性化贴近性新闻信息。而这条H5页面诞生的背后依靠的是对近两万名落马官员信息的整理。通过长时间的新闻策划和前期信息收集与整理才填满了这条信息完整的内容。而就是凭借着强大的内容这条报道获得了高传播率和关注度。腾讯的另一条H5推送《看见瘀青有多难》也凭借内容翔实的反家暴访谈产生了较大影响。

凤凰网紧扣两会新闻中的热点,在进行资讯报道外通过新闻策划的形式进行原创内容报道、深度报道和评论类报道。如凤凰网就外交部部长王毅在记者会上对南海问题的回应策划了南海问题新闻专题报道。

两会报道是实现政府与群众之间沟通的渠道之一,除了将两会会上信息传达给受众,如何通过媒体平台,真实准确及时反映群众心声也是媒体需要思考的一个重要议题。2016年两会报道,媒体与用户的互动与沟通的方式与途径呈现多样化趋势,提升了用户参与度。同时更重要的是,媒体与用户的互动深化得以更有效、更准确地反映群众声音,有利于群众意见得到反馈与解决。

---

① 任晓宁:新华社新闻客户端带你身临其境,中国新闻出版广电网,http://data.chinaxwcb.com/epaper2016/epaper/d6216/d5b/201603/65489.html,2016年3月8日

此次两会前夕，中国政府网联合人民网、新华网、央视网、中国日报网、腾讯网和网易网等新闻网站，发起了“我向总理说句话”活动，通过专题网页征集网友的政府工作建议。网友可以在活动网页上通过填写“献策标题”和“献策内容”，并选择献策分类三项内容提交个人“两会议案”。活动页面除了具有建议填写和提交功能，同时还显示已献策的网友的疑问和建议以及“网友优秀建言榜”。因此，网友不仅能发出“个人声音”，还可以直观看到来自其他网友的真实意见。通过网友的建言可以为个人排忧解惑或者关注社会发展热点。人民网的两会专题“互动”版块下设“我有问题问总理”“我有问题问部委”“两会微愿景”“两会 V 问策”“两会 V 评”“为政府工作献一策”六个子版块。每个版块均有互动的侧重点，互动话题和领域更加细分。例如，“两会 V 问策”版块，人民网邀请部委领导、代表委员、专家学者参与到话题互动中，直面回答网友提出的问题。目前，国家发改委副主任、教育部副部长等部委领导和代表委员一对一细致回答了网友的问题。

新华网两会专题网站特别开设了“调查”栏目，点击此网页，一些两会关键词和高频词出现在页面上，同时页面底端出现了一个投票箱。网页提示“请在 24 个选项中选择 10 个关注话题”，网友可以通过鼠标点击选中关键词的形式为自己关注的两会话题投票。在选择完毕后点击页面，还会出现 24 个候选话题的排名和所占百分比，通过这个表格可以直观搜集到网民最关心的话题领域。新华社客户端推出了“来问总理吧！”话题征集活动，截至 3 月 13 日 10 时，活动已征集到网友“提问”5.3 万余条。①

总之，2016 年全国两会媒体报道呈现出新态势、新面貌。媒体通过理念、技术、内容、平台、管理等方面深度融合创新了报道方式，有力地传达了两会声音，开启了两会媒体报道的新篇章。

第六节　2017 年全国两会新媒体报道观察

自从媒体融合发展上升为国家战略，两会报道的新媒体求新求变的脚步就

---

① 孔唯千、孟洁：2016 年两会，网友最想问总理什么问题？新华网，http://news.xinhuanet.com/politics/2016－03/13/c_1118314740.htm，2016 年 3 月 13 日

从未停止过。2017年两会报道实现了组织结构的进一步优化,顺应了媒体融合与创新的发展方向。在新技术方面,如人工智能、移动直播等有了更多的尝试,在报道形式上,如直播、微视频、数据新闻、H5交互、短视频等则更加深化了坚持用户为本,坚持创新表达的原则,做出了一系列精彩的报道。

一、技术创新丰富新闻表现力,人工智能、移动直播等助力两会报道

继去年360度相机、VR、H5等新设备和技术在两会报道上被大量运用成为焦点,今年的两会报道,技术和形式的创新持续发酵。人工智能、移动直播等设备的使用颇受关注。

2017年3月5日,李克强总理在政府工作报告中提到,要加快培育壮大新兴产业。全面实施战略性新兴产业发展规划,加快新材料、人工智能、集成电路、生物制药、第五代移动通信等技术研发和转化,做大做强产业集群。这也意味着,"人工智能"被首次写入《政府工作报告》。而且,这个代表着未来科技发展"前景"的人工智能也首次出现在两会报道现场。

提到人工智能在新闻业的应用,表现最出色的当属机器人写稿。相比人类,人工智能在数据方面的敏感和速度方面的快捷有着绝对的优势。根据《中国新媒体趋势报告2016》数据显示:仅2016年三季度,腾讯财经机器人写作文章的数量就达到了4万篇。① 人工智能和新闻的结合,不仅丰富了新闻的报道方式和手段,更体现了智媒时代带来的真切变革。今年的两会上,除了新闻写稿,人工智能的触角还伸向了两会新闻播报、大数据搜集、分析、代表采访、天气播报等方面。多家媒体都派出了智能机器人参与报道。例如,新华社派出的机器人i思,以新华社音视频部见习记者的身份入场,在会上不仅采访代表委员,还智能收集两会相关的大数据并且进行分析,同时与关注的两会话题的受众进行新闻互动。新华社还为其量身定制了"i思跑两会"系列节目,分放在各大电视和新媒体平台上。在《新华视点》栏目中,i思化身特约记者与主持人连线报道两会。俨然成为新华社记者和编辑们的好助手。另外,由《深圳特区报》专门定制的一款交互智能机器人"读特"也提供采访报道,在交流方面显得十分熟练

---

① 知识库:智媒来临,2016中国新媒体趋势报告,http://www.useit.com.cn/thread-13900-1-1.html,2016年11月16日

和专业。此外,它还具备智能人脸识别、激光导航、播报天气、红外感应、人机互动等智能功能。①

除了两会现场,线上也同样出现了人工智能的身影。人民网有阿里云 ET 机器人,光明日报融媒体中心发布了“小明 AI”等。两会开始前,光明日报客户端就上线了“小明 AI 两会”。这是一款人工智能新闻信息服务机器,结合大数据技术,“小明”具备“识人”以及报道的能力。打开光明日报客户端里的应用,根据提示选择“图片”交互,上传代表的照片,几秒钟后,“小明”就能给出人物个人信息、关系图谱、关注领域、两会热点以及相关新闻等内容。当然,这些内容也可以由文字和语音识别交互获得。据析,这款人工智能机器的能力来自数万张相关图谱的识别以及 40 多万篇两会新闻报道的学习。

移动直播以其真实感强、互动性高等特点风靡于各个行业。据第 40 次《中国互联网络发展状况统计报告》数据显示:截至 2017 年 6 月,网络新闻用户规模达 6.25 亿,使用率达 83.1%,而网络直播用户规模也达到 3.43 亿。② 新闻直播存在巨大的挖掘潜力。今年两会,光明网、中央电视台、人民日报、新华社等各大主流媒体都亮相自己的移动直播设备,跳入直播红海。移动直播成为媒体报道新方式。

两会期间,光明日报推出的“多信道直播云台”,就引起巨大的关注。此设备集信息采集和发布功能于一身。其中采集部分包含视频、VR 等内容的同步直播与录制;发布则可同时为 16 家平台提供直播视频和 VR 信号,用户通过手机就能了解两会的实时情况。值得一提的是,这是 VR 直播第一次进入两会,观众可不用借助于 VR 头盔,直接裸眼观看。VR 直播给观众带来了更具沉浸感的全景体验。

2017 年 2 月份由《人民日报》、微博、一直播合作推出的全国移动直播平台“人民直播”以及央视新闻打造的移动直播系统“央视新闻 +”在两会直播上表现十分出色。两会期间,由人民网与腾讯网合作打造的时政类直播节目《两会进行时》,创下访问量过亿的记录。人民网首次在移动端和 PC 端推出每天 9 小

---

① 央广网:智能机器人亮相全国人大代表广东团驻地,http://news.cnr.cn/native/city/20170307/t20170307_523642155.shtml,2017 年 3 月 7 日

② 中国互联网络信息中心:第 40 次中国互联网络发展状况统计报告,http://www.cac.gov.cn/2017-08/04/c_1121427728.htm,2017 年 8 月 4 日

时的不间断直播,总时长超过100小时。① 为观众带来了形式更亲切,内容更优质的“移动直播+时政新闻”类节目。央视移动网创新直播方式,推出特别节目“2017全国两会央视网移动直播视频报道”。据统计,仅全国政协开幕,“央视新闻”移动直播用户就接近960万、观看人数超200万;截至3月15日,央视新闻移动网矩阵号共推出移动直播243场,其中央视新闻移动网直播110场,在线人数逾2.25亿,累计触达人数超过4.6亿。② 借力直播技术,主流媒体开拓了前所未有的两会报道格局。

二、形式服务内容理念加强,二维码、H5、短视频等新媒体形式更重视内容表达

由于具有趣味性、直观性、互动性等优势,可视化报道成为两会报道的主流。在今年的两会上,各家媒体在运用类似的方式进行两会报道时,着重在创意和内容的契合度上发力,深挖内容的表达方式,考虑用户体验,更加强调形式为内容服务的理念,输出高质量、传播力强的新媒体产品。

今年李克强总理的政府工作报告文本上,首次出现了二维码。扫描后即可观看一个时长2分50秒的动画视频和一张由32组数据制成的图表。互联网+的政府工作报告,引发人们强烈关注,很多人坦言感受到便捷与创新。通过观看视频或者浏览图表,用户可以非常直观形象地了解到政府工作报告中有关主要指标任务完成情况。据创作者介绍,在制作动画视频时,不只单方面运用动画思维追求炫酷的美感和动作的夸张复杂性,更重要的是在保证画面精美的同时,考虑这样的效果是否真的适合相关数据的表达,观众是否能借此更好地理解内容。每一个创意元素和动态,都是绞尽脑汁想出来的。也经过了无数的修改、优化,才最终打磨出这款创意产品,在朋友圈形成刷屏之势,并且在更广的视野里引发关注。有观众表示,因为它的出现,“自己第一次离国务院这么近”。

另外一款引发网友热烈讨论的两会短视频是3月5日《人民日报》推出的两会版《成都》MV,由赵雷本人翻唱。熟悉的旋律配上大气、充满正能量的“两

---

① 人民网:人民网两会试水直播超百小时? 首日“围观群众”逾200万,http://media.people.com.cn/GB/n1/2017/0307/c192372-29129442.html,2017年3月7日

② 中国中央电视台:央视新闻移动网243场直播全新展示两会现场,http://www.cctv.cn/2017/03/17/ARTIRQTryd2ki9apstWsc46n170317.shtml,2017年3月17日

会专属”歌词,受到网友大力追捧。人民日报微信文章发出来后,阅读量很快达到 10 万 + ,并且空降微博热搜,成为网络热门,很多大 V、媒体都争相转载。截至 3 月 15 日,该微博的秒拍视频播放量高达 868 万次。各平台上的视频点击量超过 2000 万。人民日报选择从年轻人的角度唱两会、唱中国,而且选择年轻人接受度很高的歌曲进行改编,不仅贴切地传达出“梦想”、“奋斗”、“春天”等要素,也无疑吸引了很大一部分年轻人关注两会。类似的还有《人民日报》推出的 rap 动画《word 两会我做主》,用动画 + 说唱方式生动介绍了两会的相关知识和意义。不仅吸引人,而且真正做到了有趣、有料、有风格。经微信平台推送后,这个动画 MV 也轻松获 10 万 + 的阅读量。真正关注用户群体,用观众喜闻乐见的方式,把新闻有温度地进行传递,也自然让新闻的关注度和传播力迅速提升。

相比于前两年的试水,H5、数据图表等可视化报道在今年的两会期间的表现可谓相当出众。从中央媒体到地方媒体,它们的身影随处可见。多元化的表现方式,和硬邦邦的干货结合,相得益彰。同时今年的两会 H5 报道和数据图表都摆脱了制作简单,强行拼凑的状态。融合了更多的交互元素,创意性、趣味性以及合理性都大幅提升。

时政热点类的 H5 刷屏成为今年两会的常态。以《人民日报》客户端推出的《两会喊你加入群聊》H5 为例。一天点击量超 600 万次,仅在人民日报客户端上的用户留言就超过了 9 万条,①成为今年第一支现象级的时政类 H5 案例。此 H5 从内容策划和交互体验上都做足了功夫。打开 H5,首先需输入密码进入两会群聊(模拟两会的机密性),入群后发现自己被领导们“包围”,并且会被主动询问想法,总理与各部长还会对网友的要求做出“发红包”等有意思的回应;进入朋友圈,吃瓜群众在国家各个领域的最新动态下点赞。观众在这个过程中体验到的参与感是十分强烈的。两会严肃的内容变得亲民而接地气。网友们“共商国是”的代入感也迅速提升。再如国务院客户端发布的《你的 2017 政府工作报告关键词》,引导观众互动,如测试小游戏一般,在生成动态关键词的同时,传递政府工作报告的主要内容。值得关注的是,动态图形的创意、设计、动效,每一项都可称得上有诚意。相关部门对新媒体作品质量高要求可见一斑。

---

① 头条资讯:“喊你加入群聊”H5 点击超 600 万,人民日报为何总是两会爆款产品,http://www.tdcow.cn/News/20170306/718067.html,2017 年 3 月 6 日

三、媒体融合继续深化,资源互通,融合共生模式快速发展

2016 年 2 月 19 日,习近平总书记在党的新闻舆论工作座谈会上发表重要讲话,指出"融合发展关键在融为一体、合而为一"。媒体融合发展两年多来,从探索、局部突破到全面、深度融合,传统媒体的互联网思维不断强化。与新媒体融合共生的关系也越来越明显。今年两会报道体现了媒体融合发展模式的多样性。有效整合的多元平台和被进一步解放的内容生产力让媒体报道精彩纷呈。

2017 年两会,各大主流媒体都与网络媒体牵手进行了合作报道。据悉,此次两会期间,人民网、新华网、光明网、央广网、新京报、法制晚报等 20 多家权威媒体与腾讯新闻合作,借助腾讯新闻大平台优势,组成最强大的媒体阵容。运用直播、短视频、图文结合等形式全方位传递两会信息。例如新华社和腾讯联合推出的《看两会现场》、人民网和腾讯合作的《两会进行时》系列直播,都采用腾讯新闻提供产品和平台,传统媒体负责内容生产的合作方式。双方共同利用内容优势、渠道优势、分发优势,通过各个平台对节目进行精准分发。新闻内容价值被进一步放大,两会报道的影响力也全面提升。光明日报与精通算法推荐的今日头条进行深度合作,即将光明日报的新闻生产能力和今日头条的数据挖掘能力结合,推出融媒体产品《两会大家都在看什么》,为用户带来数据视角的两会新闻。从 2017 年 3 月 11 日起,央视《新闻联播》携手搜狐新闻客户端,推出《两会追踪看实干》系列报道。依托于媒体庞大的用户积累带来的海量用户数据,搜狐新闻客户端从"大数据"角度,打造更精准、全面的两会热点。

此外,今年新华社、央视、人民日报等主流媒体纷纷确定了"新媒体移动优先报道方案",微博、微信、移动端等平台首发两会相关的内容。各大主流媒体均在微博开设了以"2017 两会"为关键字的话题,对两会内容进行持续报道。截至 2017 年 3 月 15 日,新浪微博人民日报法人微博@ 人民日报主持的话题#2017 两会#阅读量达到 14.7 亿,话题讨论量为 50.4 万;中央电视台新闻中心官方微博@ 央视新闻主持的话题#微博看两会#阅读量为 36.8 亿,讨论量为 151.6 万。@ 央视网微博话题"两会微表情"阅读量达 7.7 亿次。@ 人民日报还主持开设了"人民直播"的短视频话题,阅读量也达 3.9 亿,讨论量为 7 万。值得一提的是,今年央视网在 Facebook、Youtube 等平台也发布了相关视频贴文共计 29

条。包括《习总书记“下团组”漫评》《幸福像花儿一样》等，总浏览量超 591 万次，独立浏览用户超 416.4 万人。①

在微信端，各大媒体都策划推送了两会相关的重点话题，在朋友圈形成刷屏之势。光明日报公众号开设“会问会答”、“小明 AI 两会”菜单栏目为用户与“两会互动”带来便利；人民日报开设“两会”“直播”等栏目对两会新闻进行集中报道。新华社开通全景两会，带领观众参观包括“万人大礼堂”、“新闻发布厅”等地方，同时全景报道“李克强会见中外记者”“外交部部长记者会”等新闻内容。两会现场则用图文结合的形式报道两会，观众可以十分方便地查看两会进程。在媒体在客户端上，各家媒体开设丰富的两会专题内容，如新华社客户端的“微记录”“两会谈谈新”、“两会聚焦”等及时传递了两会声音；人民日报开设的“直播”、“两会聊天指南”、“两会现场”、“两会问答”等也方便了观众阅读。

传统媒体与新媒体的合作，将渠道和新闻报道优势结合，也将技术优势和内容优势结合。传统媒体对新媒体的把握变得越来越精准，也主动去适应新兴媒体平等交流、互动传播等特点，满足用户个性化、多样化的信息需求。今年两会，包括新华社－新华网、人民日报－人民网、光明网、法制网、中国网等主流媒体不约而同地选择了全媒体作为信息传播的方式，媒体融合的态势正持续加强。

① 央视网：央视两会报道特色鲜明亮点频现，http://www.cctv.cn/2017/03/16/ARTIzjkAiN-aUzHbG0prrPHA0170316.shtml，2017 年 3 月 16 日

第五章

融媒创新——多元发展路径

2016年,媒体融合成为媒体行业发展自觉,“互联网+”成为媒体深化融合新引擎,媒体融合步入了深度融合发展时期。当前,媒体融合发展取得了一些成绩:媒体战略化转型规划见效,“两微一端”引领媒体微传播力提升,媒体电商发展火热等。可以预测,至2020年,在新传播技术与国家政策法规的持续影响下,媒体从业者新媒体理念将进一步深入,媒体体制机制阶段性革新完成,媒体多元经营渐获成效。

第一节　电视节目模式的发展现状与创新

为进一步加快广播电视媒体与新兴媒体融合发展,2016年7月2日,国家新闻出版广电总局颁发《关于进一步加快广播电视媒体与新兴媒体融合而发展的意见》(以下简称《意见》)。作为首部中国电视媒体融合发展报告,《意见》指出:加快融合性节目体系建设是电视媒体融合发展的重要任务之一,以内容为王,增强广播电视台的节目原创能力和节目集成能力,构建面向多渠道、多终端传播的节目资源体系。

早在20世纪八九十年代,我国内地电视产业就开始借鉴港台电视节目模式来实现自身发展。但我国内地电视节目模式长期处于引进并模仿国外优秀电视节目模式的状态,原创力明显不足。与此同时,随着移动互联网的强势发展,用户需求呈现出多样化、个性化的特点,而用户注意力资源也开始向“三微一端”为核心的移动传播平台强势转移,移动传播新格局不断形成。

能否选择受众喜闻乐见的内容与形式成为电视节目生死存亡的关键,聚焦于电视节目模式的竞争已经成为我国电视产业中的新常态,电视产业发展面临着前所未有的挑战与机遇。

一、国内外电视节目模式的发展现状

电视节目模式是指电视节目的构成环节与样式,存在于生产、制作加工、播出、互动等过程,包括节目构想、题材元素、编排方式、表达形式等一整套节目元素与策划创意。电视节目模式一般具有可交易、可复制、可重复、成体系等特点,并逐渐呈现出多元化、聚众化、互动化的发展趋势。目前较为成熟的节目模式类型包括真人秀节目、真实类节目、娱乐类节目、智力问答类节目、喜剧类节目、跨平台娱乐类节目等。

当前电视节目模式的发展特点主要有以下两点:

(一)国际模式公司崛起快,跨国交易链日趋成熟

在全球范围内,随着国家间日益密切的经济文化交流,世界各国的电视节目模式交流日益增多,并已经形成完整的跨国贸易产业链。

作为电视节目模式的发源地,欧美地区聚集了 Endemol shine、Fremantle Media、BBC 环球等元老级模式公司,其电视节目模式较为成熟,具有创意丰富、制作水准高等特点,在海外市场深受欢迎。如 Fremantle Media 旗下有《X 元素》、《达人秀》、《偶像》系列等知名节目模式。此外,以色列 Keshet、Armoza 等公司同样是输出电视节目模式的主要源地,相继推出"Rising Star"等广受欢迎的节目模式。伴随着欧美元老级模式公司的快速发展,韩国逐渐成为电视节目模式输出大国,其节目模式开发集中于韩国文化广播公司(MBC)、韩国广播公司(KBC)以及 SBS 株式会社(SBS)。

电视节目模式的主要趋势呈现出互动化增强的特点,如以色列 Keshet International 推出的"Rising Star"互动选秀节目,观众可以通过移动设备进行实时投票。同样,英国 Channel 4 推出的"The Million Pound Drop"(《天将百万》)则是通过 Facebook 和 Twitter 等社交网站来征集选手。

在跨国贸易方面,从 2015 年开始,欧美电视模式公司虽然仍以模式节目授权为主要业务,但会深化其在当地电视市场的参与,如 Endemol shine 等公司积极参与当地电视节目的运营与制作。

(二)国内引进模式成功落地,推动制播分离新常态

打造纯原创的节目不仅意味着巨大的资本投资,也面临着较高的市场风险。在引进国外广受好评的节目模式基础上,借助本土化改造以适应本地用户思维习惯、文化传统、伦理道德等,既是国内不少电视台在竞争中占领制高点的法宝,实现竞争力与影响力的快速提升,也在一定程度上盘活了中国国内电视行业,缩短中国电视行业的发展进程。在2015年1-8月直播收视TOP10的综艺节目时移收视与直播收视比值列表中,从国外引进的电视节目模式已经占据我国电视综艺节目的半壁江山,且收视率较高。如图一。

表5-1:2015年1-8月直播收视TOP10的综艺节目模式购入情况

节目名称	播出频道	直播收视率（含重播）	购入公司国外或电视台
奔跑吧兄弟第二季	浙江卫视	15.8%	韩国SBS株式会社
中国好声音4	浙江卫视	14.19%	荷兰Talpa公司
爸爸去哪儿第三季	湖南卫视	6.41%	韩国文化广播公司
我是歌手	湖南卫视	5.35%	韩国文化广播公司
偶像来了	湖南卫视	5.09%	与韩国《英雄豪杰》相似
极限挑战	上海东方卫视	4.5%	与韩国《无限挑战》相似
2015元宵晚会	中央电视台综合频道	3.79%	原创
爸爸回来了	浙江卫视	3.26%	韩国SBS株式会社
快乐大本营	湖南卫视	3.13%	原创
花样姐姐	上海东方卫视	2.76%	韩国TVN电视台

(数据来源:央视索福瑞)

在国内政策的不断引导下,国外节目模式的引进也对推动中国制播分离起辅助作用。如各级电视台在市场推动下开始与外部制作团队或公司合作,将节目委托于独立制片人或独立制片公司来制作,放权独立制作人的同时也要求其承担一定风险。如中央电视台也相继联手唯众传媒、灿星制作推出《开讲啦》、《中国好歌曲》与《出彩中国人》;浙江电视台联手上海星空公司旗下的灿星制作一起打造的《中国好歌曲》连续三年成为收视热门,其背后的“对赌协议”也成为全新的合作模式之一,在第一季度4亿元的收入中,3.5亿元都是来自于广

告,只有0.5亿元来自版权销售[①]。

二、电视节目模式的发展困境

(一)过度依赖节目模式,国内电视节目遇瓶颈

2016年6月22日,国家新闻出版广电总局下发《关于大力推动广播电视节目自主创新工作的通知》(以下简称《通知》)。《通知》指出,当前一些广电机构过于依赖境外节目模式,存在原创节目比例较小、精品不多、影响不大、动力不足等问题,其影响制约了广播电视节目的健康发展。

国内各级电视台引进外国节目模式蔚然成风,但是带来的一系列问题也使国内电视节目面临升级发展的新瓶颈。

首先,同质化现象严重,缺乏原创性节目模式。电视节目同质化现象不仅存在于中国,也是世界范围内的难题。随着近年来国内电视台对节目模式的疯狂买进,尽管节目内容和形式于细微之处有区别,但是诸如真人秀类节目、歌唱选秀类节目等热播类节目已经成为国内电视台争相涉足的领域,出现了"同节目不同台"的现象,易使受众审美疲劳。为避免同质化并快速占领市场份额,大多数电视台继续选购不同的国际电视节目模式,中国电视节目产业开始陷入"引进——同质——再引进"的恶性循环,这不仅造成了我国电视产业资源的重复浪费,也是我国原创电视节目较少的原因之一。

其次,模式费用水涨船高,相继而来的版权之争不断。随着引进的国际电视模式在中国引发收视狂潮后,外国公司尤为看中所售模式在中国的揽金能力。一旦授权到期,国外电视模式公司便利用国内买方之间的激烈竞价坐收渔翁之利,

而国内市场则可能出现多家"好声音"或"跑男"节目,加剧同质化,同时致使国内电视节目秩序混乱不堪。如《中国好声音》由浙江卫视与灿星制作共同从荷兰Talpa公司引进"The Voice"节目模式,模式费用为200多万元人民币。2016年初,由于国内其他卫视与制作公司积极参与竞价,Talpa公司向浙江卫视与灿星制作提出数亿元人民币的模式费用,并由此引发了对《中国好声音》的版权争夺,最终,灿星制作将节目更名为《中国新歌声》,并公布全新的节目logo。

---

① 喻国明、姚飞:《制播分离模式的惑与解》,《中国传媒科技》2015年第1期。

(二)中国模式初长成,走向国际任重道远

在引进过程中,我国电视节目模式面临版权纷争、同质化等发展瓶颈,其根本原因在于没有土生土长的原创节目模式却过度依赖国外电视节目模式,“拿来主义”已经开始灯油耗尽。十八届三中全会通过的《中共中央关于全面深化改革若干重大问题的决定》要求,各级广电部门大力推动广播电视节目自主创新,不断研发拥有自主知识产权、体现中华文化特色的优质节目。大力发展原创电视节目模式是我国电视产业发展的新路径。

为开发新节目,当前我国原创节目模式层出不穷,如中央电视台推出的《挑战不可能》,该节目在2015年取得了城市收视率破2,国内外网络点击量超过16亿次的成绩。[①] 中央电视台的另一个文化类原创节目《中国诗词大会》也在开播便取得了6.61%的市场份额。[②] 与此同时,国内一些电视原创节目也开始走向国际。

虽然中国原创电视节目模式正在不断发展,但国内整体电视节目仍以“引进来”为主流,整体原创能力较弱,同时由于制作方式、流程等尚未与国际接轨,缺乏普遍适用性,使得中国原创节目模式在“走出去”的过程中仍会面临一些壁垒。

三、电视节目模式的创新发展路径

(一)树立文化自信,变“引进”为“合作”

在建党95周年庆祝大会的重要讲话中,习近平总书记强调:“坚定中国特色社会主义道路自信、理论自信、制度自信,说到底是要坚持文化自信,文化自信是更基本、更深沉、更持久的力量。”[③]文化自信来源于对本民族传统文化的认可,这既需要对传统内容的深刻阐释,也需要以创新形式实现传统文化的现代化转化。

首先,重新树立文化自信,立足中国传统文化,添加中华文化元素激发国人

---

① 《央视一套〈挑战不可能〉领跑中国节目模式国际化元年》,人民网,http://media.people.com.cn/n1/2016/0607/c40724-28418763.html,2016年6月7日

② 《让诗词在演播室中“活”起来〈中国诗词大会〉引发持续关注》,央视网,http://1118.cctv.com/2016/02/24/ARTIpLDGrlMJSgJTnlnS3M9O160224.shtml,2016年2月24日

③ 《在庆祝中国共产党成立95周年大会上的讲话》,《人民日报》2016年7月1日第02版

共鸣。当前,各级电视台在引进国际电视节目模式时都进行本土化运作,以避免“水土不服”,但对国际电视节目模式的严重依赖性,导致中国电视产业开始慢慢缺失中国文化底蕴。无论是引进国外电视节模式还是原创电视节目模式,都应在发展中加深对中国传统文化的理解与阐释,如《中国成语大会》、《中国汉字听写大会》、《中国诗词大会》等一系列文化益智电视节目以中国传统文化为主,受到广大观众的喜爱。

其次,借助创新性思维加强对中国传统文化的现代化解读。虽然直接引入成熟的国际电视节目模式能在短时间内攫取巨大成功与利益,但从长远发展来看,拥有独立知识产权的原创电视节目无疑是更好的选择。我国电视节目模式需要在内容、形式、传播手段等方面进行创新发展,将中国传统文化创造性与电视节目相融合,增强中国传统文化的趣味性与通俗性。

再次,对国际电视节目模式的引进绝不仅仅是将其内容、形式、节目元素等直接使用,还需要结合本土文化进行二度创新。国内电视台以及独立制作人、制作公司应当更多接轨国际,打破直接引进的发展困境,借助寻求合作的方式,共同探索新的电视节目模式,应对全球电视面临的同质化问题,实现联合发展。

(二)培养用户思维,实现节目模式品牌化

移动互联网时代,用户不再是单一接收信息的主体,网络的自主性、开放性、社交性赋予了用户更大的话语权。伴随着分众化、差异化的传播趋势,无论是电视节目创作发展还是制作播出,都应当以满足用户精神文化需求作为电视节目模式的出发点与落脚点。

习近平总书记曾强调,人民生活中本来就存在着文学艺术原料的矿藏,人民生活是一切文学艺术取之不尽、用之不竭的创作源泉。发展原创电视节目模式要以人民为主体,深入群众,扎根群众生活,从民众生活中发现创新点。如浙江卫视原名为《快乐蓝天下圆梦季》引进自英国 BBC 电视节目《就在今夜》,在用尽不同花样后放弃版权,更名为《中国梦想秀》,开启原创模式。在内容上,节目组走访了 1000 多个地方寻找有故事、有才艺、有梦想的普通老百姓,帮助他们完成圆梦之路,从人民群众身上寻找节目素材,形成了《中国梦想秀》的特色。

《意见》指出,要树立精品意识,实施品牌战略,提升节目品质,加大对影视剧、综艺、文化益智、生活服务、社会公益等各类节目内容创作生产的投入。电视节目模式实现品牌化发展,不仅能够降低市场风险,同时也能整合节目要素,

带动整个电视节目模式的发展效率,进一步实现电视产业发展方式向精细化发展模式的转变。

(三)深化制播分离,重视人才引进策略

进入市场经济后,创新能力匮乏的采、编、播一体化的生产模式不再适应于当前的竞争环境,制播分离在推动我国电视节目模式创新方面扮演着至关重要的角色。当前各级电视已经开始实行制播分离,但对体制内的电视台来说,制播分离仍有较长的一段路要走。

我国的制播分离主要体现在两个方面:对外探求合作,对内进行机制改革提高内部活力。

创新我国原创电视节目模式,一味地闭门造车是无法实现的。借助制播分离打破传统电视媒体规模与资源的限制,实现金融资本、社会资本、文化资源的优化整合与配置,推进多方合作,实现产业化分工,推动多层面创新,打造优质文化产品,是我国电视节目实现原创发展的重要途径之一。

人才也是实现我国电视产业原创化发展的重要因素。电视节目的核心在于节目创意,而节目创意的关键在于创新型人才。作为团队合作的项目,电视节目中诸如制作、包装、推广等每一环节都可能影响到节目质量,制片方可设立激励机制,以提高电视节目的创新度与质量。

(四)借助移动互联网,适应社交传播新格局

随着媒介融合趋势不断加深以及移动传播平台的搭建,传统的"电视节目"已经开始具备全新的含义。虽然,传统电视台仍是网络电视节目视频的最大生产商,但传统电视节目对引进国外节目模式的依赖性,而导致节目单向性、同质化、过度娱乐、版权纠纷等问题,使得传统电视节目的发展受到一定程度的约束与限制。

反观网络自制节目,网络直播、弹幕等技术的出现与发展使得各大主流网络视频平台开始从单一提供平台逐渐转型为内容生产、平台提供的双重身份,其双向互动播出形式、创新性的内容与节目设置,更适应移动化、社交化、多屏化移动传播特点,吸粉能力激增。

作为一档辩论类的说话真人秀网络节目,《奇葩说》自开播后的单期节目最高播放量破千万,短时间内便达到《快乐大本营》的单期网络播放量。其适应网络传播特点,选择生活气息重且具有时代感的话题,以选手、主持、观众之间的

高对抗性为看点,同时实现视频网站评论、微博话题参与、知乎问题讨论、微信公号互动四个平台的无缝对接。这种充分发挥互联网开放、自由、社交化的特点与优势,无疑为《奇葩说》的热播带来了诸多看点。

引进电视节目模式的确为中国电视产业带来一丝曙光,但随着同质化现象日益严重以及高额模式费用、版权纷争等问题的出现,中国电视产业已经不能再将国外电视节目模式作为取得竞争优势的“救命草”。中国电视节目应当积极汲取国外优秀电视节目的精华,在立足于中国传统文化的基础上,努力激发原创研发能力,借助移动互联网平台,打造原创品牌节目,实现中国电视可持续的长远化发展。

第二节 智能时代的传媒产业发展路径

人工智能是未来媒体业发展的方向之一。2015 年 7 月,在国务院印发的《关于积极推进“互联网 +”行动的指导意见》提出的 11 项具体行动计划中,“互联网 +”①人工智能便是其中一项。《指导意见》表示,培育发展人工智能新兴产业,推进重点领域智能产品创新,提升终端产品智能化水平,形成创新活跃、开放合作、协同发展的产业生态。

近年来,传媒产业与互联网技术、人工智能技术等新技术不断融合发展。新技术为传媒业发展带来了新机遇和新挑战。

一、智能 + 媒体:信息生产的新时代

(一)变革与出新:产业结构调整与优化

人工智能与媒体的结合,将引发媒体产业形态发生变化,媒体业产业结构深刻变革。目前,全球 IT 巨头和传媒集团纷纷投资布局人工智能,人工智能催生出新的商业模式,带来深刻影响。

苹果、谷歌、微软、Facebook 等公司均视人工智能为重点发展领域,投入了

---

① 黄楚新、王丹:《“互联网 +”意味着什么——对“互联网 +”的深层认识》,《新闻与写作》2015 年第 5 期。

大量资金和资源。2016 年伊始,苹果公司便宣布收购公司 Emotient,该公司专门应用人工智能技术通过扫描人脸,以分析人的面部表情来判断人的情绪。这种技术可以用来直接监测到广告或者产品的受众反应。此前的 2015 年,苹果公司分别收购了 GPS 公司 Coherent Navigation、地图可视化公司 Mapsense 和在理解自然语言领域和汽车语音识别领域见长的英国创业公司 VocalIQ,通过人工智能技术进行了苹果产品地图服务和 Siri 等功能优化,进行产品升级。无独有偶,作为人工智能的拥趸,2015 年谷歌基于人工智能技术相继推出了谷歌相册服务、邮件智能回复功能等,同时频频收购以专项技术见长的机器人相关公司,不断开展各项人工智能项目和计划。Facebook 的人工智能系统"M"则具有个人数字助理的功能,直指谷歌搜索业务。2015 年 8 月,微软"小冰"的全球人工智能战略计划发布,具备了全新人工智能感官的"小冰"回归。此前,微软通过推出人工智能系统 Adam、语音助手 Cortana 等勾画人工智能领域发展蓝图。

在国内,互联网公司百度进行了"百度大脑"项目,并于 2015 年 9 月推出了人工智能机器人度秘,通过文本、图片、语音等多模交互,提供助理服务。2014 年,科大讯飞启动了"讯飞超脑计划",新华社推出"机器人记者""快笔小新"写稿,腾讯财经的"Dreamwriter"自动化新闻写作机器人上岗工作……人工智能技术快速发展将会给媒体业带来巨大的发展机遇。当前,我国媒体业印刷、广电等产业发展较为迟缓,相反,新传播技术的高速发展使互联网与移动互联网产业快速崛起。人工智能技术应用于媒体,特别是在 PC 端和移动端上的应用将优化媒体产业结构,促进媒体产业的发展。

(二)自动化与虚拟化:信息产品生产流程革新

人工智能的加入改变了过去记者采访、写作,编辑审阅的传统新闻生产方式,甚至也与公民记者进行信息报道的模式不同。人工智能技术通过大数据处理、分析和整合,以自然语言生成新闻报道。其模式可以总结为:模块 + 数据 + 语义 + 智力分析 + 其他信源。① 首先进行固定的模块和版式设定,其次获取数据,进行数据筛选、分析和选用,再次增加语义与智力分析,最后在通过增加其他信源的采访内容丰富报道,进行信息推送。

---

① 李舟军:《人工智能在新闻领域能做些什么》,http://robot.zhaoshang800.com/rnewdet-16088.html,2015 年 12 月 22 日

人工智能使机器人成为信息推送的主体成为可能。机器人进行新闻编辑与新闻写作,大大增加了新闻生成效率。腾讯财经开发的自动化新闻写作机器人 Dreamwriter,根据算法在第一时间自动生成稿件,瞬时输出分析和研判,一分钟内将重要资讯和解读送达用户。① 美联社采用的机器人记者,每个季度可以撰写 3000 篇财报类新闻报道,而且这个数字有望增加。② 除此之外,机器人在新闻报道的内容上,还可以通过数据分析受众喜好进行推送内容选择。例如,《纽时时报》数字部门研发的虚拟机器人 Blossomblot 便可以通过大量文章的微传播数据判断出适合在社交媒体上传播的新闻报道,从源头上保障了被推送新闻内容的传播广度。

人工智能技术在某种程度上解放了记者和编辑,在数据处理、数据分析和一些模板化的工作上,机器人可以高效、高质量地完成任务。当然,在一些领域,人的功能和作用还是难以替代。比如在需要通过逻辑推理和深度采访和思考进行的新闻分析和新闻评论等工作上,人类仍然具有不可替代的地位。机器人的出现使采编人员可以拥有更加充裕的时间和精力进行深度报道、新闻评论等需要感性经验和价值判断的稿件。机器人和人力的分工与合作,长短互补也有利于媒体业的整体发展。

另外,传感器新闻或是生物传感新闻也是人工智能技术应用在新闻报道上的有益尝试。通过数据抓取与收集,可以直接获取受众在收看、收听、阅读等信息产品时的反应。通过一手数据了解受众偏好,从而及时获得受众反馈,有利于信息内容主题和方式的选择和改进。

(三)创新与突破:产品形态丰富与多样

在信息产品的传播方式上,人工智能是实现个性化推送的好帮手。目前,"今日头条"基于数据挖掘与分析构建的用户画像,实现了信息个性化推送。通过利用技术进行媒体产品呈现方式创新,取得了有效的传播效果。在此基础上,通过交互方式,用户可以通过与人工智能软件如智能助手或助理,通过文字、语音、手势等多种方式展开对话,扩大信息平台入口,使用户数据库更加全

---

① 杨国要:《机器人昨动手写出第一条财经新闻》,《深圳晚报》,http://wb.sznews.com/html/2015-09/11/content_3332532.htm? fin,2015 年 09 月 11 日

② 谭思:《美联社机器人记者每季度撰写三千篇新闻报道》,腾讯科技,http://tech.qq.com/a/20150131/035367.htm,2015 年 01 月 31 日

面、完善,用户可以更为方便快捷地获取具有针对性的信息。一些新媒体产品利用人工智能技术成功将线上数据与线下生活场景相结合,为用户提供信息服务。例如,早在2013年,利用微信用户的语音交互习惯,基于语音语义识别的智能移动生活搜索“出门问问”便特别开设了微信公共账号。通过自然语言输入,账号可以提供机票、本地信息、天气等搜索信息①,使用户生活更加便利,提升了用户体验。

人工智能技术同时丰富了已有的媒体产品形式,催生了新的信息产品形态。2015年12月22日,微软“小冰”在上海东方卫视《看东方》栏目亮相,以见习天气播报员的身份代替之前的女主播进行天气播报。通过实时天气数据,“小冰”通过其固定人格化的语音完成了电视首秀。基于湖南卫视《爸爸去哪儿》节目热播,芒果传媒推出了咘瓜亲子智能手表。儿童以触控操作或者语音交互的方式通过手表可以与家长的智能手机连接,同步使用。2014年,国内专业从事智能语音及语言技术研究的公司科大讯飞与安徽广电传媒产业集团有限责任公司、时代出版传媒股份有限公司、安徽新华传媒股份有限公司等公司签订了战略合作协议,共同致力于语音交互技术在广电网络运营、电视购物等媒体领域的深度合作。② 同时,可视化新闻、数据新闻等新闻产品的出现均是智能技术在媒体领域的应用实践探索。

(四)定向与精准:商业模式转型与升级

人工智能在广告领域的应用可以极大增强广告投放效果,进行精准营销。广告业内第一个人工智能户外广告是虚拟咖啡店品牌 Bahio 的广告,通过感知受众的反应进行推送。在其最初的文案、图片“基因库”中,每代包含22个广告,用于“优胜劣汰”。如果受众反馈良好,则进入下一代,否则,就会被淘汰。③受到受众欢迎的广告会频繁地出现在受众面前。人工智能技术赋予了广告自身决定文案样式的权利,以达到最为有效的传播效果。当然,这种权利是基于受众的选择产生的,使受众给予的。广告根据受众的品位调整,实现了自我优

---

① 朱旭冬:《出门问问:微信里的语音生活搜索》,腾讯科技,http://tech.qq.com/a/20130823/004093.htm,2013年08月23日

② 刘奇涛:《科大讯飞与传媒企业签订战略合作协议》,《新闻晨报》,http://newspaper.jfdaily.com/xwcb/html/2014-08/09/content_2291.htm,2014年08月09日

③ 《人工智能未来改变广告行业》,http://www.yingmoo.com/news_58244.html,2015年07月30日

化。利用人工智能技术优化视频广告,LoopMe 公司获得了 700 万美元投资。[①]

大数据使定向广告成为可能,然而这种基于用户个人数据的广告难免会引起观看者不适和反感。因此,人工智能技术开启了一个全新的商业模式,在进行用户数据挖掘的基础上,广告进行个性化传播。同时,通过实时监测与信息反馈,广告及时调整信息内容和样式,依激发用户观看欲望,从而激发用户的商品购买欲望等。

目前人工智能在商业模式上的应用还体现在电商上。例如,京东引入客服微软"小冰","小冰掌握有用户的购买行为数据,通过数据分析,"小冰"可以对用户消费习惯和偏好进行判断,从而在与消费者聊天中进行有针对性的商品推介。同时,"小冰"极强的人际交往能力推动了京东的订单量。目前,我国一些传媒媒体也相继开办了购物平台,因此,国内媒体也不乏进行"小冰"类的机器人引进,通过机器人优质的服务提升平台成交量。

二、路径:技术推进,融合发展与变革

(一)以用户为中心提升核心竞争力

智能时代,媒体需要提升以人工智能技术为核心的计算智能、感知智能和认知智能的能力。[②] 通过数据抓取、数据处理和分析、数据存储等能力地培养,一方面更加了解用户需求,为用户提供信息服务;另一方面,也有利于进行信息产品形态创新,通过数据计算将新闻内容数据化呈现,提供的事实相对更加准确和客观,信息呈现方式更加直观和多样。感知能力强调以机器人为代表的人工智能产品具有人一样的听说读写功能。认知能力则更进一步提出了学习和思考层面的要求。另外,人工智能的提升不是一蹴而就的过程,目前由于人工智能技术的不完善,其在媒体领域的应用也有局限性,应辩证看待媒体业的人工智能应用表现与作用。可以确定的是,智能技术的应用拥有扩展报道角度、丰富报道形式、加快报道速率等优势,但是同时也应看到媒体中人的作用是不可取代的。目前,技术上,人工智能与人脑仍存在较大区别。在一些问题上,仍

---

① 孙媛:《利用人工智能技术优化视频广告,LoopMe 获 700 万美元投资》,http://www.lieyunwang.com/archives/140815,2015 年 12 月 17 日

② 杨春雪:《从感知到认知:人工智能技术要让机器人能理解、会思考》,《新华网》,http://news.xinhuanet.com/2015-04/30/c_1115150222.htm,2015 年 04 月 30 日

需要采编人员进行信息产品生产。智能技术应用与人的采编共同相辅相成,为信息产品生产保驾护航。

(二)重塑媒体组织,转变媒体从业人员角色

智能时代传统媒体的组织机构形态不能适应技术的发展需要,传媒媒体的人员和部门设置需要进行改变。首先,媒体组织需要建立起专门的人工智能研究部门,对此项技术进行专项学习和研究,以便指导实践应用。一些传统部门随着智能技术的发展可能会被淘汰;其次,在人员队伍组成上,拥有传统新闻学理论基础的采编人员虽然不会被轻易淘汰,但是其工作内容会有所调整。媒体智能化业态要求媒体人员掌握人工智能技术的使用技能,了解语音技术、交互技术等,善于运用人工智能手段进行新闻信息产品生产。

(三)提供增值服务,盘活数据资产

商业模式革新是人工智能给传媒业带来的一个较为明显的变化。智能计算技术使精准营销愈发主流。智能移动终端产业成为媒体业发展的一个新亮点。而媒体赖以生存的广告业也在发生着巨大的变化。广告创意来源发生变化,基于人工智能数据分析自动产生的广告更被用户接受,传播效果更佳。同时,媒体业的营收来源更加多元,电子商务、内容版权、信息增值服务等成为媒体业的新增营收点。而订阅模式、会员模式、线上线下联动模式的实践也将为媒体进行商业模式探索提供借鉴意义。未来,媒体业与其他行业的融合与发展也会为传媒产业发展提供更为广阔的空间。

第三节　媒体智库的形成与发展

组建媒体智库是加强中国特色新型智库建设的战略任务和现实需求。相比传统智库,媒体智库在研究内容、传播水平和国际影响力等方面具有自身特征与优势。近两年,媒体智库勃兴,得益于外部政策环境、技术条件和媒体内部发展需求的共同影响。组建媒体智库,关键在于建立媒体智库独有研究体系,着力发展专业性媒体智库,同时兼具可持续的商业模式以为其运行提供保障。

一、媒体+智库:思想性为体,传播力和影响力为翼

(一)媒体智库的内涵

媒体智库就是以媒体组织、媒体机构为主体办智库、进行智库建设,是媒体与智库的结合。媒体智库是利用媒体优势资源,以开展深度研究为核心业务内容的研究性平台或机构。在媒体智库诞生之前,媒体与智库已经作为两种性质不同的机构而存在。媒体是面向公众的信息生产者和传播者,而智库则也以信息产品生产为核心,传播力和影响力是评价一个智库优良,甚至是一个智库能否存活的关键。因此,媒体与智库二者存在协同性,媒体智库是二者融合发展的产物,通过融合产生"一加一大于二"的效果。媒体智库概念的核心在于智库,本质上说媒体智库属于智库的一种。因此,媒体智库应具备智库的两种核心特征,即:持续的思想内容生产能力和强大的传播力与影响力。媒体智库的业务内容与智库相同,主要分为两部分:承接课题、项目,生产以研究报告、调研报告为主的信息产品;组织会议、论坛等圈层活动。媒体智库同时也具有智库的功能,包括提供咨询服务,通过发布报告等形式影响决策、服务社会。

与媒体传统新闻生产业务不同,媒体智库的核心在于生产通过深入研究产生的信息产品,而不仅仅是具有新闻特性的消息、通讯等形式的报道。在这里,思想性是媒体智库的核心价值。而这种核心价值的实现,则需要大量专家和学者的智慧结晶。而媒体自带的传播平台和多年积累下的公信力带来的影响力也为媒体智库产品的传播提供了渠道便利。

(二)媒体智库的特征

媒体智库作为一种新型智库形式,带有媒体与智库的特点,同时通过媒体与智库的融合,又碰撞催生了一些自身的特征。

在研究内容与成果方面,因媒体新闻业务上多年的积累,媒体具有丰富的信息数据库,这为媒体智库开展研究提供了大量的数据来源支持和文本借鉴。基于媒体新闻报道话题的多样性和丰富性,媒体智库可以研究的内容领域涉及社会的方方面面,研究选题选择性较大。当然,媒体智库的研究内容与新闻报道内容有着明显的区别,媒体智库的研究内容目的指向于政策咨询与政策影响。在成果输出上,媒体智库的信息产品一般以较为长篇厚重的研究报告、调研报告等形式发布,通过报告中的观点、建议等致力于对政策产生影响。研究

成果的学术性不足是媒体智库容易出现的一块短板,作为智库出品的信息产品,要与新闻报道内容生产进行区分与隔断,保证媒体智库生产的内容科学且权威。

在传播能力及水平上,媒体智库拥有媒体平台,相较一般智库优势较为明显。媒体智库凭借其所依托的媒体机构的知名度,自建立之日起便受到一定的关注度。智库运转,信息产品生产是核心环节,而产品的传播与推介也是重要一环。一般智库会出现缺少信息传播渠道,忽视产品传播的问题,媒体智库自带有传播渠道与传播平台。媒体可以帮助智库传播知识产品,利用媒体的品牌影响力增加媒体智库的产品的传播力和影响力,从而塑造媒体智库自身的品牌影响力。依托媒体的影响力,媒体智库产品的成果转化同时具有对上和对下的双重属性。对上指的是媒体智库产品通过媒体渠道容易传播到政策决策层,渠道更加畅通,从而影响政策。例如,一些中央级媒体会以内参、特刊等形式向政策决策层提交信息产品,这在一定程度上会直接促成相关政策的制定、修正与废止,这样固有的信息传播渠道便是媒体智库产品的传播优势。对下是指通过媒体新闻报道、新闻评论等报道形式,将媒体智库产品向公众告知,通过影响公众舆论等形式使媒体智库产品观点成为社会热点,通过增强大众影响力提高产品影响力。

在国际影响力方面,媒体智库借助作为其母体的媒体的国际影响力,在国际上进行传播,影响国际公众更为有效。例如,我国一些中央级媒体通过在国际发行,设立海外记者站、演播室,节目在国外电视频道播出等形式,已经具备了一定的国际舆论影响力。这样国际化的媒体,其自身媒体智库的产品在国际上更容易引起关注与讨论。同时,与党政智库机构相比,媒体智库相对具有独立性,研究能较少被利益集团干扰。媒体智库产品的传播也有利于中国国家形象的建设与维护。

(三)媒体智库的勃兴

与欧美媒体智库相比,中国的媒体智库还处于发展的初级阶段。除了一些权威媒体较早成立了智库性质的研究机构,如新华社新闻研究所、人民日报社新闻研究中心等,媒体智库寥寥无几。近年来,一些中央级和具有全国影响力的媒体率先开启了媒体智库的建设。2008 年,人民日报社正式组建人民网舆情监测室;[①]2010 年 8 月,中央电视台发展研究中心成立;2011 年 4 月,南方广播影视传媒集团在广东举办了南方传媒研究院的揭牌仪式;[②]同年 7 月,新京报传媒研究院正式挂牌成立;[③]2013 年,新华社决定成立智库型研究机构"瞭望智库",国内有了名为"智库"的媒体智库;同年,浙江日报报业集团浙江传媒研究院成立,旗下设立新闻研究中心、战略研究中心和培训中心等部门;[④]2014 年 6 月,南方舆情研究院举行揭牌仪式;[⑤]2014 年 9 月,中国第一家智库媒体平台中国网"智库中国"正式启动上线;[⑥]同年 12 月,光明日报新创版面《智库》周刊与读者见面。[⑦] 媒体智库陆续发展起来。

据 2015 年 1 月 22 日发布的《全球智库报告 2014》,目前全球共有 6681 家智库,中国以 429 家智库的数量位列世界智库数量第二的国家。[⑧] 2015 年,媒体智库作为智库中的新生力量,快速发展,一些纸质媒体特别是杂志类媒体首当其冲,开启了媒体智库的组建新篇章。

2015 年 7 月,财新宣布在新闻业务之外,推出财新智库平台,发展高端金融资讯数据服务业务。[⑨] 近期财新智库完成了两项公司并购:一是控股"中诚信资讯科技有限公司",进入金融数据库领域;二是财新智库与莫尼塔(上海)投资发

---

① 人民网:人民网舆情监测室简介,http://yuqing.people.com.cn/n/2012/0702/c209043-18423453.html,2012 年 07 月 02 日

② 集聚智慧 探索变革——"南方传媒研究院"揭牌仪式暨"国际媒介融合的趋势和发展研讨会"综述,中国记者,2011 年 05 期

③ 卢漫:新京报传媒研究院成立,新京报,http://www.bjnews.com.cn/news/2011/07/27/139747.html,2011 年 07 月 27 日

④ 任琦:平台化 开放式 实战型 浙江传媒研究院成立,新闻实践,2013 年 06 期

⑤ 辛均庆、陈枫:南方舆情研究院揭牌,与七个机构签订战略合作协议,南方报业网,http://www.nfmedia.com/jtdt/jtxw/201406/t20140617_364363.htm,2014 年 06 月 25 日

⑥ 张林:中国首家智库媒体平台"智库中国"正式上线,中国网,http://news.china.com.cn/txt/2014-09/09/content_33459398.htm,2014 年 09 月 09 日

⑦ 王斯敏:光明日报《智库》版与读者见面,光明日报,http://epaper.gmw.cn/gmrb/html/2014-12/25/nw.D110000gmrb_20141225_5-01.htm,2014 年 12 月 25 日 01 版

⑧ 夏晓伦:全球顶级智库排名出炉中国 7 家智库上榜,人民网,http://finance.people.com.cn/n/2015/0122/c1004-26434190.html,2015 年 01 月 22 日

⑨ 王永:胡舒立:PMI 是财新智库业务第一步,财新网,http://economy.caixin.com/2015-07-28/100833651.html,2015 年 07 月 28 日

展有限公司合作组建“财智莫尼塔”研究平台,成为控股股东,布局金融信息服务。① 2015 年 9 月,国内首家以现代化治理研究为宗旨的南风窗传媒智库宣告成立。通过发布“南风窗指数排行榜”、发布权威研究报告等形式为政府、企业提供有价值的智力服务。②

2015 年 11 月,21 世纪经济研究院正式成立。通过下设 21 世纪宏观研究院、21 世纪金融研究院、21 世纪资本研究院和 21 世纪产经研究院四大部门进行战略研究。③ 10 月 16 日,羊城晚报报业集团与百度、国双科技签署战略协议,开展大数据业务合作,打造羊晚智慧信息研究中心。④ 而在 2015 年 10 月,东方早报宣布明年将要全新改版,智库建设便是其中的一部分内容。

依托高校学者资源,媒体与高校进行联合智库打造也是一项有效的措施。2015 年 7 月,由江苏省委宣传部牵头组建,由南京大学携手江苏省四大文化企业和传媒集团,整合南大社会学院、新闻传播学院等学科力量组建的江苏紫金传媒智库成立。此智库由江苏各大传媒集团注资成立基金,基金收益用于支撑智库研究与相关活动。⑤ 此前,新华社与北京大学共建新闻与传播学院,人民日报社与清华大学共建新闻传播学院,光明日报与中国政法大学共建光明新闻传播学院等。此外,2015 年 8 月,新浪智库平台的正式上线也实现了新媒体智库建设的尝试。

二、媒体智库:大势所趋,应运而生

(一)外部环境:成立媒体智库是战略任务与迫切需求

党的十八届三中全会通过《中共中央关于全面深化改革若干重大问题的决定》明确提出,加强中国特色新型智库建设,建立健全决策咨询制度。这是在中

① 王永:胡舒立:财新智库平台已搭就广泛延揽业内才俊,财新网,http://topics.caixin.com/2015-11-05/100870375.html,2015 年 11 月 05 日

② 李少威:家国情怀三十年南风又开一扇窗,广州日报,2015 年 09 月 26 日 A4 版

③ “21 世纪经济研究院”成立,南方网,http://finance.southcn.com/f/2015-12/02/content_138135034.htm,2015 年 12 月 02 日

④ 陆志霖、吴珊:羊晚牵手百度 & 国双共推大数据平台,羊城晚报,http://www.ycwb.com/epaper/ycwb/html/2015-10/17/content_817311.htm,2015 年 10 月 17 日

⑤ 江苏紫金传媒智库成立,光明日报,http://www.taiwan.cn/xwzx/PoliticsNews/201507/t20150722_10303791.htm,2015 年 07 月 22 日

共中央文件中首次提出“智库”概念，[①]自此党和国家领导人多次对智库建设做出重要批示。

2014 年 3 月 30 日，习近平总书记在访问德国时把智库建设提上了国家外交层面，“智库外交”成为我国国际交流与合作的“第二轨道”。2014 年 7 月 8 日，习近平总书记在经济形势专家座谈会讲话中指出：经济形势专家座谈会是落实党的十八大和十八届三中全会要求加强中国特色新型智库建设，建立健全决策咨询制度这个决策部署的重要体现。[②]

2014 年 10 月 27 日，中央全面深化改革领导小组第六次会议审议了《关于加强中国特色新型智库建设的意见》。习近平提出，要从推动科学决策、民主决策，推进国家治理体系和治理能力现代化、增强国家软实力的战略高度，把中国特色新型智库建设作为一项重大而紧迫的任务切实抓好。[③]

2015 年 1 月，中共中央办公厅、国务院办公厅印发的《关于加强中国特色新型智库建设的意见》中明确表示，要加强智库建设整体规划和科学布局，重点建设 50 至 100 个国家亟须、特色鲜明、制度创新、引领发展的专业化高端智库。[④]

2015 年 11 月 9 日中央全面深化改革领导小组第十八次会议通过《国家高端智库建设试点工作方案》。2015 年 12 月 1 日，在国家高端智库建设试点工作会议上，中共中央政治局常委、中央书记处书记刘云山强调建设中国特色新型智库是推进国家治理体系和治理能力现代化、提升国家软实力的重要举措。目前，高端智库建设试点工作已经正式启动。[⑤]

媒体智库建设便是对国家智库建设号召的积极响应。媒体智库建设也有利于针对“十三五”规划相关问题进行研究。2014 年 8 月，中央全面深化改革

① 朱书缘：习近平为何特别强调“新型智库建设”？人民网，http://politics. people. com. cn/n/2014/1030/c1001 -25939220. html，2014 年 10 月 30 日

② 中国智库 2014 年大事记，光明日报，http://epaper. gmw. cn/gmrb/html/2015 -01/14/nw. D110000gmrb_20150114_3 -16. htm，2015 年 01 月 14 日 16 版

③ 习近平主持召开中央全面深化改革领导小组第六次会议，中新网，http://www. chinanews. com/gn/2014/10 -27/6721856. shtml，2014 年 10 月 27 日

④ 中共中央办公厅、国务院办公厅印发《关于加强中国特色新型智库建设的意见》，中央政府门户网站，http://news. xinhuanet. com/zgjx/2015 -01/21/c_133934292_2. htm，2015 年 01 月 20 日

⑤ 刘云山出席国家高端智库建设试点工作会议，央视网，http://news. cntv. cn/2015/12/02/VIDE1449055439912145. shtml，2015 年 12 月 02 日

领导小组第四次会议审议通过的《关于推动传统媒体和新兴媒体融合发展的指导意见》。习近平提出要推动传统媒体和新兴媒体融合发展,建成几家拥有强大实力和传播力、公信力、影响力的新型媒体集团,形成立体多样、融合发展的现代传播体系。主流媒体建设进入国家战略的规划需求和中央通过顶层设计部署。媒体智库的组建是媒体发展战略进行调整,在媒体新格局中掌握主动权的尝试。

(二)内部需求:媒体自身转型发展需要

互联网和移动互联网时代,媒体在信息传播渠道上的独有优势正在丧失。新媒体使人人都可以进行碎片化的新闻生产,并向公众进行传播。技术使人们的信息获取方式和阅读方式发生改变,因此,媒体需要挖掘在深度内容生产上的优势,通过研究生产具有科学性和权威性的深度内容,这便与媒体智库的功能不谋而合。媒体进行智库建设是在新媒体时代进行转型发展的一条路径选择。

同时,新传播技术的发展也为媒体智库进行多维度的信息传播提供了技术便利与机遇。当下,进行媒体融合发展已成为行业自觉,多数传统媒体融合新媒体已经开展了一些举措,并且收到了一定的成效。传统媒体通过开设微博官方账号、微信公众号、研发媒体客户端等新媒体产品获得市场。网络使智库评价体系标准发生改变,进行网络传播,收获网民意见,智库的网络影响力也是重要的一环。对新媒体的认知与使用能力是评价一个智库传播力好坏的重要因素。依托正在向互联网和移动互联网防线转型的媒体平台资源,媒体智库产品进行网络传播已具备一定基础。

三、发展:路径与关键

(一)机制保证:建立独有研究体系

媒体智库的优势之一是运行机制的相对灵活。与传统智库的体制机制不同,媒体智库在人员设定、奖励机制、课题承接、研究内容选择上都具有一定的自主性与独立性。媒体智库可以结合中国国情,引进国外媒体智库成功经验。在运营思路上,媒体智库可以摆脱传统智库的机制束缚,根据政府、企业等市场需求通过灵活的运营思路进行媒体智库运营。

值得注意的是,媒体智库要厘清媒体新闻采编与智库深度研究两个体系的关系。媒体智库的核心业务是深度研究,与媒体的传统新闻报道在产品生产方式、生产目的、面向群体等方面都具有较大不同。智库产品生产要求生产者具有产品理念与产品思维,信息以产品的形式进行推广。因此,媒体做智库业务要切实与新闻业务进行区分。例如,财新智库作为一个商业化平台,同时又强调公益性研究,因此其通过与财新传媒之间有隔断和在公益性研究和商业化咨询之间建立防火墙的形式保障业务区分,从而保证财新智库的独立性和公信力。[①] 媒体智库要充分利用独有的灵活的研究机制,来保证其具有时代性,从而获得市场的认可。当然,一个媒体的智库,可能更多的是要奠定一个良性的公共政策讨论的基调。[②] 媒体智库的研究体系中需要保有对公共政策、涉及公众利益内容的关注与讨论。

(二)业务保证:着力发展专业性媒体智库

媒体组建智库对自身的影响力与公信力具有较高要求。从媒体智库的发展现状可以看出,影响力较大、公信力较强的媒体在组建媒体智库方面存在绝对优势。在政策倾斜和资金投入上,一些中央级的媒体可以得到政府资助,有利于媒体智库业务的展开。在邀请顶尖学者和专家,组建智库团队上遇到的阻力较小。另一方面,媒体智库的前期发展较为依赖媒体积累的品牌资源,因此,依托媒体较强的公信力,其智库较为容易获得政府、企业、公众的信任,从而得以创造自身品牌价值,获得良性循环。例如,作为新华社报刊,《财经国家周刊》便在新华社的支持下,聚合新华社优质调研资源和人力资源等优势资源。其杂志品牌专栏"国家的远见——对话省部长"自 2010 年开设以来,成为连续专访省部长(已超过 70 人次)最多的财经媒体。由此,杂志被市场认为是离决策层最近的财经媒体。这个标签对杂志品牌提升具有定桩的作用。[③] 而之所以能够采访到这些部长,可以说与新华社的品牌有着密不可分的关系。

媒体智库深耕垂直领域,进行某一细分领域的专业性智库建设也是一个值得尝试的发展方向。例如,南方舆情专注于从专业媒体角度专注治理现代化研

① 甘恬:何帆:财新智库没有媒体化的需求,财新网,http://pmi. caixin. com/2015 - 11 - 27/100879168. html? NOJP,2015 年 11 月 27 日

② 同上

③ 翟铮璇:《移动互联时代,从"智库型媒体"走向"媒体型智库"——对话〈财经国家周刊〉常务副总编辑吴亮》,《中国记者》2014 年 03 期。

究,无界传媒定位发展侧重于“一带一路”相关问题研究。专业媒体依托在某一领域的积累深入挖掘,在专业媒体智库的业务上更易做得深入和透彻。

(三)运营保证:商业模式可持续

人力与资本是制约媒体智库发展的关键因素。媒体智库作为一个机构需要运转就必须考虑运营问题。媒体智库需要可持续的发展,就需要具备“造血”能力。在媒体智库的起步阶段,可以充分发挥媒体品牌价值进行项目合作和课题承接,以获得盈利。但是,这不免会影响到媒体智库的独立性。在媒体智库发展的后续阶段,媒体智库要保持自身的中立性,就需要通过坚实过硬的信息产品生产能力和产品“整合营销”获得收入。媒体智库也可以通过有效的盈利模式,改变媒体集团的利润构成,增加集团收入来源。

第四节　新媒体产业发展概况及趋势

一、总体概况与发展态势

(一)国家政策引导愈发细化,由宏观逐渐转向微观层面

继“互联网+”受到国家政策推动后,中国媒体的融合发展如今已经逐步来到深化中坚阶段。政策引导层面,诸如《国家网络空间安全战略》、《“十三五”国家信息化规划》、《关于促进移动互联网健康有序发展的意见》以及《信息通信行业发展规划》、《“互联网+政务服务”技术体系建设指南》等文件对我国的互联网发展引导和管理逐渐加强。

2017年1月,中共中央办公厅、国务院办公厅印发了《关于促进移动互联网健康有序发展的意见》。面对快速演进的新技术、层出不穷的新平台及新应用,党中央意识到移动互联网发展管理工作还存在一些短板,如体制机制有待完善、政策扶持力度不够、自主创新能力不足。核心技术亟须突破等问题。[①] 与此同时,国家对媒体融合、移动互联网在产业发展层面的引导逐步加强,如引导多

① 《中共中央办公厅、国务院办公厅印发〈意见〉促进移动互联网健康有序发展》,http://paper.people.com.cn/rmrb/html/2017-01/16/nw.D110000renmrb_20170116_1-06.htm

元化投资市场发展、积极稳妥推进电信市场开放，推动形成多种资本成分和各类市场主体优势互补、相互竞争、共同发展的市场新格局。

于同月印发的《“互联网+政务服务”技术体系建设指南》是继“互联网+”之后又一落实到具体业务层面的引导。以“坚持问题导向、加强顶层设计、推动资源整合、注重开放协同”为原则，以服务驱动和技术支撑为主线，围绕“互联网+政务服务”业务支撑体系、基础平台体系、关键保障技术、评价考核体系等方面，提出了优化政务服务供给的信息化解决路径和操作方法，为构建统一、规范、多级联动的“互联网+政务服务”技术和服务体系提供保障。随着互联网行业垂直领域、媒介融合生态环境的逐步细化，国家在政策引导方面的工作也逐步从宏观到微观。

（二）互联网资本化程度加深，内容生产形式多样化

1. 内容资源重要性愈发凸显，“产品-平台”成普遍发展模式

2015年末起，内容资源再度成为新媒体平台上的重点发展对象。2016年被业界赋予了“内容创业元年”一说，移动资讯媒体平台在2016年密集出现。今日头条、腾讯、阿里、百度、搜狐、网易、新浪、一点资讯、凤凰等纷纷推出自媒体平台。以今日头条为首的自媒体平台，在算法和推荐机制上不断更新进化。在技术机制逐渐完备的情况下，优质内容成为各大平台争相追逐的稀缺资源。门户网站、科技公司开始了吸引内容创作者的“补贴战”。如今日头条推出的“千人万元”计划，腾讯推出的“芒种计划”、一点资讯推出的“点金计划”等。

表5-2:资讯类自媒体及所属平台、项目计划一览

	产品名称	所属平台	项目计划	补贴方式
1	微信公众号、企鹅号	天天快报（腾讯）	芒种计划	2亿补贴
2	百家号、知道日报账号	百度百家（百度）	百亿分润计划	100亿补贴
3	UC订阅号	UC头条（阿里巴巴）	量子计划	10亿补贴
4	头条号	今日头条	千人万元计划	保证优质作者每月有万元收入
5	一点号	一点资讯	点金计划	广告收益、平台补助
6	搜狐公众号	搜狐新闻	暂无	-

续表

	产品名称	所属平台	项目计划	补贴方式
7	网易号	网易新闻	自媒体亿元奖励计划	1 亿补贴
8	新浪财经头条号、微博问答	新浪微博	摘星计划	提供融资对接
9	凤凰号	凤凰新闻	暂无	–

除却资讯媒体平台,直播平台也为内容生产者提供了分发渠道。直播平台与资讯平台类似,功能不局限于单一产品,众多类别的内容均可以通过直播平台进行传播。以游戏解说和秀场主播两大类为首,靠观众打赏、品牌合作等渠道拉动了行业发展。据统计,截至 2016 年 12 月,PC 端用户数超过 9500 万人、移动端设备数超过 8700 万台。其中,43.6% 的用户每天至少使用一次直播平台。寻求陪伴型、电竞游戏型、放松消遣型用户均属于高频次高付费群体,在总用户群中占比共计 56.6% 。直播平台辐射到电子竞技、服饰美妆等现有产业,新媒体的发展已经不仅仅局限于单一的产品形式,更涉及多个行业领域。

2. 资本市场风口频出,内容生产在新媒体领域快速扩张

政府支持以及循环意识的增强使得分享经济有强劲的势头,同时也让新媒体的发展领域快速扩张。除了开发自己的产品外,以 BAT 为首的互联网巨头开始将目光放到资本市场上。由于移动互联网及新媒体与医疗、外卖、出行、教育等各个领域合作程度加深,加之技术进步使得人们的分享成本降低,催生了多种多样的产品。互联网巨头也纷纷开始对分享经济领域进行投资。阿里巴巴投资滴滴打车、58 同城、百城旅游、淘宝教育等;腾讯投资饿了么、新美大、艺龙、京东等;百度投资优信二手车、美味不用等、去哪儿、蜜芽、沪江网等。

2016 年,我国分享经济市场交易额约为 34520 亿元,比 2015 年增长 103% 。分享经济平台就业人数约 585 万人,比 2015 年增加 85 万人。[①] 国家发改委就《分享经济发展指南(征求意见稿)》公开向社会征求意见。[②] 从市场准入、监管

① 《中国分享经济发展报告 2017》,国家信息中心分享经济研究中心,http://www.sic.gov.cn/News/250/7737.htm

② 《发改委都出手了,你对分享经济还有疑虑吗?》http://news.xinhuanet.com/politics/2017-03/01/c_1120551673.htm

机制等是大方面促进分享经济发展，降低政策风险。分享经济将个人闲置资源、企业闲置资源、公共空间乃至整个城市的闲置资源调动起来。2017 年的政府工作报告中，提到了要将分享经济作为提高社会资源利用效率、便利人民群众生活的途径之一，并指出要支持和引导分享经济发展。① 在帮助新生产品发展的同时提高资源利用效率，形成合作共赢的局面。2015 年至今，国内先后涌现出众多以文学、动漫、影视、游戏 IP 为核心的作品。

短视频一直以来也是国内外关注的热点。随着移动流量资费的降低，以及用户越来越适应视频类的动态传播方式，短视频愈有成为热点的趋势。2015 年，Facebook 宣布其平台用户日均播放量达到 80 亿次；2016 年，日均播放时长达到 1 亿小时。路透社一项报告显示，Facebook 平台上，原创类新闻视频平均时长为 75 秒，8% 的新闻视频时长超过 2 分钟。有 56% 的新闻视频时长在 1 分钟以内。② Facebook 于 2017 年 2 月开始在平台视频内容中插播广告，帮助内容生产者获得广告分成。截至 2017 年 2 月，国内主流短视频平台的母公司中，获得 C 轮（包括 C 轮）以下的有 11 家。③ 国内互联网领域的先头部队纷纷开始布局：今日头条继宣布获得 3 年中超短视频版权后，又与芒果 TV 达成战略合作；网易创始人丁磊宣布旗下网易云音乐将重点突出短视频功能；2017 年 3 月 24 日，腾讯宣布以 3.5 亿美元投资短视频平台快手；同时，旗下拥有优酷土豆平台的阿里巴巴，向业内一些在短视频领域较有经验的自媒体发出了参加阿里文娱短视频战略暨新土豆发布会的邀请。

二、当前热门现象盘点

（一）大浪淘沙、强者更强，中央与市场化媒体共同发展

在当前融合转型大背景下，不少媒体抓住机会、充分发挥自身特色及优势、为新老用户提供一如既往的优质内容，在新的平台空间上逐渐站稳脚跟。以微信公众平台为例，多家媒体拥有更为垂直细分的微信公众号。如《人民日报》海

---

① 《李克强说，以创新引领实体经济转型升级》http://www.gov.cn/premier/2017-03/05/content_5173481.htm

② 《The Future of Online News Video》，http://digitalnewsreport.org/publications/2016/future-online-news-video/

③ 《垂直短视频 app 行业报告，谁正站在风口？》，https://community.jiguang.cn/t/app/14266

外版旗下的评论类微信公众号“侠客岛”、《北京青年报》旗下评论类微信公众号“团结湖参考”,《北京日报》旗下的时政新闻类微信公众号“长安街知事”,《新京报》旗下人物报道类微信公众号“剥洋葱”等。通过亲身参与微信公众号内容生产及运营,媒体人由传统媒体式的传播节奏向新媒体式的传播节奏转变,并在此过程中积累了宝贵经验。《新京报》深度部副主任张寒表示,对于微信文章来说,“最好的效果应该是击鼓传花。我被这篇文章感染,然后我愿意把这感染传递下去。”通过文章的阅读、转发数等量化传播指标迅速判断公众号内容的调整方向,以优质内容为基础,但不单纯做“大自然的搬运工”、“需要一个成体系的吸附力”①。

另一方面,众多垂直类微信公众号不仅有传统媒体参与运营,更有来自互联网行业的竞争。以媒体观察类微信公众号为例,多家媒体、公司或个人都拥有同类型公众号,如创始人为中国青年报资深记者的“刺猬公社”、腾讯旗下的“全媒派”、网易旗下“网易新闻学院”、新京报旗下“新京报传媒研究”以及百度旗下的“百度新闻实验室”。此类垂直号内容聚焦于中外媒体发展变化,从传播、学术研究等角度介绍前沿数字媒体技术。由此可以发现,同一垂直领域的微信公众号可以有来自不同背景、不同行业的运营者。

但不论是传统媒体、市场化媒体还是互联网内容运营,不论是否借助移动端以及新型分发模式,众多媒体从业者聚集在北京等一线城市的现象十分明显。据《2016 年媒体内容与媒体从业者生态报告》显示:一线城市仍是媒体人的最佳从业地点。新媒体从业者有 71.74% 位于北京、上海、广州及深圳,其中,来自北京的媒体从业者比例达到 53%,杭州超过广州,成为新媒体人占比 5.43% 的“媒体第四城”。其中,北京、上海、深圳成为媒体行业平均月薪前三的城市,分别为 10110 元、9570 元及 9280 元。

传统媒体在融合转型过程中逐渐走出旧有的传播节奏和分发模式,更多地参与到与新媒体的合作竞争中去。但调查显示,技术开发、视觉设计、大数据分布式计算等前端、后端的开发是传统媒体急缺的几类岗位,但传统媒体并不能

① 《剥洋葱:传统媒体人的一场“裸奔”实验》, http://www.nfmedia.com/cmzj/cmyj/sysj/201505/t20150528_366871.htm

提供与互联网新媒体行业同等水准的薪酬及待遇。①

(二)直播与IP相结合,成为新媒体领域新风向

截至2016年11月,国内针对文化娱乐产业领域的投资额已经达到7032亿元,国家政策支持以及年轻受众群体的消费热情让泛娱乐类IP得到较大的发展空间。用户购买正版手游、观看正版影视作品的意识加强。2015年,由小说、动漫、影视等IP改编的手机游戏占据了游戏畅销榜中的半壁江山。世界排名前100的手机游戏中,49款IP游戏来自中国,IP游戏收入占比达到了59.3%。2016年,移动端游戏收入超过了PC端游戏收入,实际销售达到819.2亿元,同比增长59.2%。② 以各类IP为核心的产业链发展模式逐渐成熟,并形成了文字-视频-游戏-电商等多个领域的转换循环。

另一方面,直播作为近两年互动形式较为新颖的行业,平台上产生的新晋IP数量越来越多。以游戏直播为例,据统计,2017年1月,直播平台前十类用户类型中,重游戏和轻游戏分别位列第四和第十,占据了56.1%的比例。③ 在斗鱼、虎牙、战旗等平台上的游戏主播通过线上游戏解说积累粉丝,主播本身即可成为新的IP。2016年上半年,直视频直播领域融资超过10亿大关,直播开始进入泛娱乐时代。除了游戏直播外,综艺、电商等垂直领域的主播数量增多,用户黏性进一步增强,逐渐从IP产品过渡到IP人物,新媒体领域中不同平台的内容和人物相互融合,形成了以主播为核心的IP经济链条。

三、存在问题

(一)假新闻泛滥,在世界范围内产生恶劣影响

信息呈几何式增长、信息过载现象的出现以及社交媒体逐渐成为获取信息的主要方式为假新闻的泛滥提供了潜在机会。人工智能的发展既能够催生出自动抓取内容的算法、为机器新闻提供可能,也为“僵尸号”和假新闻带来可乘

---

① 《媒体价值升级与技术融合——2016年媒体内容与媒体从业者生态报告》,http://www.prnasia.com/story/168342-1.shtml

② 《DataEye&S+:2016年中国移动游戏行业年度报告》,https://www.dataeye.com/report/view/DataEye&S+%20%EF%BC%9A2016%E5%B9%B4%E4%B8%AD%E5%9B%BD%E7%A7%BB%E5%8A%A8%E6%B8%B8%E6%88%8F%E8%A1%8C%E4%B8%9A%E5%B9%B4%E5%BA%A6%E6%8A%A5%E5%91%8A

③ 《Trustdata:2016年移动直播行业分析报告》,http://www.199it.com/archives/573466.html

之机。2016 年美国总统大选期间,Facebook 上甚至出现了专门发掘并制作、传播假新闻的账号。由于社交平台允许在阅读量高、粉丝数量多的账号页面上投放广告,一些账号专门靠收集并传播假新闻来赚取高阅读量和粉丝数。

对海量信息进行专业事实核查的必要性由此凸显,一些专业的事实核查机构随之兴起。谷歌开始在新闻搜索中强调新闻是否经由事实核查,用户对某个关键词进行搜索时,搜索结果会显示消息源,并由专业事实核查机构进行标注。Facebook 在推文平台中对假新闻进行识别,并根据情况给出不同标签:用户对不实信息进行分享动作时,平台会给出相关提示,并给出相关事实链接。与专业核查机构或联盟进行合作之外,Facebook 与谷歌等平台均开始加强与专业新闻媒体机构的合作,包括美联社、法新社、法国世界报、ABC 新闻等机构,向传统新闻业吸取经验。

但是,虚假信息在互联网得以广泛传播,往往是利用了用户的猎奇心理,用虚假内容迎合人们的阅读取向,用户对内容的记忆力远比对新闻源的辨识度更活跃,因此,类似的假新闻及谣言难以从源头上彻底清除。虽然 Facebook、Google 等科技公司已经开始着手改进平台设置,与 BBC 等权威媒体、事实核查机构进行合作,以对抗假新闻传播现象,但仍然显得较为被动。

(二)营销号违规操作增多,扰乱自媒体平台健康生态

品牌凭借优质文案和专业营销手段赢得粉丝注意力,本可以形成行业内的良性循环,但自媒体平台仍然存在灰色利益链条,甚至有产业化趋势。内容受到重视既为一些优质的原创者提供了平台与机遇,也因为一些监管漏洞和不成熟的条款规范招来一些不速之客。

各大内容平台大打补贴战的同时,一群紧盯平台补贴的“羊毛党”应运而生。购买点赞数、阅读量,雇佣网络水军炒作、刷流量,耗费预算资源成为行业内“公开的秘密”。一些自媒体账号对其他作者的原创内容进行变相抄袭,通过保留文章基本结构、撤换文章所举事例等动作“洗稿”,以逃脱机器审查。据《南方都市报》报道,抄袭、标题党及伪造事实成为“羊毛党”在短时间内炮制爆款文章的要诀,有些文章仅用极低的时间成本就能获得十万加阅读量,由此带来巨大的经济利益,有些运营靠“洗稿”、“整合原创”等行为甚至能够保证每月 3 万元的收入。营销号脱离基本道德束缚,对虚假信息没有进行事实核查的自觉,反而跟风炒作,从而赚取更多阅读量和转发量。平台补贴无法达到真正的内容

创作者手中、原创者的积极性被打击、内容平台的生态被破坏，可谓百害而无一利。

对此，内容平台对原生内容的定义及把控亟待进一步细化，不仅要依靠算法和机器对文章内容进行判定，人工监管和用户举报系统应进一步完善。有关部门应当及时出台有关规定，协助平台及内容生产对此类破坏平台生态的行为进行严惩，让此类违规行为不再“零成本”。

（三）群控、薅羊毛等技术型违法犯罪现象出现，打击难度加大

除了内容生产环境中，为账号刷粉丝、刷阅读、从“人为营销”变成“机器营销”的现象外，还存在不法分子靠模拟器软件、多台移动端建立群控设备盗刷火车票、骗取平台抽奖活动礼品等违法犯罪行为。但因为涉事范围不仅仅局限于内容创作平台，此类技术应用范围之广，难以靠某个单独平台或系统的力量进行约束。机器算法目前也不易做到大规模、长时间、持续追踪的精准打击。

以 QQ、微信公众平台为例，2017 年 2 月，腾讯展开了“网络有害信息专项清理整治”行动，针对刷阅读、垃圾营销、假货微商等违法违规现象对大批微信号和 QQ 号进行了封禁处理，共关停违规 QQ 群 1500 余个、账号 1300 余个。其中一些账号的违规操作已持续一段时间，内容原生平台之外，P2P 网贷平台中，靠相对较低风险获取实际理财实惠的行为也被称为“薅羊毛”，并且有不法分子在社交媒体平台中传播类似“经验”，长此以往对整个网络环境与生态的影响会愈发恶劣。若非平台展开专项清理工作，此类灰色产业链仍有缓冲时间。单凭用户监督及平台自觉，难以彻底打击类似灰色产业链的形成。

四、趋势分析与政策建议

（一）技术应用需与互联网思维进一步结合

新技术的发展让新媒体领域的内容呈现方式更加多样化。2016 年两会期间，新华社将 VR 作品带到了人民大会堂，除了用 VR 设备记录总理、外长发言等两会实况，人大代表与新华社记者一同用 VR 设备拍摄云南贫困村状况，将 VR 视频与关于扶贫的议案一起带上了全国两会。2017 年两会，人民日报中央厨房推出了 8 款融媒产品，其中一款 H5 作品“全国两会喊你加入群聊”上线 24 小时即获得超过 600 万的点击量。网友点击 H5 可以进入群聊界面，还可将“总理给我发红包”、“总理成了我的微信好友”等截图分享到朋友圈。以人与人之

间的沟通交流为出发点,选择了微信聊天的形式制作 H5,具有更强的互动性,拉近了和用户间的距离。媒体在运用新型技术手段进行报道或内容呈现时,不应再仅仅把 VR、无人机等设备作为吸引注意力的主要手段、为了“炫技”而使用高科技产品,而应将优质内容和技术设备更好地融合起来。

新技术不仅可以用于前端的视觉化呈现,更能够广泛应用于后端管理。2017 年春运期间,阿里云为铁路 12306 网站提供技术支持,对其网站架构进行调整,承受住了日均 250 亿次的访问量,12306 与阿里云的合作关系进一步加强。据阿里巴巴财报显示,2016 年第四季度阿里云收入同比增长 115%,达到了 17.64 亿元人民币。这一实例也充分说明了利用云计算、云平台管理数据,是提高企业运营效率的有效手段。公共服务、电子政务与云计算相结合,正逐渐成为“互联网 + 政务”的新晋场景。截至 2015 年 9 月,超过三分之二的省份提出建设政务云平台的要求。BAT、华为、浪潮等企业都参与到地方的政务云平台建设中。有数据显示,2014 年全球共有云服务市场价值达到了 1580 亿美元,2017 年将达到 2440 亿美元。① 2017 年 3 月,厦门市政府为其政务外网云服务项目展开招标,腾讯云以 1 分钱价格参与竞标,最终成功赢得了包括云主机、云存储、云数据库等外网云服务的项目。② 云计算已经逐步与政府管理相结合,让政府公共服务更有效率、更加透明,管理服务得到进一步创新发展。

2017 年,也是人工智能首次被写入政府工作报告的一年。李克强总理在政府工作报告中指出,要加快培育壮大包括人工智能在内的新兴产业。人工智能开发与逐渐成熟的云计算配套环境相结合,伴随着如腾讯云等 GPU、FPGA 云服务器的相继上线,人工智能业务将会吸引越来越多的关注度,迎来规模化发展时期。同时,行业内缺乏资深人才、入行门槛较高的现象会阻碍 AI 产业发展。可以考虑将渐趋成熟的大数据、云计算研发环境相结合,利用云端体量较大的数据进行测试应用。可开发诸如语音输入、视频图像捕捉、图像识别、机器同传等更加智能化的服务。

互联网技术逐渐覆盖到公共领域后,在共享经济等领域出现了一些新的问

---

① 《腾讯报告:政务云建设进入爆发期》,http://m.21jingji.com/article/20150930/herald/dff935a06c341fdf8340d2cb163f6222.html

② 《1 分钱,真中标了:腾讯云拿下厦门预算 495 万政务云项目》,http://www.ce.cn/xwzx/gnsz/gdxw/201703/18/t20170318_21134439.shtml

题。如劳动者对商业组织的依附性减弱、平台、平台用户及消费者三方责任承担不明确、监管标准难以统一，缺乏有效的监管措施等。互联网思维不仅要应用在各个行业的前端，后方的管理、经营手段也应该有相应的进化。相应的售后、运维平台也应该逐渐形成规模，并沉淀成较为成熟的专业服务提供商。

（二）及时总结经验和规律，找准未来发展路径

2017 年 3 月 19 日，《人民日报》在头版头条中报道：以阿里巴巴为代表的新实体经济正在迅速崛起。集团去年合计纳税 238 亿元，带动平台纳税至少 2000 亿元，相当于 4000 家大型商场的销售体量，创造了超过 3000 万个就业机会。① 明确指出阿里巴巴通过线上电子商务拉动线下制造业进步，与实体经济和谐共处的局面。以互联网巨头为领军的发展模式逐渐成为经济领域的“新常态”之一。值得注意的是，企业中的领先以百度、腾讯、阿里巴巴、万达等集团为首的企业在发展过程中覆盖到的领域愈发多元化，如电商、影视、共享经济平台，涉足垂直领域之间的独立性愈发明显。业务多元化对公司管理和整合带来了难度。另一方面，以华为、中兴为代表的企业关注点更多聚焦在某一类专业领域上。

一些公司涉足影视、足球等领域，但投资布局并未看到明显收益，反而有数亿人民币的亏损。以阿里影业为例，2017 年 2 月 17 日，集团发布盈利预警，预期集团截至 2016 年 12 月 31 日年度将净亏损 9.5 亿 – 10 亿元。此前该集团 2016 年中期业绩显示，六个月期间亏损约 4.657 亿元。② 付出短期试错的成本后，应当及时调整发展策略，涉足新媒体领域的公司对相关产业应有更为清晰的认识，围绕选定的产品群建立业务。

新平台结合新内容形式更替频繁，受众注意力不断转换，分发渠道对内容差异化的重视程度逐渐提高。各个平台纷纷对优质内容生产者进行鼓励和补贴。但除了靠补贴吸引优质作者，平台本身能否构建合理的、可良性循环的盈利模式，将成为日后长久发展的关键。内容变现、广告变现的重点在于用户对内容价值的衡量，而不是仅仅依赖数量或时长。除了优质的内容生产者之外，

---

① 《低小散转向高精尖高质量取代高增速浙江实体经济正质变》，http://paper.people.com.cn/rmrb/html/2017-03/19/nw.D110000renmrb_20170319_2-01.htm

② 《阿里影业盈利警告》，http://www.alibabapictures.com/upload/1006/0752f7c9-d837-4ae1-9223-d0bd3ab14282.pdf

能否吸引优质用户也很重要。不同层级的受众群体对内容的优劣认知不同,需要根据自身发展策略在实际运营中进行区分。

(三)内容变现手段多样化,质量水准将成重点区分指标

2016 年 3 月,腾讯召开“UP 腾讯互娱 2016 发布会”,公开了涉及游戏、动漫、文学以及影视四个领域的泛娱乐行业布局。2016 年 6 月,阿里巴巴宣布成立“阿里巴巴大文娱版块”。包括旗下的阿里影业、阿里音乐以及视频、文学、体育和游戏产业都将被囊括进该体系中。2017 年 2 月,百度 CEO 李彦宏发表了一封以“迎接新时代”为题的内部信。主要阐述了内容分发、连接服务、金融创新以及人工智能四个方面的发展。李彦宏在内部信中提到,从本质上看,百度最核心的东西是内容分发。以 BAT 为首的互联网巨头纷纷于近年涉足文化产业,并且逐步确定和落实了在各个行业内的发展规划,对优质内容的发展竞赛正式展开。

近年来关于“渠道为王”、“内容为王”的讨论一直在业内存在一定的关注度。当行业的各个平台逐渐成形、即渠道逐步完善之后,优质内容将成为继分发算法和硬件设备之后的另一个差异化竞争热点。在逐渐发展成形的自媒体内容平台上,用户习惯逐步养成之后,优质内容将成为带动用户积累和平台发展的关键。随着越来越多的自媒体用户移动互联网发展早期的红利模式正在逐渐收紧,利用掌握多种渠道获得竞争优势的方式可行性正在减弱。

平台、表现方式的快速迭代意味着内容生产不仅要迅速适应各种新的表现形式,更要突出自身在某一垂直细分领域的知识积累和专业程度,而不是根据当下的投资热点猜测下一个“大风口”。移动互联网大背景下的内容生产领域,市场需求不再仅仅满足于内容提供,更需要有专业、新颖的运营手段以及对传播节奏、市场热点敏感的把关人。分工明确将成为未来各个平台逐渐进化的结果,每个岗位各司其职,协力完成优质内容分发将成为常态。

(四)受众媒介素养逐渐提高,促进内容平台生成良性循环

媒介融合发展逐渐整合成形,其规模化、产业化的发展特征将对受众的媒介素养带来积极影响。。用户将习惯于从不同内容平台获取内容,对信息的负载能力及消化能力将逐渐增强。对不实信息、网络谣言的辨别核查能力也将逐步提高。

从另一个角度看,用户媒介素养逐渐提高,将有利于内容生产者传播更优

质的内容。国外如美国的《华尔街日报》推出无广告数字版、法国媒体平台 Mediapart 自成立之始即无广告,以订户付费为网站采写、运营资金来源。由此可见受众媒介素养提高、付费意愿增强、内容优质程度提高。媒介平台除了广告盈利之外,可以找到维系发展的新增途径,从而形成媒介生态中的良性循环。

(五)媒介融合程度随产业化发展加深,垂直领域生产者合作加强

中观层面上,分工明确意味着内容生态环境的发展逐渐走向成熟。当垂直细分领域发展到产业化程度,形成公司化、规模化的集合体时,具有前瞻性的发展策略将更加重要,媒介融合程度进一步加深。不同的媒体利用多种平台将自己的专业储备转化成优质内容,同时力争传播效率最大化。同一垂直领域内可以存在多个内容生产者或团体,如湖南卫视旗下的芒果 TV、财新传媒旗下的 Enjoy 雅趣等,传统媒体与新媒体在形态、传播方式上的界限将更加模糊。

内容层面,科技类媒体平台如 36 氪、钛媒体、品玩等的报道范围进一步扩大,除去前沿技术、科技公司发展等技术类新闻外,TMT(Technology, Media, Telecom,即科技、媒体和通信)行业动态、公司财报、融资并购等偏向金融经济类的新闻也成为此类媒体的关注对象。这意味着如《中国证券报》、《经济观察报》、《财新周刊》、《21 世纪经济报道》、《财经》等媒体将与互联网行业的联系更加紧密。诸如此类的权威媒体报道及数据报告将成为越来越多自媒体内容的援引对象。经验和态度将成为比资历更能证明信源权威程度以及媒介融合程度的标准。媒体、传播平台及内容形态之间的融合程度将进一步加深,垂直细分领域的内核将渐趋完整。

对大部分用户乃至内容生产者来说,保证持续且准确地预测下一个热点或舆论环境变化并非易事。但可以持续追踪当前热点、对舆情变化及用户习惯迅速做出反应并调整策略。媒体融合的前景,与市场以及用户密切相关,对市场变化迅速反应,对多个渠道进行整合、不断试错,更易积累扎实的经验。

当媒体融合逐渐进入深水阶段,媒介在线上或线下的表现形态并非区分新旧的要点。线上和线下渠道同时整合,把握好不同渠道之间的运维策略和内容平衡,如互联网运维思路的灵活与传统媒体线下流程控制的严谨相结合,将成为内容平台建设中打磨及调和的关键。

第五节 网络主旋律内容关注度的提升路径

2016年4月19日,习近平总书记在网络安全和信息化工作座谈会上强调,我们要本着对社会负责、对人民负责的态度,依法加强网络空间治理,加强网络内容建设,做强网上正面宣传。[①] 互联网和移动互联网的快速发展使网络平台成为人们进行消息获取、交流和知识共享的主流平台。因此,提升网络主旋律内容接受度,弘扬网络正能量,打造清朗网络空间至关重要。

一、尊重网络传播规律,创新网络叙事方法和网络信息产品形式

(一)深化新媒体传播理念,通过网络平台议程设置掌握话语权

2014年2月27日,习近平总书记在中央网络安全和信息化领导小组第一次会议上强调,做好网上舆论工作是一项长期任务,要创新改进网上宣传,运用网络传播规律,弘扬主旋律,激发正能量。[②] 进行网络内容建设,需要网络传播主体更新传播观念,树立新媒体理念与思维,即充分发挥网络的及时性、开放性和交互性特征,调整传播策略,以新媒体为先进行传播。互联网和移动互联网的发展使受众群体发生流动,纷纷"上网"。因此,传播工作也应时时"在线",实现"受众在哪里,宣传报道触角就要伸向哪里"[③]。目前,以"两微一端"(微博、微信、客户端)为代表的新媒体成为用户信息获取的主要平台,微传播成为主流传播方式。因此,网络内容建设需要在网民聚集的平台上建立起"阵地",影响用户的信息获取内容。利用网络传播,特别是移动互联网传播的快捷性和广泛性,进行多对多式传播,效果显著。例如,民政部通过开发网络平台"全国打拐解救儿童寻亲公告平台"发布打拐解救儿童个人信息,通过网络特性信息迅速扩散。截至2016年7月2日,公告平台访问量达845万余次,新浪微博相

---

① 新华社:习近平在网信工作座谈会上的讲话全文发表,http://news.xinhuanet.com/ttgg/2016-04/25/c_1118731175.htm,2016年4月25日

② 新华网:习近平:把我国从网络大国建设成为网络强国,http://news.xinhuanet.com/politics/2014-02/27/c_119538788.htm,2014年2月27日

③ 新华网:习近平视察解放军报社,http://news.xinhuanet.com/politics/2015-12/26/c_1117588434.htm,2015年12月26日

关话题#帮 284 个孩子回家#阅读量达到 2149.2 万。

网络平台的低准入性导致了网络信息泥沙俱下，通过发挥网络议程设置功能安排网络信息议题和内容，可以有效实现舆论引导。网络平台微话题设置效果显著。截至 2016 年 7 月 2 日，新浪微话题#纪念建党 95 周年#阅读量达 4 亿，微博网友讨论量达 4.7 万，话题#建党 95 周年#阅读量达 1.9 亿，讨论量达 6.6 万。各行各业网友通过微话题页面阅读 2016 年建党节信息，同时表达对党的祝福。而每逢习近平主席出访期间、“两会”期间，与其有关的微话题都能登上微博话题榜，有效引导网民进行热点信息关注，占领信息制高点。

（二）加快网络主流话语体系建设，在新媒体上讲好“中国故事”

网络传播需要运用网络语言，通过网络化表达方式提升内容的传播力和影响力。网络话语体系建设，一方面要保证网络用语的科学性、准确性和先进性，以马克思主义和中国特色社会主义理论为思想指导进行信息传播。另一方面，进行网络信息的人格化表达构建，通过转变文风，以网民喜闻乐见的方式进行内容传播。例如，在政治传播中，将信息通过人格化动漫形象、动画作品等贴近网民的形式进行包装，有利于提升传播内容的吸引力、亲和力和感染力。2015 年，在习近平主席出访美国期间，人民日报社以“谁是习大大”为题制作了视频短片并投放在国外视频网站上，通过采访国外留学生对“习大大”的认知解读勾勒出国家领导人亲切的形象，是一次成功的网络传播尝试。而一首《十三五之歌》以音乐 MV 的形式对“十三五”规划的制定、内容及影响进行了诠释与解读，幽默的语言、生动的画面和活泼的配乐使短片一经推出便引起了网民的极大关注，深受年轻人推崇喜爱。同时，一些政务新媒体官方平台还通过设计官方卡通形象的形式拉近与网民的距离。例如，上海市教育委员会新浪官方微博“@上海教育”有头戴学士帽的卡通蜜蜂“小育”作为代言人，通过拟人化的“小育”直接与账号的主要受众学生群体对话。北京市公安局新浪官方微博“@平安北京”则发布了政务网红“朝阳群众”、“西城大妈”、“海淀网友”、“大兴老街坊”等卡通形象，从而发挥民间组织力量，使群防群治政策深入人心。

进行故事化内容传播，鲜活的案例、真实的事例和生动的细节描述具有强大的说服力和号召力，将道理融入故事中，网民思想和行为可以受到潜移默化的影响，避免了生硬说教的微弱效果以及可能产生的逆反结果。来自生活中的正能量故事及榜样也具有贴近性，每一位普通网民均可从中获益。中国文明网通过报道“早餐奶奶”毛师花、“公益达人”周新旺、“无臂肥王”李宗强等普通人的故事让更多网民感受正能量。其新浪官方微博“@中国文明网”还开辟了#好人365#话题,每则故事的微博下都有几千微博网友进行转发评论,将平凡人物的优秀品质进行推广与学习。

(三)在网络传播中重视新传播技术投入、更新与应用

新网络传播技术改变传播生态。依托技术快速更迭,微视频、网络直播、人工智能技术发展迅猛,成为时下网民较为青睐的传播方式。根据“艾媒咨询”数据显示,2015 年中国在线直播平台数量接近 200 家,其中网络直播的市场规模约为 90 亿,网络直播平台用户数量已经达到 2 亿,①国内直播行业处于快速发展阶段。根据中国互联网络信息中心(CNNIC)发布的《第 40 次中国互联网络发展状况统计报告》数据显示,截至 2017 年 6 月,中国网络视频用户规模达 5.65 亿,较 2016 年底增加 2027 万,网络视频用户使用率为 75.2%,较 2016 年底增加了 3.7 个百分点。② 通信技术和信息基础设备的发展与完善使网络传播方式更加多样化,网络传播需要与时俱进,不断更新信息产品形态,从而提升网民的信息接收度,利用前沿科技为主流信息生产与传播提供动力支持。

第一,新传播技术与大数据应用有利于丰富信息呈现方式,扩大信息传播范围,提高信息传播效率。音视频、3D 新闻、H5 页面、VR 全景新闻等信息传播形式均可较大提升网民对信息内容的关注度。例如,2015 年“9·3 阅兵”报道期间,央视网、腾讯网、中青在线等多家媒体网站通过开放网络直播平台同步传送阅兵现场画面,网民可以通过网络实时了解现场信息。截至 9 月 3 日 11:40 直播结束,央视网多终端独立用户(UV)达 4779 万人;截至阅兵当天 19 时,各大视频网站“9.3 阅兵”主题视频共 1381 个,全网累计播放量近 5 亿。③ 同时,人民日报全媒体平台、腾讯新闻、网易新闻客户端等媒体还通过制作阅兵主题 H5 页面等形式通过 PC 端和移动端一齐推送阅兵相关信息,引发网友关注热潮。

---

① 199IT:iiMedia Research:2016 中国在线直播行业专题研究,http://www.199it.com/archives/478075.html,2016 年 5 月 30 日

② 中国互联网络信息中心:第 40 次中国互联网络发展状况统计报告,http://www.cac.gov.cn/2017-08/04/c_1121427728.htm,2017 年 8 月 4 日

③ 中国网:“9.3”阅兵网络直播数据创历史新高,http://news.china.com.cn/zhuanti/2015kr/2015-09/04/content_36498362.htm,2015 年 9 月 4 日

第二,技术使信息传播内容多维度、视角多样化成为可能。虚拟现实技术的运用成为2016年"两会报道"的一大亮点,新华网开辟"VR视角"板块、光明日报网页端和移动端同时推出"全景看两会"栏目。VR技术使网民可以通过网络实现360度全方位看两会,自主选择观看方位和角度,获得身临其境之感,实现信息获取的自主化和个性化。新传播技术提供了全视野和多角度的内容,增加了信息传播的新鲜性与趣味性,有利于吸引网民尤其是年轻网民关注,网民可以获得独特的用户体验。

二、优化网络传播内容质量,增进网上交流互动与知识共享

在网络信息爆炸时代,优质网络内容仍然紧缺。在信息推荐类应用依靠"信息搬运"如火如荼发展的当下,优质原创内容价值越加凸显。对新媒体内容版权的讨论便是基于对原创网络内容的保护。网络信息需要具有真实性、客观性等特征,专业化的内容是网络传播的核心。提高网络传播内容质量是网络传播有序进行的前提和保证,也是吸引网民关注传播内容的关键。因此,在网络时代,保障网络信息产品质量,进行网络文化作品内容创新迫在眉睫。2015年,习近平主席在第二届世界互联网大会开幕式的讲话中指出:"打造网上文化交流共享平台,促进交流互鉴。"①进行网络文化交流的前提之一便是创作和拥有优秀的网络文化作品。在网络剧、网络节目、网络小说等网络文化作品形式不断丰富的同时更要重视网络文化作品的内容质量,提升网络作品的思想性和时代性,将中华优秀文化内容进行网络化和数字化传播。《烽烟尽处》、《网络英雄传i——艾尔斯巨岩之约》、《日头日头照着我》等网络文学原创作品因为作品内容具有强烈的感染力和积极的导向性而获得国家新闻出版广电总局推介。

互联网的开放性特征为不同思想与言论的表达提供了一定空间。网络去中心化的非线性传播模式使用户地位凸显,网民个人意见与言论在网络传播中具有重要地位。这就要求信息传播者在信息传播链中尤其要注重网民建议,及时与网民互动,通过直接与网民对话等形式进行意见收集与反馈,在沟通中进行思想引导,使主流价值观和思想观念在网民心中扎根。通过新媒体账号与用

---

① 新华网:习近平在第二届世界互联网大会开幕式上的讲话,http://news.xinhuanet.com/politics/2015-12/16/c_1117481089.htm,2015年12月16日

户一对一进行信息回复与交流,实现了信息的精准传达,也有利于塑造账号品牌形象。以微信平台为例,微信公众号是时下重要的网络信息特别是移动信息传播平台,普通微信用户通过微信公众号订阅便可以自动接收到推送信息,简单、方便、快捷。另外,因微信公众平台开通了文章评论、点赞、打赏等功能,用户可以直接在获取信息后对内容进行评价,与账号运营方进行交流。而账号运营方通过微信公众号后台筛选评论,将精彩评论直接在推送内容页面显示,也可促成不同用户之间的交流。纵观国内外新媒体平台,时下较为流行和发展较为火爆的新媒体往往具有较强的社交属性。

网络互动不仅存在于政府、媒体等组织机构的新媒体官方账号与普通网民之间,也横向存在于不同组织机构之间、普通网民个人之间。同类型组织机构、上下级组织机构或者相关领域组织机构间进行"抱团式互动"可以在一定程度上使传播力量集聚,彼此推广与支撑,形成交流与合作,实现传播范围的扩大和传播效果的增强。线上互动同时也对线下行为具有指导性意义,网上互动可以带来线下行为改变,线上线下实现一体化发展。

三、发挥多元网络主体责任,提高主动性与积极性

网络内容建设需要不同网络传播主体的集体参与。不同网络传播主体在网络内容建设中占据不同地位,发挥不同作用。只有网络传播主体共同努力建设,才能充分发挥互联网的经济功用、社会功用、政治功用,保持网络空间清朗。

作为网络信息内容的主要提供者,媒体在网络内容建设中承担着较为重要的责任和义务。媒体在网络平台发布的信息是网民获得新闻信息服务的主要来源。依托于独家和稳定的采访资源、消息源和大量的专业新闻从业者,媒体在网络上发布的信息一般具有较强的影响力。这便要求媒体的网络发布也需像传统媒体一般具有严格的专业和职业要求准则。同时,依托媒体长期积累的公信力和品牌价值,一些主流媒体通过举办网络活动、开设网络主题网页等形式进行教育引导也具有较强的动员作用。2015 年,新华网北京频道以"文艺工作座谈会一年间"为主题进行大型全媒体融合报道,通过与文艺工作者对话的形式梳理文艺工作进展。值得一提的是,接受专访的文艺工作者有很多是网民特别是青年网民的偶像,这种发挥榜样正能量的专题方式具有较强的引导性。另外,中国青年网举办的"青春路上好故事"2015 年青春励志故事网络文化活

动和中国大学生在线举办的“网络文明进校园”等主要面向年轻人的活动则更加具有群体针对性。

在网络内容建设中，政府、社会团体和组织在正确引导社会舆论和提供网络服务方面应积极发挥作用。一方面，未雨绸缪，在日常的内容发布和管理上进行价值观引导，平时注重舆情走向和变化，及时应对和反馈。另一方面，在公共事件和热点事件发生后及时发布官方声音，提供真实信息，以防止谣言发生和出现舆情问题。2016 年疫苗事件、雷洋事件等事件发生后，真实信息提供不足是导致社会舆论环境出现复杂化的原因之一。

新媒体公司和互联网公司部分是新媒体平台和渠道提供者，避免崇尚商业利益而忽略企业的社会责任尤其重要。由于资本因素影响，一些互联网公司存在提供网络搜索竞价排名和恶意营销等行为，影响网络生态。互联网公司发挥网络平台责任在于强化“自净”能力，优化新媒体平台空间和环境。

自媒体和普通网民因草根身份，其发布的信息更在视角和内容上更加贴近生活，更容易被大众接受。因此，利用草根媒体自身优势，进行教育引导和社会动员具有良好效果。新浪微博认证为“《动漫次元 LIVE》杂志美术编辑”的用户“@逆光飞行”在网上创作爱国主义漫画，其代表作《那年那兔那些事儿》在互联网上连载，总点击率超 10 亿。动画版于 2015 年 2 月上线，在各大视频网站取得了总点击率 1 亿的优异成绩。① 网友“小兵章嘎”、戴琢璞、蒋妥等通过撰写和发布大量网络时评文章对网友进行价值观引导。

四、增强网络信息平台管理能力，提升网民新媒介素养

网络内容建设需要加强对网络信息平台的管理，“硬”性法律法规和“软”性激励机制等办法共同发力，打好网络内容管理的“组合拳”。

通过法律法规进行网络平台约束、管理和维护。2015 年 11 月 1 日起正式施行的《刑法修正案（九）》增加了一条规定，在网络上编造传播险情、疫情、灾情、警情的，最高将处 7 年有期徒刑。这是通过法律强制力对网络内容进行管理，保障网络传播秩序。国家网信办发布的《互联网用户账号名称管理规定》、

---

① 2015 年度“五个一百”网络正能量精品评选专题网站，http://theory.people.com.cn/GB/40557/403745/index.html

《互联网信息搜索服务管理规定》、《移动互联网应用程序信息服务管理规定》等一系列通知规定则从网络用户账号名称、网络信息搜索、移动 APP 信息服务等不同角度为加强网络内容建设保驾护航。

在体制机制上,通过建立用户内容生产激励机制、网络原创内容生产孵化项目计划、不同网络主体网络行为评价体系、网络优质内容传播与知识共享激励机制等促进网络内容生产和传播标准的精细化、明确化,促进网络用户自我规范进行优质内容生产。2015 年,中国互联网发展基金会主办的"五个一百"网络正能量精品评选活动就通过表彰网络传播优秀作品和人物的形式对网络优质内容生产行为进行了激励,具有正面引导作用。

在马航 MH370 失联事件、天津港"8·12"爆炸事故、2016 山东疫苗案等事件的网络传播中可以看到,新媒体上充斥着大量来自网民的谣言、不满言论和负面情绪。网民价值观易被煽动性言论左右,存在仇官仇富、享乐主义等不良倾向。在网络传播平台使用上,网民的新媒介素养亟须提高,具体表现为普通网民对网络信息的认知和解读能力、信息发布能力以及对信息的组织和使用能力等。

第六节　雨后春笋——内容付费时代的来临

在互联网海量信息带来的认知盈余时代里,能够在短时间内精准满足用户信息需求是获取用户注意力资源的关键所在。基于优质内容与封闭生态环境,内容付费平台以筛选高质量的信息满足用户个性化、定制化的内容需求,为用户节省时间与精力成本提供更为高效的选择。根据《2017 年中国内容付费专题研究报告》显示,2016 年中国内容付费用户规模达到 0.98 亿,预计 2018 年用户规模将上升至 2.92 亿。[①] 随着日渐完善的移动支付,不断扩大的对优质内容需求的市场以及国民消费结构的转变,信息付费的孕育土壤与生态环境正逐步成熟。

2016 年,知乎 live、分答、得到、微博问答等平台纷纷试水,内容付费的细分

① 数据来源:艾媒咨询《2017 年中国内容付费专题研究报告》。

市场也持续吸引着多元主体,内容付费开始成为不少平台实现流量变现的盈利选择,其所形成的集聚效应将迎来发展红海期。伴随着互联网巨头的相继入局,2017 年互联网内容付费势必将迎来爆发期,市场风口来袭。

一、当前内容付费发展现状与特点

目前,国内互联网内容付费正处于起步探索阶段。不同平台主体依托多年运营的粉丝沉淀,借助差异化的产品,深度聚焦垂直领域的内容以适应分众化、精准化的传播趋势,并以此催化后续产业链,形成盈利闭环。创业主体开始跳出"二次售卖"的盈利模式,选择内容付费作为内容创业的新路径,推动流量直接变现。

(一)打造差异化产品,多平台入局内容付费

2017 年,内容付费产品的多元化使得内容付费类型逐渐显像化。依据平台与内容,当前内容付费产品主要可以划分为:付费会员、付费知识产品、付费经验分享、付费课程、付费媒体、付费社群、阅后付费七大类型。

最先进入内容付费市场的是视频、音乐、文学等产品输出网站,其主要通过采用会员制实现付费。拥有会员身份的用户可以享受跳过广告、免费浏览网站产品、下载等特殊权利。在 2015 年 6 月,以爱奇艺为代表的视频网站开始进入视频付费领域,并相继推出了月度、季度以及年度会员制度。截至 2016 年 12 月,中国视频有效付费用户规模已经突破 7500 万,增速为 241%,预计 2017 年中国视频付费用户将超过 1 亿。① 相应的音乐网站与文学作品网站同样也实行了会员付费制度。

面对互联网络带来的海量信息,用户有限的时间与精力成为快速获取具有高价值信息的新痛点。在此背景下,以知识与经验分享的头部信息开始对内容付费先行试验,不同平台相继创新内容形式。在 2015 年末,"罗辑思维"推出付费订阅的内容应用"得到",其在 2017 年 3 月停更周播视频并退出其他音频平台,只在"得到"APP 独家发放,形成独立的内容付费体系;2016 年 4 月,知乎上线付费经验解答新功能"值乎",以"内容刮刮乐"的活动刷遍朋友圈;5 月,果壳

---

① 《中国视频付费用户规模破 7500 万成全球第三大市场》,人民网,http://media.people.com.cn/n1/2017/0119/c40606-29033877.html,2017 年 1 月 19 日。

网旗下上线了付费语音问答新产品“分答”。

在知识付费浪潮的推动下,以新东方、沪江等为代表的在线付费教育平台用户比例持续攀升。截至 2017 年 6 月,中国在线教育用户规模达 1.44 亿,较 2016 年底增加 662 万人,半年增长率为 4.8%。① 而百度、腾讯、阿里等互联网巨头也开始纷纷涉足在线教育付费市场,分别推出“百度传课”、“腾讯课堂”、“淘宝教育”平台。

继知识分享平台与产品纷纷对内容付费进行布局后,专业领域媒体也纷纷开设了付费专栏。2017 年初,面向投资人与经营者等专业人群,钛媒体便推出了收费 APP“钛媒体 PRO 专业版”;随后 36 氪上线“开氪”栏目,针对投资、创业、品牌营销等领域推出“硅谷早知道”、“5 分钟创业课”等付费项目。此外,一些专注于信息、经验、技术等资源共享的社会群体也开始实行付费制度,其涉及教育、文学、摄影、编程等多个领域,并日渐呈现出细分化趋势。

不同于上述内容付费形式,打赏属于非强制性付费,往往发生在用户体验过程中或体验过后。作为一种激励工具,打赏付费多是存在于微信、微博、新闻客户端以及直播网站等富含资讯类信息平台中,而是否进行付费以及费用金额主要依据用户体验。因此,打赏付费多具有极大的不确定性。

(二)依托原有用户黏性,聚焦闭环盈利模式

当前国内付费栏目或产品多是基于原有平台,通过前期经营完成相应的粉丝沉淀与品牌打造,形成有共同兴趣或价值取向的社群,随之衍生出粉丝经济产业链。在依托原有用户黏性与品牌营销的基础上,内容付费实现了用户有效转化与产品对接,利用粉丝聚拢效应实现盈利。在知识付费领域中,“罗辑思维”可以说是成功实现粉丝转化的典型案例。由罗振宇及其团队打造的“罗辑思维”由最初的知识性视频节目,发展出微信公众号、图书、语音脱口秀等多种内容产品与形式,以涵盖社会、历史、文化等多个领域的知识内容集聚了庞大的粉丝规模。早在 2013 年,“罗辑思维”会员招募便成功在一天内吸引了两万多名会员,募集资金高达 800 万元。② 罗辑思维借助免费视频、付费社群等方式完

---

① 中国互联网络信息中心:第 40 次《中国互联网络发展状况统计报告》,http://www.cac.gov.cn/2017-08/04/c_1121427728.htm,2017 年 8 月 4 日

② 《罗振宇自述:罗辑思维如何 24 小时售卖 800 万》,中国青年网,http://finance.youth.cn/finance_gdxw/201401/t20140105_4488682.htm,2014 年 1 月 5 日

成前期粉丝沉淀。2015 年,“罗辑思维”发布付费产品“得到”APP,截至 2017 年 3 月 5 日,“得到”APP 总用户数超过 558 万人,日均活跃用户数超过 45 万人,专栏累计销售 144 万份,专栏周打开率为 63.1%,专栏日打开率为 29.3%。① 至此,“罗辑思维”成功将前期形成的粉丝流量导入独家产品,以流量直接变现开启全新的商业运作模式。

通过准确的品牌定位,内容产出平台得以推出优质内容吸引相关领域的粉丝,借助品牌影响力与粉丝导流,平台从粉丝中筛选出具有高黏度的用户群体,并以内容付费的形式实现直接变现,激励内容生产者持续产出满足用户需求的产品,闭环盈利模式就此形成。不同于以往的盈利模式,内容付费平台的闭环盈利模式减少了二次销售的环节,实现资金与流量的直接对流,在降低平台运营成本的同时,也将为用户提供更为便捷的内容获取渠道,充分释放闭环中的协同效应与张力。与此同时,随着闭环模式的深化,内容付费平台可以持续开发周边产品,建立更为稳固的相关产业链。

二、内容付费面临的困境与挑战

作为互联网时代重要的价值富矿,内容生产开始成为互联网创业平台的核心业务,相应的内容付费也进入了发展快车道。但与此同时,内容付费也面临着版权保护机制尚未完善的问题,盗版内容所带来的复制传播极大地降低着付费用户的体验感受,而资源分散致使可替代性产品增多,维系可持续的内容付费链是内容生产者即将面临的挑战。

(一)版权保护:“免费”共享弱化体验

作为知识产权的重要组成部分,互联网信息平台的版权保护已经成为亟待解决的问题。2017 年 1 月,国务院印发了《“十三五”国家知识产权保护和运用规划》。《规划》指出,以充分实现知识产权的市场价值为指引,进一步加大损害赔偿力度,并推进诉讼诚信建设,依法严厉打击侵犯知识产权犯罪。在国家政策的指引下,不少内容平台也纷纷采取相应措施保护信息版权,如国内最大网络问答社区“知乎”推出了“允许付费转载”的付费授权功能,帮助规范平台上

① 《罗辑思维旗下 APP 得到公布用户数:已超过 558 万人》,中国信息产业网,http://www.cnii.com.cn/mobileinternet/2017-03/09/content_1829268.htm,2017 年 3 月 9 日

的内容转载。

在此背景下,内容付费兴起后的盗版与抄袭依旧成为运营商面临的巨大障碍。在"罗辑思维"推出价值299元的商业知识类内容产品《李翔商业内参》后,盗版商便以更为低廉的价格售卖相应产品。而爱奇艺、乐视、腾讯等视频网站则面临着黑客攻击,黑客通过解析的方式盗播网站上的部分付费内容,或者在盗取已购买会员体验的用户账号后,再转手售予其他用户。而版权界定不清、维权举证难、成本高收益低等问题都使得内容维权通道存在障碍与困境。

作为相对静止的信息存量,内容的盗版复制难以禁绝。这种侵权现象使得内容版权难以得到有效保护,既打击内容创业者的创作积极性,影响内容付费的闭环盈利模式,同时也降低了付费用户的体验感受。克服盗版侵权带来的痛点是当前维持内容付费良好生态的关键所在。

(二)资源分散:持续付费前景模糊

内容付费开启了以优质信息作为交易产品的有偿经济共享模式。多元主体的入场带来日趋分散化与叠复化的信息资源,在为用户提供宽裕选择空间的同时,也意味着用户可以选择性价比更高的替代性付费产品,细分领域的内容付费产品竞争进入白热化。2016年,知乎与果壳网相继推出付费产品"值乎"与"分答",除在回答形式、付费模式等方面存在些许差别外,两款产品都属于针对普通用户的知识经验分享类产品,在运营过程中双方也会邀请相同的专业行家进行经验分享与解答。同一信源可以在不同平台上产出内容,这就使得不同内容平台在运营过程中难免存在信息同质化现象,其背后则体现了信息资源的分散化,缺乏具有聚合效果的内容付费平台对信息资源进行统一整合,资源利用效率被降低,随之也将抬高用户的付费成本。

在移动互联网时代,任何独具爆点的产品都可能引发全网关注,迎来爆发风口。如果壳网推出的"分答"产品,其在发展初期邀请名人入驻,借助名人效应与光环为"分答"上线博取了不少眼球。如王思聪在"分答"回答了32个问题,便吸引了6万人前来收听,其也因此获取23.8万元的收入。[①] 内容付费平

---

① 《32个问题赚超20万王思聪带火分答》,国搜网,http://finance.chinaso.com/lcxt/detail/20160606/1000200032880241465173498337305775_1.html,2016年6月6日

台的传播模式偏向于窄向传播，付费作为门槛在一定程度上削弱了内容的传播范围，增强已付费用户的黏性对于内容平台保持竞争力与活力至关重要。因此，带有爆点的资讯信息也许能一时引发用户热议，但内容付费产品持续变现的能力不能仅依靠名人的短暂效应，如何能在内容方面延长用户付费习惯，维系平台发展，是当前不少内容产品面临的新瓶颈。

在此过程中，娱乐明星、八卦等信息受到过度关注，而其中一些平台以语音作为传播媒介，为互联网的内容监管带来难度。如何实现对付费内容平台实行有效审核与监管也将成为政府部门的挑战。

三、内容付费的未来趋势与路径选择

随着内容付费风口的到来，付费平台也将在内容、分发等方面迎来更为多元化、规范化的发展。为保持自身输出力，内容平台与产品需要在垂直领域持续发力，深入挖掘专业内容的价值，更多地借助高新技术提升内容体验，同时强化传播者与用户之间的互动沟通，借助人格化运营模式增强用户黏性。

（一）发力垂直领域，持续保持内容输出

在资讯大爆发的互联网时代，优质内容已经成为依靠流量为生的平台核心驱动力。而内容付费领域则是依靠稀缺性的优质内容吸引用户，如果难以持续提供与用户心理阈值相匹配的内容则会给平台与品牌带来负面效应。因此，对头部资源的抢夺将成为未来不同平台之间的核心竞争点。

不同的内容付费产品可以基于自身优势，以专业深度的纵向传播为发展目标，集中于某一特定领域或某种特定需求，深耕与该领域或需求相关的深度信息资源与服务，满足用户自身对专业化内容的诉求，适应分众化与细分化的市场趋势，以此实现自身品牌产品与平台的影响力。如马东带领的米未传媒便在喜马拉雅 FM 推出了付费音频课程《好好说话》，其依靠早期在《奇葩说》以辩论而闻名的诸多辩手，教人表述、谈判、沟通等谈话技巧。《好好说话》在喜马拉雅 FM 上线一天内便售出 25731 套，销售额突破 500 万。① 凭借马东团队在辩论界的知名度与知识储备，其在精准领域的内容传播能够充分满足目标用户对讲话

---

① 《马东〈好好说话〉销售额首日破 500 万》，中国网，http://news.china.com.cn/cndg/2016-06/08/content_38626942.htm，2016 年 6 月 8 日

技巧的个性化需求,自带入口价值。

在信息消费不断升级的时代,用户对信息品质的要求越来越高,而随着越来越多的创业者加入,付费内容领域的优胜劣汰也将进一步加剧。通过深耕垂直领域信息资源,集聚大量相关行业的专业资源,不断为原有领域补充新内容,充分发挥内容的长尾效应,用更为丰富的腰部内容增强用户的满足感,将使得内容付费平台在垂直领域保持持续性与不可替代的优势地位。

(二)借助智能技术,提高用户内容体验

新传播平台的出现与发展离不开高新技术的推动,借助新技术提高用户内容体验感受是内容付费平台的热点。随着 VR(虚拟现实技术)、AR(现实增强技术)、云直播、全景相机等先进技术与智能设备在内容生产领域的使用,内容传播形式得以呈现出浸入式、全景化的趋势,在打破时空限制的同时,也能提高用户对内容的感官体验感受。

在当前内容付费领域中,VR(虚拟现实技术)与全景相机较早被应用于视频网站的内容产品。VR 通过集合仿真学、多媒体传感、计算机图形学等多领域技术而开发的计算机仿真系统,将虚拟与现实结合创建仿真场景,提高用户现场参与感。在 2016 年,微鲸 APP 为王菲演唱会进行了 VR 直播,其数据显示共有 8.8 万人购买"门票"在线观看,总收入达到 264 万。① 新技术与内容生产的结合,将在更大程度上拓宽内容传播形式、渠道与应用场景,提高用户体验感受。

新媒体时代,移动互联网为内容付费平台提供了大量的可用数据,为实现信息精准投放提供新契机。付费平台可以运用大数据、云计算等工具对付费用户的点击习惯、信息获取偏好以及关键词搜索等数据的挖掘,区分用户的共性需求与个性需求,进行更为细化的分析,推出定制化内容,叠加高度个性化内容与精简化付费渠道,将提高用户的付费意愿。通过数据分析不仅有利于付费产品了解用户的信息需求,同时还可以通过对数据的深入挖掘与分析,实时把握热点资讯。

(三)强化社交互动,实现人格化运营

目前,内容付费平台或产品多是依据原有粉丝量的积攒与转化,体现了保

① 《当演唱会成为 VR 主战场 VR 直播何时才能上道?》,网易科技,http://tech.163.com/17/0104/07/C9TVJVJU00098GJ5.html,2017 年 1 月 4 日

持高黏度用性的重要性。在网络空间中,用户倾向于寻求群体,形成社群聚集,而内容付费平台涵盖范围广,其可以在不同的垂直领域形成具有相同需求的用户集聚,推动用户与用户、用户与平台之间的关系由弱转强。在此过程中,强化内容发布者与用户之间多维度的社交互动,将有效满足用户对于参与感、认同感等情感方面的诉求,延长用户付费的使用感与满足感,实现平台更具人格化的内容运营,将更有可能构建内容平台与用户之间的闭环模式。具有强社交性的内容也将成为日后用户重点付费的领域之一。

相较于“值乎”、“分答”等通过文字或语音形式实现经验分享的平台,红豆 Live 则是直接在具有高互动性的直播基础上开展内容付费。避免了原有经验分享平台的不同步性,红豆 Live 通过直播进行现场作答更具有实时性与互动性,提高用户的参与感,并为用户提供了送礼物、付费问答、付费直播间等不同形式的选择。同时,红豆 Live 与新浪微博打通,借助微博大 V 以及多层级传播提高自身的二次影响力与传播力,并帮助用户实现实时分享,具有更高的开放度。可以说,红豆 Live 开启了对直播内容付费市场的探索。在内容付费领域的未来,强社交性所形成的人格化运营模式将进一步成为抢占用户注意力资源的有效工具。

伴随着新技术的创新以及多元内容主体的布局,内容付费领域将迎来更加激烈的市场竞争,并在竞争中形成传播的常态化。但是,多方布局并不能代表质量的提升,只有在平台矩阵中创造更多具有稀缺性、高体验以及强社交化的优质内容才有可能持续实现流量变现,并在激烈竞争中推进更具实质性的发展。

第七节 借力新媒体——向世界讲好中国故事

2016 年 2 月 19 日,习近平总书记在党的新闻舆论工作座谈会上用五个“事关”来阐明了党的新闻舆论工作的极端重要性,强调党的新闻舆论工作是党的一项重要工作,是治国理政、定国安邦的大事,并明确指出,要加强国际传播能力建设,增强国际话语权,集中讲好中国故事,同时优化战略布局,着力打造具有较强国际影响力的外宣旗舰媒体。这不仅是党和国家领导人高度重视我国对外传播能力建设的重要体现,同时对提高我国国际话语权、提升文化软实力以及引导国际社会全面、客观认识中国具有重要而深远的意义。因此,加强国际传播能力建设,改变西强我弱的国际舆论格局成为我国对外传播面临的重要而紧迫的战略任务。

在传媒格局、传播手段、传受关系发生深刻变革的今天,互联网尤其是移动互联网的不断发展,我们从大众传播时代逐步进入微传播时代。在新的形势下,争夺国际话语权,更要紧跟信息技术革命的浪潮,加大对外宣新媒体的建设,充分发挥其重要作用。据中国互联网络信息中心(CNNIC)发布的第 40 次《中国互联网络发展状况统计报告》显示,截至 2017 年 6 月,中国网民规模达 7.51 亿,互联网普及率达 54.3%,手机网民规模达 7.24 亿人,网民中使用手机上网的比例达到 96.3%①……随着移动互联网的高速发展与高度普及,以“两微一端”为代表的移动端口逐渐成为用户获取及传播信息的首要途径,也成为传统媒体进行融合发展的重要方向。因此,如何利用互联网的特点和优势,推进传播手段、传播内容、传播方式的全方位创新,在复杂的国际舆论场中借助新媒体传播优势实现“弯道超车”,提高国际话语权,讲好中国故事已经成为我国国家传播能力建设中不容忽视的一环。

一、新媒体对外传播面临的现状和挑战

(一)西强我弱的舆论格局并未发生根本改变

作为世界第二大经济体,我国参与国际事务的能力显著提升,中国正在走向世界舞台的中央,同时吸引着越来越多的国际目光。然而纵观国际舆论场,西强我弱的舆论格局并未发生改变,我国主流媒体、政府机构、社会组织在国际上的影响力还有待提高,在国际热点话题以及突发事件报道中的受关注度不高,仍存在失声、失语,尤其在涉及中国经济走势、意识形态、气候变化、民族宗教、领土争端等西方普遍关注的热点问题上,自身声音微弱,更易滋生负面信息和不良评论。面对复杂的国际舆论形势,我国迫切需求与国家综合实力相匹配的国际传播能力,引导国际社会全面、客观、深入认识中国。

---

① 中国互联网络信息中心:《第 40 次中国互联网络发展状况统计报告》,http://www.cac.gov.cn/2017-08/04/c_1121427728.htm,2017 年 8 月 4 日

(二)新媒体领域成为国际舆论的必争之地

长期以来,向中国报道世界和向世界传播中国的外宣任务主要由国内主流传统媒体承担。然而,新媒体格局下,传统媒体议程设置的能力下降,人人都有麦克风,信息传播的门槛被大大降低,传播在时间、空间的边界与限制被消解,社交媒体从边缘步入中心,逐渐成长为最具活力的舆论场。新媒体尤其是社交媒体的不断发展,一定程度上改变了国际舆论场中少数强势媒体垄断话语权的局面,为我国加强新媒体对外传播能力建设,提升国际话语权提供了新的机遇。

据《2015 年度中国国家形象全球调查分析报告》统计,对海外受访民众而言,当地的传统媒体(62%)、新媒体(51%)和使用中国产品(35%)是其最主要的中国信息了解渠道,且相比 2014 年比重分别提高了 5、11 和 4 个百分点。从不同年龄群体来看,年轻群体更多地通过新媒体(如社交媒体、网络媒体)渠道获取中国信息,中老年群体则更多地通过当地的传统媒体(如图书、杂志、广播、电视、电影等)渠道来获取中国信息①。不难看出,尽管当地传统媒体依然是海外民众了解中国信息主要途径,但新媒体尤其是社交媒体渠道所占比重呈现快速增长的趋势,并更多地为年轻群体所接受。新媒体不仅是中国走向世界的有效途径,同时也成为世界了解中国的重要窗口。因此,我们必须意识到,无论是传统媒体还是新媒体、官方舆论场还是民间舆论场,新闻舆论阵地没有真空,正确的思想舆论不去占领,必然被各种错误的思想舆论占领②。着力拓展新媒体舆论阵地,利用新媒体讲好中国故事,传播中国声音,抢占未来国际传播制高点箭在弦上。

二、探索创新方式方法,利用新媒体讲好中国故事

(一)拓展传播渠道,善用社交媒体

随着信息获取渠道的极大丰富,新媒体去中心化、差异化、分众化的传播特征,更大程度地满足了用户多元化、个性化的需求,新媒体成为获取新闻信息,传播自身诉求的重要平台,在许多国际热点问题中,新媒体尤其是社交媒体彰

---

① 中国外文局对外传播研究中心课题组,于运全,张楠,孙敬鑫:《2015 年度中国国家形象全球调查分析报告》,《对外传播》2016 年 09 期,15 - 18 页。

② 新华网:《舆论阵地没有真空,舆论力量不能小觑》,http://news.xinhuanet.com/comments/2016 - 02/27/c_1118177454.htm,2016 年 2 月 27 日

显了其对议题设置和舆论走向上发挥的重要作用,甚至引发线下的群体性事件。向世界传播中国声音,讲好中国故事,不仅要依靠主流传统媒体对国家形象的系统塑造,同时也要依靠新媒体进行差异化、碎片化的补充,打通线上舆论场与线下舆论场、官方舆论场和民间舆论场,形成多角度、全方位的讨论与关注。

加强境外新媒体布局,拓展传播渠道,一方面可以通过借助国际成熟社交媒体传播平台,快速融入国际舆论场。我国主流媒体进行了许多有益尝试,受关注度不断提升。新华社2015年3月起在Facebook、Twitter、YouTube等国际知名社交媒体上开设统一官方账号,总粉丝量已超过600万;截至2015年12月上旬,央视网在Facebook平台运营的CCTV系列、熊猫频道系列账号总粉丝数突破2210万[①];以多语种运营为特色,通过图文组合、短视频等多种形式对精品内容进行二次加工和传播,CCTV全球页英文账号在习近平主席访美期间发布的《习近平与彭丽媛参加白宫晚宴》在Facebook上获得了极高的关注度,单帖曝光量超过1115万次,境外媒体建设获得了可喜的成果和长足的进步。但从整体上看,整体运营能力、互动指数等相比西方成熟媒体水平仍然较低,对重大议题和时间的反应速度较慢,在新媒体舆论阵地上的影响力仍然有限。积极推动国内主流媒体、政府部门、社会组织、知名企业等的海外新媒体建设,成立专业的运营团队,维持稳定的受众群体,提高账户活跃度和用户黏性,有利于在面对国际热点问题和重大突发事件中有效形成合力,主动发声,消弭偏见,凝聚共识,及时准确传递中国声音。

另一方面,我们不仅要"借船出海",还要"造船出海",建设自身传播渠道,还要积极推广国内知名社交媒体平台如微博、微信等的海外发展。微博、微信作为国内最受欢迎的社交媒体平台,拥有数量庞大的海内外用户,但相比Twitter、WhatsApp等同类应用,影响力有限,本土化程度不足,覆盖率较低,海外用户仍然以海外华人、海外工作人员和留学生为主体。面对前景巨大的国际市场,让国内社交媒体"走出去",有利于增强国际影响力,提升中国话题热度,构

---

① 央视网:《央视网通过Facebook开展海外传播效果显著》,http://www.cctv.com/2015/12/19/ARTI1450519087671485.shtml,2015年12月19日

建更为多元与合理的国际社交媒体格局①。

(二)创新内容生产,传播特色中国

国际新媒体舆论场中,西方媒体占据天时地利,我国新媒体对外传播想要扩大影响力、提升公信力、增强话语权,必须坚持以高品质内容为核心,创新内容生产和报道模式,拒绝刻板印象。利用新媒体多角度、多侧面的呈现方式,不断丰富、完善中国故事的内容,与传统媒体形成合力,向世界传播中国声音。

首先,要善于运用适合新媒体平台的传播元素及呈现方式,根据不同媒体平台及用户特征有针对性的打造原创高质量内容。无论是传统媒体还是新媒体,内容生产能力都是核心竞争力,也应当成为对外传播的重要发力点。国内媒体内容的单纯移植无法满足更为广大的海外受众群体多元化、个性化的需求。要积极推动传统媒体与新媒体融合发展,优势互补,提高信息传播的"时、度、效",增强用户黏性,完善全球信息采集网络,深入整合信息资源与人力资源,优化内容生产模式,实现新闻信息的一次采集、多种生成、多元传播,有效组合音、视、图、文等形式,根据不同传播渠道的特点量身打造,实现全方位、立体式的信息覆盖。

其次,新媒体对外传播在事关中国道路、政策等重大问题上必须坚持国家站位,不缺位,不失声,在国际热点的新闻竞争中占据主动权,展现全面、真实的大国形象。有关中国意识形态、经济形势、人权问题、民族宗教、环境保护等问题,是西方媒体长期以来的关注热点,在这些关键问题上,要从被动解释向主动引领转变,不回避,不失声,主动设置议题,坚持用事实说话,提供及时、客观、全面的报道,不能将主动权拱手相让西方媒体。新媒体和传统媒体互为补充、相互支持,正确引导网络舆论,有利于提高我国媒体在国际上的公信力,有助于国际社会客观、全面、深入看待发展中的中国。

最后,在注重宏观报道的同时,还要围绕新形势、新变化,为新媒体传播注入新活力、新内容。调查显示,34%的海外受访者表示对中国语言和文化感兴

---

① 唐绪军主编、黄楚新副主编:《中国新媒体发展报告 No. 7(2016)》,社会科学文献出版社,2016 年 6 月版。

趣;在最希望了解的中国信息方面,文化(39%)占据首位,其次是科技(37%)①,海外受访者对中华传统文化以及科技创新显示出了浓厚的兴趣。在新媒体平台的内容传播中,要充分调研海外受众对中国的关注点,弱化政治色彩,挖掘传统文化,展示现代理念,增强我国的文化吸引力,展现生动真实的中国生活和日新月异的中国面貌。利用新媒体的天然优势,从大处着眼,从小处着手,将中国故事寓于普通人命运中,用细节打动人心,从而了解中国独特的基本国情、文化传统乃至道路选择,打造中国文化价值观的全球影响。

此外,还应当充分利用新媒体互动性特征,及时对海外受众的反馈做出反应,分析受众特征与需求,不断调整传播内容和策略,增强新媒体对外传播的针对性和影响力。

(三)创新话语体系,建设大国形象

在量身打造新媒体原创高质量内容的基础之上,还应重视对外传播话语体系建设。习近平总书记在全国宣传思想工作会议上明确提出了"加强话语体系建设,着力打造融通中外的新概念新范畴新表述,讲好中国故事,传播好中国声音,增强在国际上的话语权"的要求。

语言不仅是人们交流的工具,更是文化的载体,丰富生活的中国故事,还需要用西方主流社会能够接受与理解的话语体系来阐释。部分西方媒体和民众对中国和平发展的外交理念心存疑虑,对中国发展模式与道路存有困惑甚至偏见与误解,只有让西方世界听得进,听得懂中国声音,真正才能提高我国媒体的公信力、影响力,在国际社会构建负责任的社会主义大国形象。这就要求我们深入研究不同文化之间的沟通交流方式和跨文化传播技巧,充分考虑中西方在文化传统、宗教习俗、生活方式、阅读习惯等方面的差异,探寻共同利益,寻找情感共鸣,传播中国文化,沟通中外思想,构建出富含中国特色,同时又国际通行的话语体系。

在语言表达技巧上,我国主流传统媒体在长期的新闻实践中形成了成熟稳定的语言风格,特别是在时政报道中体现得尤为明显。然而新媒体尤其是社交媒体的用户群体主要是年轻人,在推崇个性、崇尚自由的西方,带有浓厚宣传色

① 中国外文局对外传播研究中心课题组,于运全,张楠,孙敬鑫:《2015 年度中国国家形象全球调查分析报告》,《对外传播》2016 年第 9 期,15-18 页。

彩的语言风格往往难以博得用户好感。转变官方话语体系，拒绝官话、套话，摒弃严肃刻板的表达方式；注意去宣传化、去概念化，“讲故事”要重于“讲道理”；因地制宜，遵循当地的逻辑思维方式，突破中外文化的隔膜；更多的使用个性化、本土化的网络语言，体现亲切、人性化的话语特色……这些话语方式的改变都有利于拉近与海外受众的距离，收到润物细无声的传播效果。

（四）增强媒介素养，加强队伍建设

利用新媒体向世界传播中国声音，不能故步自封，还要积极学习国外优秀媒体的经验，同时大力加强队伍建设。

学习、借鉴国际优秀媒体融合转型的成功经验，取其精华，为我所用。不仅有助于提高我国新闻工作者的新媒体专业素养和策划报道能力，更有利于增强我国媒体的国际竞争力，从而改善国际社会对中国的正确认识，增强我国国际话语权，树立良好的国家形象。

建设一批视野宽广、精熟业务的新媒体人才队伍，是打造国际一流媒体的前提和基础，是加强国家传播能力建设面临的重要任务。一方面，依托国内外一流高校与科研单位，加强合作，引进高质量培训项目，加强在语言、文化、技术、思维等方面的立体培养，打造政治过硬、专业过硬、具有国际化视野的优秀新媒体人才队伍，同时优化人才引进机制，吸引海外专业人才，着力引进具有国际主流媒体工作经验的高素质从业人员。另一方面，积极鼓励主流媒体、政府部门等学习国际新闻传播规律和跨文化传播技巧，定期组织进修深造，推动新形势下我国国际传播能力建设的不断进步与发展。

信息技术的裂变式发展，带来了国际传媒格局的巨大变革，新的形势下，国际网络舆论空间成为国际话语权争夺的主战场，我国媒体的对外传播也面临着前所未有的机遇与挑战。利用新媒体传递中国声音，讲好中国故事，提升国际传播能力和国际话语权，必须坚持国家站位，树立全球视野，提高议程设置能力，坚持传播渠道、传播内容、话语体系的探索与创新，大力推动媒介素养教育和新媒体人才培养。只有尊重传播规律，紧跟时代浪潮，挖掘新媒体的巨大潜能，才能形成全方位、多层次的对外传播格局，在国际舆论场夺取制高点。

参考文献

[1]【英】B. McNair, Cultural Chaos, New York: Routledge, 2006.

[2]【法】Foucault. M. , Discipline and Punish: The Birth of the Prison, Harmondsworth, Penguin, 1997.

[3]【法】Foucault. M. The archaeology of knowledge (trans. A. M. Sheridan Smith). New York: Pantheon Books, 1972.

[4]【美】曼纽尔·卡斯特:《网络社会的崛起》,夏铸九、王志弘等译,北京:社会科学文献出版社,2001 年版。

[5]【法】阿芒·马特拉:《全球传播的起源》,朱振明译,北京:清华大学出版社,2015 年版。

[6]【英】詹姆斯·卡伦:《媒体与权力》,史安斌等译,北京:清华大学出版社,2006 年版。

[7]【德】哈贝马斯:《公共领域的结构转型》,曹卫东等译,上海:学林出版社,1999 年版。

[8]【美】埃瑟·戴森:《2.0 版数字化时代的生活设计》,胡泳、范海燕译,海口:海南出版社,1998 年版。

[9]【加】文森特·莫斯可:《传播政治经济学》,胡正荣、张磊、段鹏、付春怡、洪丽、宋菁译,北京:华夏出版社,2000 年版,第 143 页。

[10]【美】马克·波斯特:《第二媒介时代》,范静哗译,南京:南京大学出版社,2005 年版。

[11]【法】罗兰·巴特:《符号学原理》,李幼蒸译,三联书店,1988 年版。

[12]【英】德里克·希特:《何谓公民身份》,郭忠华译,吉林出版集团有限责任公司,2007 年版。

[13]【英】尼尔·波斯曼:《技术垄断:文化向技术投降》,北京:北京大学出版社,2007 年版。

[14]罗世宏、童静蓉主编:《社交媒体与新闻业》,台湾:优质新闻发展协会出版,2014

年版。

[15]钟英:《网络传播伦理》,北京:清华大学出版社,2005 年版。

[16]王治河:《福柯》,长沙:湖南教育出版社,1999 年版。

[17]姚君喜:《媒介批评:理论与方法》,北京:北京师范大学出版社,2014 年版。

[18]胡泳:《众生喧哗——网络时代的个人表达与公共讨论》,广西师范大学出版社,2008 年版。

[19]李彬:《传播学引论》,北京:新华出版社,2003 年版。

[20]石义彬:《单向度 超真实 内爆——批判视野中的当代西方传播思想研究》,武汉:武汉大学出版社,2013 年版。

[21]黄楚新:《新媒体:融合与发展》,人民日报出版社,2015 年版。

[22]高波:《政府传播论》,中国传媒大学出版社,2008 年版。

[23]唐绪军主编、黄楚新副主编:《中国新媒体发展报告 No. 7(2016)》,社会科学文献出版社,2016 年 6 月版。

[24]唐绪军主编、黄楚新副主编:《中国新媒体发展报告 No. 8(2017)》,社会科学文献出版社,2017 年 6 月版。

[25]潘知常、林玮:《传媒批判理论》,北京:新华出版社,2002 年版。

[26]王俊:《注意义务在侵权责任法中的实践探究》,泰山学院学报,2012 年第 2 期。

[27]李希光:《"看不见的手"对言论的封杀》,《红旗文稿》,2013 年第 16 期。

[28]赵永华:《乌克兰传媒格局与总统大选中的媒体现象分析——媒体、资本、权力的交织》,《国际新闻界》,2010 年第 3 期。

[29]闻学、肖海林、史楷绩:《境外资本进入中国网络媒体市场:方式、机制、规模和分布》,《中央财经大学学报》,2013 年第 9 期。

[30]荆林波、王雪峰:《外资对我国互联网业市场影响的研究》,《财贸经济》,2009 年第 5 期。

[31]梁志勇:《中国新媒体上市公司股权结构分析及其资本运作新动向》,《新闻大学》,2013 年第 3 期。

[32]张建明:《外资传媒进入中国传媒业的影响及对策研究》,硕士学位论文,湖南大学,2011 年。

[33]李希光:《资本逻辑主导下的新闻媒体发展困局》,《青年记者》,2015 年 7 月下。

[34]周劲:《转型期中国传媒制度变迁的经济学分析——以报业改革为案例》,《现代传播》,2005 年第 1 期。

[35]樊拥军:《BAT"三国争霸"的传媒经济战略共性》,《传媒观察》,2015 年第 4 期。

[36]高振峰:《外资控股互联网企业度网络舆情的影响》,《电子商务》,2011 年第 12 期。

[37]姚德权、赵文英:《传媒业外资准入收缩与发展:规制视角》,《财经理论与实践》,2006年第144期。

[38]范帆:《对当前传媒产业改革发展的思考》,《新闻记者》,2006年第11期。

[39]魏杰:《构建新的国有资产管理体制》,《瞭望新闻周刊》,2003年第3期。

[40]唐绪军、黄楚新、刘瑞生:《微传播:正在兴起的主流传播——微传播的现状、特征及意义》,《新闻与写作》,2014年第9期。

[41]栾轶玫:《新媒体2009:微时代的价值发现》,《新闻与写作》,2009年第12期。

[42]谢耕耘、荣婷:《微博舆论生成演变机制和舆论引导策略》,《现代传播》,2011年第5期。

[43]黄楚新、王丹:《"互联网+"意味着什么——对"互联网+"的深层认识》,《新闻与写作》,2015年第5期。

[44]李彪、郑满宁:《从话语平权到话语再集权:社会热点事件的微博传播机制研究》,《国际新闻界》,2013年第7期。

[45]孙亚辉:《由"先报后网"向"先网后报"全面转型》,《传媒评论》,2016年第12期。

[46]王佳炜、陈红:《SoLoMo趋势下品牌传播的机遇与应对》,《当代传播》,2013年第2期。

[47]陈力丹、曹文星:《微博问政发展趋势分析》,《编辑之友》,2012年第7期。

[48]陈海波:《移动互联时代加快内蒙古党报向新媒体转型的五个意识》,《阴山学刊》,2015年10月。

[49]吴向阳、塔娜、王韶丹:《找准契合点,加快传统广播与新媒体融合》,《新闻论坛》,2016年第3期。

[50]郭全中、胡洁:《2016年传媒经营管理分析》,《青年记者》,2016年第36期。

[51]任琦:《平台化 开放式 实战型 浙江传媒研究院成立》,《新闻实践》,2013年06期

[52]中国外文局对外传播研究中心课题组,于运全、张楠、孙敬鑫:《2015年度中国国家形象全球调查分析报告》,《对外传播》,2016年第9期。

[53]刘伯高:《新媒体时代政府面临的舆论挑战及应对策略》,《苏州大学学报》,2011年第6期。

[54]徐光春:《江泽民新闻思想的核心内容》,《新闻战线》,2004年第2期。

[55]李忠斌:《新媒体与奥巴马政府的公共外交》,《美国研究》,2011年第1期。

[56]方兴东、胡智锋:《媒介融合与网络强国:互联网改变中国——2015〈现代传播〉年度对话》,《现代传播》2015年第1期。

[57]陈力丹:《习近平的宣传观和新闻观》,《新闻记者》,2014年第10期。